야웨

아담

카보드

야웨
아담
카보드

초판 1쇄 인쇄 2011. 10. 10.
초판 1쇄 발행 2011. 10. 15.

지은이 · 이순임
펴낸이 · 양우식
펴낸곳 · 가리온

서울특별시 금천구 독산동 1000-7
전화 · 892-7246 / 팩스 · 892-7247
등록 · 제17-152호 1993.4.9.

ISBN 978-89-8012-062-8 03230
잘못된 책은 바꾸어 드립니다.

야웨
아담
카보드

이순임 지음

가리온

머리말

구약성경을 통해

하나님의 공동체의 영성을 배워가라

구약 성경은 이스라엘이 경험한 하나님에 대한 증언이다. 그들이 증언하고 있는 하나님에 대한 이야기와 가르침에는 그들의 영성이 흐르고 있다. 그들이 보여주는 하나님은 인간에 의해 완벽하게 이해되거나 인식될 수 없는 속성을 가진 분이다. 이런 하나님의 속성에도 불구하고 하나님은 이스라엘이라는 민족에게 자신을 스스로 계시하셨다. 이스라엘은 그들이 보고 듣고 경험한 하나님을 천년이 넘는 오랜 기간을 통해 하나님의 영에 감동함을 받은 여러 저자들의 손을 거쳐 기록으로 남겼다. 이렇게 해서 탄생된 것이 유대인의 성서가 된 구약성경이었다. 하나님의 뜻을 제대로 알기 위해 토라를 읽고 해석하고 적용하고 되새김질한 바로 그 결과물이 구약성경인 것이다. 신약 성경이 완성되기 전 기독교 초기의 신앙공동체가 가지고 있었던 정경은 구약성경이다. 그들은 하나님의 뜻을 알기위해 토라를 읽고 해석하고 그들의 상황에 적용했다. 그러한 흔적들이 신약성경에 고스란히 담겨있다. 그러므로 구약성경을 이해한다는 것은 신앙공동체의 영성을 배우는 것이며 그 배움을 통해 우리의 영성도 알아가는 것이다.

기독교 초기의 성도들은 유대인이 정경으로 인정한 구약 성경만을 가

야웨, 아담, 카보드

지고 있었다. 유대인의 정경인 구약은 타나크라고 부른다. 타나크는 토라, 느비임, 케투빔의 첫 글자를 딴 후 모음 "아"를 덧붙인 것이다. 타나크는 내용면에서는 우리가 현재 가지고 있는 구양 성경과 같지만 그것을 배치하는 순서와 책의 제목은 우리의 것과 다르다. 우리가 가지고 있는 구약 성경은 오경, 역사서, 시가서, 선지서로 배열 된 반면 타나크는 토라1)가 되는 오경, 느비임의 선지서2), 케투빔의 성문서3)로 되어 있으며 창세기로 시작해서 역대기로 끝이 난다. 책의 제목에 있어서도 기독교의 구약성경이 칠십인 역의 헬라어 명칭을 따른 것이라면 타나크는 그 책의 첫 글자를 제목으로 사용하고 있다.

구약 성경의 첫 번째 묶음 토라 즉 오경은 모세의 율법이라고도 불린다(눅24:44; 요1:45;7:19). 토라는 구약 성경 전체의 근간이 되는 책으로 역사서도, 성문서도, 선지서도 모두 토라의 핵심 주제들의 연속임을 알 수 있다.

토라는 본래 "방향제시, 가르침, 지침, 규범"이라는 의미를 가지고 있다. 하나님과 세상, 하나님과 이스라엘의 관계에 대한 이야기와 하나님의 백성이 된 이스라엘이 세상을 어떻게 살아가야 하는가에 대한 처방이 담긴, 즉 이스라엘의 정체성과 소명을 일깨워 주는 지침서인 셈이다. 이스라엘의 사명에 대한 가르침이었던 토라의 목적이 율법이라는 형태로 개념화가 시작된 것은 주전 5세기부터이다. 포로 후의 유대 공동체가 토라를 공동체를 유지하는 기본법으로 삼으면서 오경은 살아가면서 꼭 지켜야 하는 법이 되었다. 하나님과 관계된 정체성보다 삶에 대한 규정이 더 많이 강조된 것이다. 토라가 하나님의 뜻을 알기위해 그 가르침을 즐거워하는 것이 아니라 삶의 지침에 대한 의도를 무시하고 글자 그대로 지켜야 하는 율법주의로 변화했던 것이다.

기독교에서 역사서로 불리는 여호수아, 사사기, 사무엘, 열왕기를 유대인의 정경에서 선지서로 보는 것은 이스라엘 민족의 역사를 율법 이전과 이후로 구분하기 때문이다. 그들은 율법을 받은 이후 가나안에 정착해 바벨론 포로로 유배되기까지의 모든 시대를 예언의 시대로 본다. 성문서는 정경에 포함되기까지 우여곡절이 많았다. 그 이유는 시가를 비롯해 지혜서, 역사서 등 문학적이고 교훈적 가치가 높은 것들이 성문서에 포함되었기 때문이다.

이와 같이 구약 성경은 다양한 장르의 글로 구성되어있다. 이스라엘은 이런 다양성 속에서 자신들을 위해 하나님께서 친히 행하신 구속의 역사들을 증거하고 있다. 그들의 신앙의 근거가 되기도 하는 증언의 주제는 창조주 하나님, 이스라엘을 부르시고 선택하신 하나님, 애굽에서

---

1) 토라 : 창세기, 출애굽기, 레위기, 민수기, 신명기.
2) 선지서 : 여호수아, 사사기, 사무엘, 열왕기, 이사야, 예레미야, 에스겔, 호세아, 요엘, 아모스, 오바댜, 요나, 미가, 나훔, 하박국, 스바냐, 학개, 스가랴, 말라기.
3) 성문서 : 시편, 잠언, 욥기, 아가서, 룻기, 애가, 전도서, 에스더, 다니엘, 에스라(느헤미야 포함), 역대기

불러내 광야를 통해 시내산에서 자기 자신을 계시하신 하나님이다. 그리고 약속하신 가나안 땅을 주시고 예루살렘을 처소로 택하신 하나님, 하나님의 대리인으로 왕들을 세우신 하나님, 그리고 계속해서 선지자들을 보내셔서 백성들을 향한 하나님의 사랑을 고백하시는 분이시다. 이 증거는 신약시대의 사도들의 것이기도 했으며 초대 교회의 신앙 고백의 근간이 되기도 했다.

이 책의 목적은 구약 성경을 통합적으로 보려는 사람들을 돕기 위한 것이다. 이 책은 열 개의 장으로 구성되며 9장을 제외하고 역사의 시간적 흐름에 따라 접근하려고 노력했다. 어렵고 지루한 책으로 생각되는 구약성경의 말씀을 시간의 흐름을 따라 전체적으로 읽으며 묻고 되새기다 보면 하나님의 사랑의 깊이에 젖게 되리라 믿는다. 이 책의 이름이 보여주듯 구약은 야웨 하나님과 인간 아담과의 관계 그리고 그 관계 속에서 드러나는 하나님의 영광(카보드)에 관한 이야기이다. 하나님의 영광이 드러나는 구약 성경의 신학적인 메시지를 짧은 지면에 요약하려는 자체가 상당히 무모한 도전이다. 그러나 이 책을 통해 구약 성경을 공부하는 모든 사람들이 구약을 바라보는 좋은 신학적인 안목을 갖기를 기도한다.

2011년 10월 3일

이 순 임

차 례

차 례

차 례

태초에 하나님이 천지를 창조하시니라
땅이 혼돈하고 공허하며
흑암이 깊음 위에 있고
하나님의 영은 수면 위에 운행하시니라
(창1:1~2)

하나님이 이르시되
우리의 형상을 따라 우리의 모양대로
우리가 사람을 만들고
그들로 바다의 물고기와 하늘의 새와 가축과
온 땅과 땅에 기는 모든 것을 다스리게 하자 하시고
하나님이 자기 형상 곧 하나님의 형상대로
사람을 창조하시되 남자와 여자를 창조하시고
하나님이 그들에게 복을 주시며
하나님이 그들에게 이르시되
생육하고 번성하여 땅에 충만하라,
땅을 정복하라,
바다의 물고기와 하늘의 새와
땅에 움직이는 모든 생물을
다스리라 하시니라
(창1:26~28)

제1장

이스라엘의 창조 신앙

제1장

이스라엘의 창조신앙

오경의 첫 번째 책이 되는 창세기는 10개의 족보로 구성된 이야기들이다. 족보 혹은 내력을 의미하는 톨레돝이라는 용어를 10번 사용함으로 세상의 시작과 이스라엘의 시작을 담고 있다. 10개의 족보는 "이것이 ...의 시작 혹은 족보이니라"를 뜻하는 "엘레 톨레돝" 이라는 구를 사용해 온 세상과 그 안에 존재하는 하늘과 땅의 시작, 아담, 노아, 노아의 아들들인 셈과 함과 야벳, 그리고 셈, 데라, 이스마엘, 아브라함의 아들 이삭, 에서, 야곱의 족보를 이야기한다. 이 열개의 톨레돝 중 5개는 세상의 시작을 알리는 창세기 1-11장에 나오고 나머지 5개는 이스라엘의 시작을 알리는 창세기 12-50장에 둠으로 두 시작의 균형을 잡고 있다.

우주의 시작을 다루는 창 1-11장의 이야기는 하나님께서 창조하신 조화롭고 그 좋은 세상이 사람의 범죄로 말미암아 어떻게 심판의 대상이 되었는가를 고발하며 그 심판의 대상이 된 세상과 그 안에 살아있는 모든 것들을 구원하기 위한 하나님의 계획과 역사를 전한다.

반면 창12-50장은 한 가족을 선택해서 어떻게 그 구원의 역사를 이어가시는가를 기록하고 있다. 이 구원 역사의 중심에 하나님을 부인하는 타락한 세상으로부터 하나님이 친히 다스리는 약속의 땅으로 들어가도록 부름 받은 이스라엘의 선조이며 믿음의 조상이 되는 아브라함이 우뚝 서 있다.

1. 창조자 하나님

이스라엘의 신앙 고백이 담긴 구약 성경은 하나님이 말씀으로 세상을 창조하셨다는 선언과 함께 시작 된다. 창1:1의 "하나님이 태초에 천지를 창조하시니라"는 믿음에 근거한 선언은 창조신앙을 한 마디로 요약한 것이라 볼 수 있다. 이것은 하나님께서 6일 동안 창조하신 세계가 질서와 균형을 갖춘 조화롭고 평화로운 것이었음을 선포하는 것이다. 이스라엘은 하나님이 말씀으로 어둠을 만들어내는 혼돈의 세력을 가두심으로 혼돈의 세계에 질서와 균형을, 어둠의 세계에 빛을 비추심을 찬양하고 있다(시74:12-15). 그 당시의 세계에서 신이 어떤 노력이나 도움도 받지 않고 말씀으로만 하늘과 땅 그리고 그 안에 있는 모든 것을 창조하셨다는 이스라엘의 선언은 참으로 놀랄만한 것이었다.

하나님의 창조활동은 6일 동안에 이루어진다. 말씀으로 이루어진 창조의 중심에는 모든 것을 말씀으로 창조하신 분의 정체가 드러난다. 창조에서 반복적으로 사용된 "...있으라" 혹은 "...이 되라"라는 언어의 사용을 통해 계시된 하나님은 왕이시다. 전능한 분이시다. 왕의 입에서 나간 말씀은 곧바로 실행된다. 말씀으로 창조된 세계는 자신의 피조물을 보호하시고 지키시는 하나님에 의해 보존되고 유지된다. 하나님이 창조자임을 인정하는 것은 창조가 구속적인 사실임을 선포하는 것이며 이런 고백은 과거, 현재, 미래의 존재에 대한 영원한 기초를 제공하는 것이다.

◆ 하늘의 창조

이스라엘이 이해하는 하늘은 땅을 초월하는 힘과 권세를 지닌 영역이다. 고대 근동의 세계관으로 볼 때 하늘은 두려움과 절망의 근원이 되는 곳이다. 하늘에는 비와 기근, 축복과 저주, 생명과 죽음을 통제하는 세력들이 사는 곳이다. 그러나 이스라엘에게 있어 인간에게 두려움의 대상이 되거나 해가 될 수도 있었던(시1 · 21:6) 하늘의 해와 달과 별들은 복을 위해 지음 받은 것일 뿐이었다. 이 광명들의 창조 목적은 우리의 삶에 빛을 주고 시간을 측정하고 낮과 밤을 통치하기 위한 것이었다(창1:14-18). 땅에 있는 피조물들을 위한 하나님의 뜻과 목적에 따라 섬기라고 창조되었던 것이다. 구름과 바람과 비 그리고 비가 온 뒤 하늘과 땅을 잇는 듯한 무지개 이 모든 것 또한 하나님의 은혜로운 통치를 반영하고 있다. 하나님은 자신의 보이지 않는 하늘을 하늘 높은 곳에 두셨고 그곳에 하나님의 왕좌를 세우셨다(시23:10; 103:9). 하나님은 그 곳에서 온 우주를 통치하신다. 그리고 때로는 이 땅에 내려오셔서 말씀과 행동으로 스스로를 계시하시기도 한다. 그러므로 하나님이 하늘의 창조자라는 고백은 늘 우리의 구원을 상기시키는 메시지가 되는 것이다.

◆ 땅의 창조

하나님은 하늘과 함께 땅을 창조하셨다. 성경에서 말하는 땅이란 세상에서 가장 낮은 부분으로 우리가 볼 수 있고 만질 수 있고 밟을 수 있는 곳이다. 인간들이 권력을 행사할 수 있는 곳이다. 땅은 무력으로 빼앗아 지배하며 통치할 수 있는 곳이다. 그러나 그들이 늘 잊지 않고 기억해야 할 것은 땅의 진정한 주인은 하나님이시라는 사실이다(시104).

땅은 하나님께서 인간에게 선물로 주신 것이다. 이스라엘은 하나님의 선택을 받은 백성들로서 하나님께 특별한 땅을 할당 받았다. 이스라엘은 하나님이 수여하신 땅에서 하나님의 보호를 받으며 살았다. 하나님이 그들의 안전지대였고 그 땅의 경영자셨기에 이스라엘은 모두 평안과 번영을 누리며 안전하게 살 수 있었다.

하늘과 땅의 창조의 이야기에서 빼놓을 수 없는 것은 혼돈과 파괴에 대한 어둠의 세력들에 대한 하나님의 승리이다. 깊음 위에 있는 흑암의 통치를 끝내기 위해 하나님께서는 빛을 창조하셨다(창1:2-3). 흑암은 빛과 생명에 유해한 어둠이라는 '호세크' 이다(창1:2; 욥10:21). 창조 시에 흑암의 세력으로 '터홈' 이라는 용어가 사용되었다. 터홈은 원시의 바다 혹은 혼돈을 가리킨다(창1:2; 7:11; 출15:5, 8; 시33:7). 공허와 혼돈을 의미하는 '토후' 와 '보후' (창1:2; 사34:11; 렘4:23)는 르비아단(사27:1; 시74:14) 혹은 라합(사30:7; 시87:4; 욥26:12)과도 관련이 된다. 라합과 르비아단은 악의 실체의 상징이다. 이스라엘은 인간의 힘을 초월하는 흉악하고 파괴적인 어둠의 세력을 외적인 일상생활에서 일어나는 사건의 배후에서 활동하는 존재로 경험했다. 이스라엘은 이러한 적대적인 힘의 존재 가운데 살면서 하나님이 천지를 창조하실 때 그러한 어둠의 세력을 단번에 물리치셨다고 믿고 선포했다. 이스라엘은 하나님의 승리로 인해 큰 물이 화를 내어 땅을 덮음에도 불구하고 요동하지 않고 굳게 서 있는 세상의 미래를 기대했다(Levenson).

이스라엘의 존재를 위협했던 바벨론의 창조 신화에서 하늘과 땅의 창조자는 바벨론의 신 '마르둑'(Marduk)이다. 그 신화에서 마르둑은 여신 '티아맛'과 전쟁에서 승리한 후 패자의 몸을 갈라 하늘과 땅을 만들었다. 고대 이집트의 창조 신화 역시 최초의 거대한 언덕을 하늘과 땅의 시작으로 묘사한다. 최초의 거대한 언덕이 피조물 혹은 창조자가 되는 셈이다. 가나안의 신들은 피조물과 창조자 사이에 분명한 구별이 없는 자연의 세력들이다. 고대 근동에서 이러한 창조신들의 힘은 자연 현상으로 나타난다. 그러나 이스라엘의 신앙고백에 의하면 하늘과 땅은 신이 아니다. 하나님께서 그들을 만드셨고 그들 위에 통치하신다.

◆ 사람의 창조

창1, 2장의 두 창조 이야기에서 인간의 창조는 하나님의 근본적인 의도 아래 이루어졌음을 선언한다. 창세기 1장에서는 맨 나중에 창조함을 받은 남자와 여자가 창조의 왕관으로 묘사되는 반면에 2장에서는 아담이 가장 먼저 지음을 받고 여자가 가장 나중에 창조된다.

창1장에서 하나님은 사람을 자신의 형상과 모양대로 창조하시기로 결정하셨다. 그리고 남자와 여자를 창조하셨다(1:27). 창세기 1장은 남녀가 어떻게 창조되었는가를 구체적으로 말하지 않는다. 다만 사람의 본질은 하나님의 형상과 두 성별을 가진 존재임을 언급한다. 즉 인간이 된다는 것의 결정적인 특성은 남자와 여자가 함께 서로를 보완하는 것임을 암시한다. 창세기 1장은 계속해서 자손에 대해 관심을 갖는다. 하나님은 사람을 남자와 여자로 창조하셨다. 그리고 하나님은 남자와 여자가 결합해서 후손을 낳는 것을 기뻐하셨다.

고대 근동의 상황에서 사람이 하나님의 형상과 모양을 따라 지음을 받았다는 것은 무엇을 의미할까? 고대 수메리안, 바벨론, 이집트의 문서들은 왕들이 그 나라의 신들의 형상으로 빚어졌다고 말한다. 기록에 의하면 메소포타미아 왕들은 벨 혹은 샤마쉬의 형상이라고 불렸고 이집트 왕들은 태양신 레의 거룩한 형상이 됨을 자랑했다. 고대 근동 세계에서 모든 사람들이 신들의 형상으로 창조되었음을 말하는 기록은 거의 존재하지 않는다. 신의 형상은 창조에 뿌리를 두었고 그것은 땅을 다스리기 위한 권력이 포함되었기에 고대근동에서 신의 형상을 지녔다는 것은 신의 아들과 동일함을 의미하는 것이었다.

인간이 하나님의 형상으로 창조되었다는 것은 인간의 지위가 동물과 땅의 권력과 부에 대한 막대한 권위와 함께 피조물을 통치하는 하나님의 대리인으로 임명되었다는 것을 의미한다. 하나님을 대신한 청지기가 된 것이었다. 청지기직은 권력과 노동, 주권과 섬김, 특권과 임무를 포함한다. 모두 신뢰를 바탕으로만 가능한 것이다. 형상의 속성은 하나님께 기초하고 전적으로 하나님께 달렸기 때문이다. 우리가 하나님을 대신해 피조물을 다스리는 왕과 왕비들이 되었다는 것은 하나님의 은혜를 입었음을 말한다. 모든 피조물 중에 우리는 하나님의 왕권을 나누는 파트너가 되었음을 의미한다. 그러므로 우리는 하나님 앞에서 특별한 책임이 있다. 성경은 우리의 속성과 운명이 하나님을 대신해 피조물을 관리하는 것이라고 증언한다. 그러므로 우리가 그것에 대한 하나님의 명령을 인정하지 않는다면 그 특권을 즐기거나 임무를 행할 수가 없다. 이것이 우리가 이스라엘이 고백하는 창조자를 찬양해야 하는 궁극적인 이유가 된다.

창2장에서 하나님은 땅의 먼지를 의미하는 '아다마' 를 취해 아담을 빚으신다. 하나님의 손에 의해 빚어진 흙의 존재가 하나님의 호흡으로 인해 땅의 살아있는 존재로 탄생되는 순간이다(2:7). 아다마로 빚어진 아담은 남녀 성별의 구분이 없는 땅의 생물이었지만 곧 남자로 판명된다. 하나님은 아담을 위해 '에덴' 이라는 기쁨의 동산을 준비하시고 아담이 그곳에 거하면서 관리를 하도록 하셨다(창2:15).

아담이 혼자 있는 것을 좋지 않게 보신 하나님은 그의 외로움을 구제하기 위해 동물들과 새들을 불러온다. 아담은 그들의 이름을 지어주며 교제하지만 자신을 닮은 사람은 찾을 수 없었다. 아담의 고독한 모습을 보신 하나님은 아담의 갈비뼈를 취해 아담 앞에 설 사람을 만든다. 좋지 않은 상황이 좋은 상황으로 반전되는 순간이었다. 아담 앞에 선 존재를 향한 고백과 함께 그들은 남자가 되고 여자가 된다. 여자라는 진정한 파트너의 등장과 함께 남자의 진정한 인간성이 발견된다(2:23). 이와 같이 창2장에서는 생물학적인 면을 다루는 대신 남자와 여자로서의 개인적인 만남과 동역을 다루므로 그 초점이 두 사람의 관계에 있음을 보여준다. 존재의 문제란 기본적으로 성이나 생식의 문제가 아닌 관계이기 때문이다.

◆ 남자와 여자의 관계

남자와 여자의 관계는 완전한 동등함이 근거로 주어진다. 여자는 남자의 파트너로 지음을 받았다. 이곳에서 히브리어 "에제르"라는 용어가 사용되었다. 에제르는 "도움" 혹은 "돕는 자"를 뜻한다. 하나님은 이스라엘의 돕는 자가 되신다. 도움은 절망적인 상황에서의 도움이기에 돕는 자는 단순한 종이 아니다. 만일 여자가 종과 같은 개념에서 창조되었다면 성경은 "에제르" 대신에 돕는 종을 뜻하는 일반적인 단어 "에베드"를 선택했을 것이다. 오랜 시간동안 여자의 창조 목적이 남자와 함께 있으라고 창조되었기에 남자의 시중을 드는 것과 연관이 된다고 주장되어 왔다. 그러나 죄가 이 땅에 들어오기 전의 창세기 2장의 상황에서 "도움"은 외로움으로부터의 구원과 진정한 파트너십을 의미한다.

남자의 남자 됨은 여자와의 관계성 안에 놓이면서 시작된다. “아담이 이르되 내 뼈 중의 뼈요 살 중의 살이라 이것을 남자에게서 취하였은즉 여자라 부르리라”(창1:23). 남자와 여자는 한 몸이 되면서 가장 깊은 의미로서의 친밀함, 인간에게 있어 분리될 수 없는 하나임을 경험하고 있다. 그 둘이 다르지만 그 다름이 서로를 보완해 주는 존재가 된 것이다. 그러므로 어느 한 쪽의 존재와 기능이 죽음을 맞이할 때 다른 하나도 진정한 인간으로의 기능이 멈춰진다. 그들의 다름을 통해 남자와 여자는 번성하고 아버지들과 어머니들이 되라는 부름이 주어진다. 하나님의 창조영역에 그들도 참여하도록 부름을 받고 있는 것이다.

하나님의 형상대로 지음 받은 남자와 여자에게 바다와 땅 그리고 공중에 있는 모든 피조물들을 다스리라는 명령이 주어졌다(창1:26-27). 그들에게 피조물로서의 능력을 초월하는 왕의 역할이 맡겨진 것이다. 하나님은 그들이 다스리는 임무를 잘 하도록 하나님의 권위를 위임해 주셨다. 그리고 그들에게 생육하고 번성하여 땅을 채우고 그 땅을 정복하라고 축복해 주셨다(창1:28).

하나님은 아담을 동산에 두셨다(2:8, 15). 이제 아담은 아내와 함께 동산을 가꾸며 그 동산의 과실을 즐길 수 있었다. 모든 것이 조화를 이루고 있었고 삶은 즐거운 것이었다. 동산에서의 남자와 여자의 일은 먹을 것에 목표를 두고 행하는 노역이 아니었다. 그것은 삶에 목적과 의미를 주는 것이었고 인간의 품위를 지켜주는 것이었다. 하나님은 남자와 여자가 이 고귀한 과업을 수행할 수 있도록 식물들과 과일 나무들을 통해 그들이 필요한 것을 공급해 주셨다(1:29-30).

2. 구원과 회복의 하나님

창세기 1-2장은 모든 것을 완벽하게 창조하셨고 인간에게는 축복과 피조세계를 통치할 수 있는 권한을 주신 하나님에 대해 말한다. 그러나 창세기 3-11장은 보기에 심히 좋은 하나님의 창조세계가 망가져 하나님의 창조의 절정인 인간을 향한 통한의 마음을 보이시는 하나님을 말하고 있다. 창3장에서의 반역은 하나님의 명령을 억압의 수단으로 여긴데서 기인된다. 금지된 나무의 열매를 먹고 남자와 여자는 선악을 아는 지식을 획득하고 마치 그들이 더 이상 하나님의 주권에 복종하지 않아도 되는 것 같이 느낀다. 창4:1-16의 인간의 반역을 말하는 가인과 아벨의 이야기도 하나님의 은총에 대한 질투가 동기가 되어 형제 살해가 일어난다. 창6-9장의 홍수 이야기도 인간이 창조자에 대해 반역하는 또 다른 기록이다. 인간의 부패로 인해 전 세계가 오염되었다. 창11장의 바벨탑의 반역 이야기는 인간의 문명의 진보로 위장 된다. 탑을 세우는 의도는 연합과 정체성을 보존하기 위한 것이었다.

◆ 신이 되고 싶은 인간

죄에서 가장 근원적인 것은 하나님과 하나님의 말씀에 대한 불신이다. 불신은 곧 불순종을 가져오고 그 결과 부정적인 행동들이 따르게 되기 때문이다. 여자에게 불신을 심은 가장 최초의 피조물은 뱀이다. 뱀은 하나님이 지으신 들짐승 중에 가장 간교한 것으로 묘사된다. 하와에게 던진 이 간교한 짐승인 뱀의 질문에는 하나님은 인간들에게 모든 진실을 알려주지 않을 가능성이 있는 믿지 못할 분임에 대한 암시가 숨겨져 있다. 뱀이 던진 "네가 아느냐"의 문제는 신뢰의 문제와 직접적인 연관을 갖고 있다. 하나님에 대한 앎을 추구함에 있어 인간은 하나님을 신뢰할 수 있는가?가 관건이 된다. 인간이 하나님을 다 알지 못한다 해도 하나님은 과연 인간에게 좋은 것을 주시는 분으로 신뢰해도 되는가? 그리고 하나님께서 주시는 모든 것은 인간에게 다 이로운 것임을 신뢰해도 좋은가?

뱀의 예측대로 여자는 하나님이 전적으로 신뢰할만한 분인가? 하는 의심을 갖게 된다.

하나님의 형상을 지닌 인간은 뱀의 말에 고민을 하기보다 하나님께 그 질문을 가져감으로 하나님과의 관계를 더 깊이 다져야 했다. 그러나 그들은 서로에게 침묵한 채 금단의 열매와 그들의 결정으로 인해 가져다줄 지혜에 대해서만 고민한다. 그리고 지혜를 얻기 위해 스스로 결정한다.

잠언은 지혜의 근본이 여호와를 경외하는 것이라고 한다. 이곳에서 지혜는 모든 실체를 꿰뚫어 볼 수 있는 능력으로 여호와 경외를 통해서만 습득되는 지혜이다. 진정한 지혜는 우주의 모든 실체를 꿰뚫어 볼 수 있는 분이 되신 하나님만 가지실 수 있는 눈이다. 피조물인 인간의 눈이 밝아진다 해도 하나님과 같은 그런 눈을 결코 가질 수 없다.

눈이 밝아진 남자와 여자는 서로에 대해 그리고 그들이 살고 있는 세계에 대해 다른 방식으로 보기 시작한다. 그들은 서로의 벌거벗은 모습을 보게 되었고 벌거벗음을 감추기 위한 옷이 필요함을 알게 된다. 그들은 스스로 옷을 만들어 입고 하나님을 피하여 숨었다. 그들에게 있어 이제 옷은 몸을 피하는 것 그 이상의 의미를 가지게 되었던 것이다.

◆ 먼저 다가오시는 하나님

하나님은 친히 창조하시고 손으로 빚으신 것을 버리지 않으시고 보존하시기 위해 피조물을 찾으신다. 하나님이 인간을 찾으신다는 사실은 정말 놀라운 위로의 말씀이다. 하나님은 왜 반역하는 인간에게 믿음을 갖고 계시는 것일까?

하나님은 죄로 덮인 세상으로부터 등을 돌리지 않으시고 보존을 위해 총력을 기울이신다. 창조 세계를 보존하시는 하나님의 행동은 창조의 연속이 된다. 창조 보존에 대한 관심과 함께 심판도 행하신다. 그러나 그 심판 속에서도 하나님은 치료하시고 회복시키시는 은혜의 손길도 잊지 않으신다. 인간의 악함을 보고 눈을 감지 아니하시고 오히려 눈과 귀를 열어 놓으신다. 이런 하나님의 은혜의 행동은 인간이 하나님의 명령을 어기고 숨어있을 때 찾아오심으로 나타난다. 하나님은 아담과 여자를 만나기 위해 정원에 오셨고 "아담아 어디 있느냐?"하고 찾으셨다 (3:8). 땅으로부터 가인에게 죽음을 당한 동생 아벨의 피의 외침에

(4:10) 하나님은 가인을 찾아오셔서 "동생 아벨이 어디 있느냐"고 물으셨다. 사람들이 시날 땅에 모여(11:2) 탑을 쌓고 있을 때 하나님은 직접 내려와 무슨 일이 일어나고 있는가를 보셨다(11:5). 이와 같이 하나님은 하늘에서 모든 인간들을 내려다보고 계신다(시14:2; 33:15; 102:19; 렘 32:19; 욘1:2).

슬픔, 한탄, 고통, 분노는 인간의 반역에 대한 하나님의 처음 반응이다. 하나님은 그가 보시고 들으시는 것에 대해 예민하셨고 상처받으셨다. 인간의 악에 놀라워하셨고 분노하시며 고민하신다. 인간에 대한 실망으로 괴로워하시기도 하고(창6:6) 인간을 지었음을 후회하시기도 하신다(창6:6-7). 그러므로 하나님이 분노하실 때 세계의 기초는 흔들린다. 하나님이 후회하신다는 것은 분노가 아니다. 패배로 보이는 것 때문에 고통하시는 것이다. 하나님은 자신의 사랑을 인간에게 주셔서 하나님의 파트너로 삼았지만 인간은 하나님의 사랑을 거절했고 기대를 저버렸다. 하나님은 인간을 사랑하는 모험을 했지만 끝내는 그 사랑을 잃어버렸다. 하나님은 거절당한 사랑으로 인해 좌절했고 후회했지만 다시 도전하는 것을 망설이지 않으셨다. 심판이 있었지만 심판 뒤에는 늘 하나님의 사랑이 있었다. 하나님이 자신의 행하는 일을 즐거워하지 않으실 때(시104:31) 하나님께 의존된 세상은 하나님의 슬픔으로부터 도망칠 수 없다. 그러나 우리가 소망을 가질 수 있는 것은 하나님은 인간의 반역을 최후의 실체로 받아들이기를 거부하시고 그것에 대해 끝까지 책임을 지신다는 것이다. 하나님은 인간의 죄악으로 인해 잠시 축복을 미루셨지만 그것 역시 영원한 사랑과 돌보심의 표현이었다. 그러므로 세상은 희망을 가질 수 있는 것이다.

인간의 반역은 모든 피조물에게 영향을 주었다. 인간이 살아야 할 땅에서의 삶이 악화되었고 생명도 단축되었다. 아담과 하와의 삶이 어려워졌다.

여자가 아이를 낳을 때 많은 고통을 경험할 것이다. 그리고 남자를 원하면 원할수록 그를 향한 여자의 의존성은 더욱 더 커질 것이었다(창3:14-16). 남자 역시 불모의 땅을 갈아엎어야 할 것이다. 수고하고 땀을 흘려야 살아갈 수 있을 것이다(창3:17-19). 죄의 결과로 인해 결혼과 성생활, 노동과 음식, 출생과 죽음 등에서 여자에 대한 남자의 역할이 영향을 받았다. 남녀의 불평등한 역할의 관계는 본래 하나님이 의도하신 것이 아니었다.

가인과 그 후손들은 방랑자로 살아야 했다. 그리고 계속해서 두려움으로 인해 괴로움을 당해야 했다(창4:11-16). 바벨탑 이후에 사람들은 언어의 다양성으로 고통을 당했다. 오해와 갈등이 생겼고 급기야는 모두 흩어지게 되었다(11:9).

이와 같이 모든 피조물은 좌절을 경험하게 되었다. 고통과 고난, 사회적 갈등과 죽음을 겪으면서 하나님의 좌절과 고통의 경험을 맛보게 된다. 그러나 이런 심판은 하나님의 끊임없는 임재, 보살핌, 지키심과 사랑 때문에 항상 기대했던 것보다 가벼운 것이 되었다. 인간의 반역의 결과로 고통을 당했지만 그들이 당하는 고통에는 한계가 있고 끝이 있었기 때문이다. 만일 그렇지 않다면 어느 누구도 심판으로 인한 그 고통을 감당할 수 없을 것이다. 창조자 하나님은 고통을 완화시키시고 그 고통에 종지부를 찍어주시기 때문에 인간은 모든 고통을 극복할 수 있게 되는 것이다.

창 1-11장은 고통에 제한을 두신 은혜로운 하나님에 대한 증거이다.

죽음은 아담의 영원한 불행을 막는다(3:19). 가인은 절망에서 부르짖었지만(4:13) 결국은 도시까지 건설하게 되었다(4:17). 아담과 가인은 계속해서 삶을 영위했고 결혼도 했고 자손도 낳게 되었다. 아담의 후손 중 에녹은 하나님이 데려가심으로 죽음을 보지 않았다(창5:24). 악이 세상을 덮었을 때 노아가 있었다. 노아의 아버지는 노아가 태어났을 때 우리의 수고로부터 안식을 가져올 것이라고 외쳤다(5:29). 하나님의 심판으로 인한 홍수는 영원히 지속되지는 않았다(8:2). 바벨탑의 심판 후 노아의 자손 아브람이 하나님의 은혜를 입었고 홍수 이후의 새로운 시대를 여는 중요한 사람이 된다.

하나님이 한 가족을 보존하신다는 의미는 새 인류의 창조를 의미한다. 이 보존된 가족들을 통해 하나님의 구속적인 목적이 드러난다. 하나님은 택하신 자들을 통해 자신의 피조물들을 영원히 보존하실 것이며 그 목적을 이루실 것이다. 그러므로 우리는 창조자 하나님을 끊임없이 찬양해야 한다. 왜냐하면 하나님은 우리를 도중에 포기하거나 버리지 않으실 것이며 미완성으로도 남겨두지 않으실 것이기 때문이다(시138:8).

제2장

이스라엘의 선조들을 부르시는 하나님

제2장

이스라엘의 선조들을 부르시는 하나님

창 1-11장의 이야기가 하늘과 땅, 인간의 기원과 부패한 인간세계의 원인을 말하고 있다면 창12-50장은 이스라엘의 기원이 되는 이스라엘의 선조들, 아브라함, 이삭, 야곱에 대한 것을 기록하고 있다. 이스라엘은 역사 속에서 선조들의 선택받음과 부르심, 약속, 하나님의 계시와 언약과 약속의 성취를 그들의 신앙고백을 통해 알리고 있다(신26:3-9; 수24:2-13). 이들의 신앙고백에는 잊지 않고 기억해야 할 과거의 사건이 얼마나 소중한 것인가를 보여준다. 그들이 과거의 사건을 귀히 여겼던 것은 그것이 과거에만 국한되지 않고 현재에도 유효하다고 생각했기 때문이다. 이스라엘의 과거 역사 속에서 행동을 시작하신 하나님은 현재의 역사 속에서도 여전히 행동하신다고 믿는다. 하나님이 이스라엘의 선조들을 선택하셨기에 그 후손들도 선조들과 같이 오늘도 내일도 하나님께 도움을 요청할 수 있다고 믿는 것이다.

1. 선택받은 이스라엘의 선조들

하나님은 아브라함과 이삭과 야곱을 선택하시고 그들에게 자신을 계시하셨다. 아브라함과 언약을 맺으시고 그 언약을 이삭과 야곱 그리고 그의 후손들에게까지 확장하셨다. 하나님께서 하신 후손과 땅과 축복에 대한 약속을 언약을 통해 확증하심으로 창조세계를 끝까지 보호하신다. 하나님은 전 인류를 보존하심에 있어 아브라함을 부르심으로 이전과는 전혀 다른 방식으로 구원의 역사를 펼쳐나가신다.

◆ 아브라함

이스라엘의 역사는 아브라함의 부름으로 시작 되었다. 하나님께서 한 인간을 부르시기 위해 친히 자신을 계시하셨다. 한 인간 아브라함에게 부모들이 머물고 있는 고향과 친척을 떠나 하나님이 보여주시는 땅으로 가라고 말씀하셨다. 하나님이 보여주시는 그 땅에서 아브라함의 자손은 큰 민족이 될 것이고 땅의 모든 족속은 그 민족의 이름으로 인해 축복을 받게 될 것이라고 약속하셨다(창12:1-3). 그러나 성경은 아브라함이 부름을 받을 때 부인 사라는 아이를 낳을 수 없음을 분명히 하고 있다(창11:30). 당시의 상황에서 불임에 대한 언급은 미래가 없음을 암시하는 것이었다. 어둠의 상황에서 말씀하시매 빛이 있었던 것과 같이 불임의 상황에서 하나님이 말씀하셨던 것이다. 아브라함이 이 약속을 받아들이는 순간 불임의 역사는 큰 민족의 조상이 되는 역사로 전환되는 것이었다. 그러나 후손이 나오기까지 아브라함은 먼 길을 걸어가야만 했다. 그는 먼저 고향을 떠나야 했고 하나님이 지시하는 땅으로 가면서 많은 장애물들을 경험해야 하는 것이었다.

약속을 받은 후 아브라함에게 닥친 최초의 사건은 나라를 덮친 기근이다. 아브라함은 기근을 피해 사라와 함께 애굽으로 피난을 갔다. 아브라함은 애굽에서 자신을 죽일 수 있는 거대한 힘을 인식한 듯 아내를 누이라고 속였다. 그리고 아내를 애굽 왕에게 내어줌으로 죽음을 면했다. 아브라함은 아내 사라로 인해 부와 안전을 누리지만 사라를 취한 자는 고통을 당했다. 결국 하나님이 개입하시게 되고 진실이 드러남으로 아브라함은 수치스럽게 황급히 그곳을 떠나야 했다. 이 사건은 아브라함에게 있어서는 약속을 지키신 전능하신 하나님을 알아가는 기회가 되었지만 자신의 적은 믿음이 부끄러워진 때이기도 했을 것이다. 믿음의 거장 아브라함도 처음부터 믿음이 강했던 것은 아니었던 것이었다. 그도 우리와 같이 쉽게 변하고 흔들리는 연약한 믿음의 소유자였다. 그러나 하나님은 변함없이 그와 함께 길을 가셨던 것이다.

사라가 아이를 갖지 못하는 계속되는 장애 앞에서 아브라함과 사라는 당시의 방식대로 자녀를 갖게 된다. 그러나 하나님은 이들의 방법을 받아들이지 않으셨다. 아브라함은 하갈이 아닌 사라를 통해 자녀를 낳아야 하기 때문이었다. 아브라함이 하나님의 약속된 자녀를 낳기 위해서는 사라도 하나님의 약속에 함께 참여해야만 했다. 하나님의 천사가 아브라함과 사라를 찾아와 이삭의 탄생을 알린다. 그러나 약속이 성취된 후 아브라함은 이삭을 잡아 제물로 바쳐야 하는 어려운 시험을 통과해야 했다. 약속대로 주신 아들을 제물로 바치라는 명령을 받았을 때 아브라함은 하나님의 약속은 이제 끝났다고 생각할 수 있었다. 그럼에도 불구하고 아브라함은 이성으로는 이해할 수 없었던 하나님의 명령에 무조건 복종했다. 그 순간 아브라함의 절름발이 같던 믿음이 도약하는 믿음으로 바뀌게 되었다. 아브라함의 선택권 내에 없었던 또 다른 가능성에 대한 믿음을 갖게 됨으로 믿음의 도약이 가능했던 것이었다. 아브라함은 하나님이 이미 말씀하신 것을 어떤 방법으로도 하실 수 있다고 확신했던 것이었다(창22:6-8). 아브라함은 모든 것을 버려야 하는 삶을 통해서 영원을 이어갈 후손을 얻지 않았던가! 결국 네 아들을 제물로 바치라는 명령은 그 아이를 바치지 말라는 명령으로 끝나게 되었다. 모든 것을 포기하고 부름에 응함으로 그는 약속된 미래를 획득했던 것이다. 모리아 산에서 보여준 이삭의 순종 또한 미래를 가능하게 하는 요인이 되었다.

◆ 야곱

야곱 이야기에서는 장자만이 취할 수 있는 아버지의 축복이 그 초점이 되고 있다. 한 아들만 상속자가 될 수 있는 시대에서 축복의 권리를 누릴 수 있는 장자권은 매우 중요한 것이었다. 야곱의 이야기는 장자만 가질 수 있는 장자권의 권리를 차자가 어떻게 차지하게 되었는가를 말하며 진정한 축복이 무엇인가를 말하고 있다.

이삭은 아내 리브가가 아이를 잉태하지 못하자 하나님께 간구함으로 두 아들을 얻게 된다. 그러나 출생 전부터 이들의 싸움을 통해 첫 아들이 둘째를 섬길 것이라는 것도 알게 된다. 그러나 누가 축복을 받을 것인가는 결정되지 않았다. 관습에 따라 장자권이 장자에게 넘어가지만 거기에 따른 축복은 하나님께 속한 것이어서 그 분 뜻대로 처리하실 수 있음이 암시되었다. 하나님은 어떤 관습이나 법에도 구속되지 않으시는 분이시기 때문이었다. 형제와의 싸움에서 차자 야곱이 장자권의 축복을 거머쥐는 승리자가 된다. 그러나 야곱은 형을 속이고 축복을 받은 자가 되었음에도 형 에서로부터 도망치는 도망자가 되었다. 어머니의 오빠 라반에게 갔지만 거기서 야곱은 종과 같은 취급을 받았다. 야곱은 생의 전성기를 이방 땅에서 종으로 지내며 이방인들을 의지하며 살아가면서 기만을 당했다.

7년이나 사랑하는 여인을 위해서 일했지만 라헬 대신에 그 언니 레아와 첫날밤을 보내게 되었다. 사랑하는 여인을 얻기 위해서는 또 7년을 일해야 했다. 하나님은 그런 야곱에게 은혜를 베푸심으로 많은 자녀들과 수많은 가축들을 가질 수 있도록 복을 주셨다. 야곱은 장인이 된 라반에게 언젠가는 모든 것을 잃을까봐 불안했다. 급기야 삼촌을 피해서 도망을 가지만 그런 야곱을 만나러 오는 자는 형이었다. 야곱의 모든 재산과 생명이 다시 위협을 받게 되었던 것이었다. 그러나 그 밤에 야곱은 하나님으로부터 공격을 받고 하나님과 싸워 축복을 얻어낸다. 야곱은 싸움에서 승리자가 되었지만 승리자의 이름이 아닌 하나님과 겨룬 자라는 이스라엘이라는 이름을 얻는다. 그 밤이 지나고 다음날 야곱은 형 앞에 엎드려 많은 선물을 내놓고 자비를 구한다. 야곱의 이러한 인사는 첫째가 되려고 그토록 처절하게 싸웠던 야곱이 형을 주인으로 인정하는 것을 의미하는 것이었다. 축복받은 동생 야곱은 축복받지 못한 형 앞에서, 모든 가족과 함께 땅에 무릎을 꿇고 에서에게 소유를 바친다. 야곱이 축복받은 자였지만 그가 받은 하나님의 축복은 에서에게 돌아가는 순간이었다. 축복의 주인인 하나님은 축복받은 자를 어렵고 어두운 길로 인도하셨다. 그러나 어려운 길을 감에 있어 축복받은 자는 하나님의 도움과 보호하심을 인식하게 되었다. 축복받은 자의 삶이 험악한 것이었지만 그 안에서 하나님을 삶의 주인으로 만나는 일은 축복을 돌려받은 에서는 결코 인식하지 못한 것이었다.

◆ 요셉

요셉의 이야기는 편애 때문에 깨어진 가정의 평화가 어떻게 다시 회복되었는가를 말해주고 있다. 늦게 얻은 요셉에 대한 야곱의 특별대우가 요셉을 다른 형제들보다 높은 자리에 올라앉게 했다. 옷으로 신분을 나타냈던 당시의 사회에서 요셉의 색동옷으로 인해 다른 형제들이 상처를 받았던 것이다. 요셉은 꿈을 통해서도 자신이 형제들보다 더 높은 자리에 앉게 되리라고 말함으로 형제들의 미움을 샀다. 형제들은 아버지로부터 요셉과 똑같은 사랑을 받기 위해 장애물이 되는 요셉을 없애기 위한 살인을 계획했다. 그러나 그들에게 돌아온 것은 아버지로부터 사랑을 받을 수 있는 길을 그들이 영원히 막았다는 것에 대한 깨달음이었다. 요셉을 없애기 위한 계획은 실현되었지만 형들이 얻은 것은 아무것도 없기 때문이다. 아버지는 잃어버린 아들을 생각하며 더 슬퍼했고 아들들과 아버지 사이의 간격은 더욱 더 커졌다. 그러나 하나님은 요셉과 함께 걸으셨고 동생을 무자비하게 죽이려고 했던 형들과도 계속해서 관계를 맺으셨다.

애굽으로 팔려 간 요셉은 그곳에서도 높은 지위를 얻게 되고 그로 인해 요셉은 한 애굽 여인의 유혹의 대상이 되었다. 요셉은 여인의 유혹을 뿌리침으로 주인을 속이는 일을 거부했고 하나님에 대해서도 신의를 지켜냈다(창39:9). 하나님은 그런 요셉을 감옥으로 보내신다. 하나님을 경외하는 삶으로 인해 요셉의 삶은 나락으로 떨어졌던 것이었다. 그러나 감옥에서도 하나님은 요셉과 함께 하셨고 요셉은 다시 높임을 받게 되었다.

감옥에서 다시 높아진 요셉의 지위로 인해 고위 궁전관리의 시중을 들게 되고 꿈 해몽 능력을 인정받아 바로의 궁전에서 고관의 자리에 앉게 되었다. 꿈은 하나님이 인간에게 말하는 방식이었다. 하나님의 백성은 꿈을 꾸었을 때 그 말씀을 이해할 열쇠를 가지고 있었지만 이방인은 그 꿈을 풀어줄 사람을 찾아야 했다. 요셉은 자신만을 위해서가 아닌, 세계를 위해서 하나님이 그들에게 의도하는 것이 무엇인지를 밝히기 위한 자로 부름을 받게 된 것이다. 요셉은 이러한 모든 사건을 통해 자신의 소명을 알게 되었고 하나님을 찬양하는 자리에까지 나아가게 되었다(창50:20).

하나님께서 이렇게 특정한 개인을 선택하시는 동기와 목적은 무엇일까? 하나님은 하란 대신에 아브라함을, 이스마엘 대신에 이삭을, 에서 대신에 야곱을 선택하셨다. 그러나 선택하심에 있어 그 조건이나 이유가 무엇이었는지는 정확이 알 수가 없다. 다만 성경은 하나님의 그러한 선택에는 특별한 이유가 없다고 한다. 하나님은 당신이 계획하신 것을 위해 자신의 의지와 계획대로 사람을 부르시고 선택하실 뿐이라고 한다. 그러나 그 선택은 기분에 따라 하는 충동적인 것은 아니었다. 하나님은 자신의 선호도에 따라 사람을 편애하시는 그런 불공평한 분이 아니시기 때문이다.

하나님은 이스라엘의 선조들이 착하고 충성스러웠기에 선택한 것도 아니었다. 오히려 하나님과 함께 걸어가면서도 그들의 길에는 기만도 존재했다. 하나님은 이와 같이 평범한 사람들을 택해서 여호와의 길을 가도록 도전하셨다. 그래서 그들이 이방인들 가운데 살면서 도전이 되는 삶을 살도록 하셨다. 이렇게 다른 민족들보다 이스라엘이 더 나은 것이 없음에도 택함을 받은 것은 이해할 수도 설명할 수도 없는 신비에 속한다. 그러므로 이스라엘은 그들의 특권을 자랑하기 보다는 자신들이 선택받았다는 사실을 인정하고 수용하며 그것에 대해 하나님께 감사하고 찬양해야 한다. 선택의 특권을 받은 만큼 그들이 행해야 할 역할과 책임을 인식하고 소명자로 살아가야 하는 것이다.

신약 성경에서 예수도 그가 원하는 사람들을 부르셨다(막3:13). 고린도에서 하나님은 약하고 비천한 사람들을 선택하셔서 높은 자들을 부끄럽게 하셨다(고전 1:25-31). 하나님은 그 기쁘신 뜻대로 우리를 선택하시고 그리스도로 말미암아 그의 자녀들이 되게 하신다(엡1:5).

2. 자신을 계시하신 하나님

하나님은 이스라엘의 선조들을 선택하셨을 뿐만 아니라 그들에게 자신을 계시하셨다. 아브라함과(창12:1, 7; 15:1; 18:1; 22:14) 이삭(26:2) 그리고 야곱(28:13; 35:9; 48:3)도 하나님을 만났다. 하나님의 오심은 예기치 않은 때에 일어났고 선조들은 하나님을 만난 곳에 제단을 쌓아 하나님과의 만남을 기념했다(창12:7-8; 13:18; 22:9; 26:25; 35:1,3,7). 그들이 하나님을 만난 곳은 브엘세바, 브엘 라헤로이, 모리야, 마므레, 벧엘 그리고 가나안의 중심지인 세겜과 요르단 건너 마하나임과 브니엘이었다. 하나님이 이스라엘의 선조들을 만나신 이 모든 장소는 이스라엘이 차지해야 할 땅 가나안에 위치한다. 하나님은 약속하신 그 땅에서 자신을 계시하는 것을 기뻐하셨고 선조들은 하나님의 현존을 인식했을 때 항상 놀람으로 반응했다(창28:16).

이 세상 어디에도 거룩한 장소는 없었지만 하나님이 계시하신 곳은 모두가 거룩한 곳으로 변화되었다. '마꼼' 은 히브리어로 "장소"를 뜻하는 단어로(12:6; 13:3-4 등), "성소" 혹은 "거룩한 장소"를 의미하기도 한다. 하나님이 임재하신 브엘세바, 세겜, 벧엘에서 거룩한 장소가 되었고 선조들은 그곳에서 예배를 드렸다. 선조들이 오기 전에 가나안 족속들이 예배하던 곳들이 하나님의 임재로 말미암아 그곳이 이름이 바뀌면서 거룩한 곳이 된다. 부정한 사람들 머물던 가나안 땅이 거룩한 곳으로 변하게 되는 것은 하나님이 그곳에서 자신을 계시하시기를 기뻐하셨기 때문이다.

하나님이 자신을 계시하는 방법은 다양하다.

아주 더운 날에 세 남자가 아브라함과 사라에게 왔다(18:1-16). 그들은 마치 여행객처럼 씻고 쉬며 먹고 말했다. 그들 셋이 모두 천사였는지 아니면 하나님과 두 천사였는지는 분명히 말할 수는 없지만 본문은 "여호와께서 아브라함에게 나타나시니라"고 말하고 있다.

창19:1-15에서도 두 남자가 롯에게 왔다. 그들은 저주받은 소돔을 빨리 떠나라고 말하며 그들 자신을 여호와가 보낸 자들이라고 말한다(19:13). 그들도 역시 하나님이 보내신 천사였다(19:1, 15). 하나님은 하갈에게도 나타나신다. 하나님은 천사로 왔지만 하갈은 자신이 하나님을 보았다고 증언한다(16:7). 이 하나님의 천사는 야곱도 만났다(32:1-2). 야곱은 벧엘에서 꿈을 통해 하나님을 만난다(창28:10-22). 여기서 야곱은 여호와가 옆에 서 계심을 보았다(28:10-16). 하나님은 꿈을 통해 아비멜렉(20:3), 이삭(26:24), 라반(31:24)에게도 나타내셨다.

하나님은 이름으로도 자신을 계시하셨다. 하나님은 아브라함과 이삭, 야곱에게 "여호와"(15:7; 26:2, 24; 28:13)로 나타나셨다. 하갈에게도 이 이름으로 나타나셨다(16:13). 아담에게 말할 때도 여호와의 이름을 사용하셨고 가인과 아벨도 여호와께 제사를 드렸다. 에녹도 여호와의 이름을 부르기 시작했다(4:26). 이 이름은 이스라엘의 하나님으로 출애굽기에서 더 구체적으로 설명이 된다.

하나님은 엘로힘으로도 자신을 계시하셨다. 고대 근동에서 엘로힘은 일반적으로 신을 가리키는 용어로 사용되었다. 이 용어와 관련해 창세기에는 12개의 하나님의 이름이 등장한다.

아브라함은 "엘올람"(창21:33, 영원한 하나님)에게 간구했다. 하갈은 "엘 로이"(16:13)라 불렀고 하나님은 자신을 "엘 벧엘"로 야곱에게 소개하셨다(31:13). 가장 잘 알려진 이름은 아마도 "엘 샤다이"(전능하신 하나님 17:1; 28:3; 35:11)일 것이다. 멜기세덱은 아브라함에게 "엘 엘리욘"(지고하신 하나님)의 이름아래 여호와를 경배할 것을 가르쳤다(14:18-22).

하나님은 야곱에게 "나는 네 아버지의 하나님 엘이다"(46:2-3)라고 말씀하셨다. 야곱은 세겜에서 "이스라엘의 하나님 엘"에게 제단을 쌓았다(33:20). 벧엘에서도 역시 엘에게 제단을 쌓았다(35:1, 3). 하나님은 야곱에게 "엘로헤-아브라함"(아브라함의 하나님 26:24)으로, "엘로헤 이삭"(28:13)으로도 나타내셨다. 야곱의 아들들도 "엘로헤-아비카"(네 아버지의 하나님)를 섬겼다(50:17).

그 당시 많은 신들을 섬겼던 다원주의 세계에서 이스라엘의 선조들은 이스라엘의 하나님 여호와를 알았다. 여호와 스스로 그들에게 나타내셨고 인도하셨다. 여호와는 다른 이방 신들과 동화되지 않았다. 오히려 이방신들을 섬겼던 곳을 하나님은 거룩하게 하셨고 하나님을 위한 예배처소로 바꾸셨다. 창세기는 하나님께서 은혜로 자신을 계시하실 때 이 모든 것이 가능했음을 보여준다.

3. 계시의 목적

하나님이 선조들에게 자신을 계시하신 데는 특별한 목적이 있었다(창 15:1). 하나님은 아브라함과 언약을 맺으셨다(창15, 17). 밤에 하나님이 아브라함을 찾아오셨고(15:1-6) 언약 의식이 치러졌다(15:11-17). 언약의 의식을 위해 아브라함은 제물로 삼년 된 암소, 삼년 된 암염소, 삼년 된 숫양과 산비둘기와 집비둘기 새끼를 가져와 중간을 쪼개고 그 쪼갠 것을 마주대하여 놓았다. "해 질 때에 아브라함에게 깊은 잠이 임하고 두려움이 임했다(15:12). 그때 연기 나는 화로가 보이며 타는 횃불이 쪼갠 고기 사이로 지나갔다. 그 날에 여호와께서 아브람과 더불어 언약을 세우셨다."(15:17-18). 하나님이 아브라함과 그 자손에게 가나안의 땅을 주겠다고 엄숙히 맹세하셨던 것이었다(15:7, 18).

하나님은 아브라함에게 그가 받은 축복과(15:3-8) 임무에 대해서도 말씀하셨다. 언약의 증표는 아브라함뿐만 아니라 아브라함과 관계된 모든 남자에게 해당되는 것이었기에 모두가 할례를 행해야 했다. 이것은 하나님께 기꺼이 순종하겠다는 표시였다. 하나님과 그 백성들의 언약의 역사가 시작되는 순간이었다. 하나님이 언약을 맺으심으로 이스라엘 민족이 탄생한 것이다. 하나님께서 미래에 출애굽과 시내산 그리고 땅을 정복함에 있어서 행하실 행동은 모두 다 하나님이 아브라함과 언약을 맺으실 때 약속한 것의 성취였다.

하나님이 언약을 맺으셨다는 것은 무엇을 의미하는가? 일반적으로 언약의 개념은 관계에서 사용되기에 사람들과의 관계를 다루는 법적인 배경을 가지고 있다. 사람들이 무엇인가를 사고 팔 때, 결혼할 때, 상속할 때 법적인 협약이 되는 조약 혹은 언약에 따라 그들의 권리와 의무가 규정되었다. 일반적으로 조약은 대등한 상대나 제국의 통치자와 봉신 사이에 맺어졌고 특별한 형식을 따랐다. 오경의 언약과 관련해서 가장 큰 도움을 주는 것은 대군주가 열등한 군주와 맺었던 종주 봉신 조약(Suzerain-vassal treaty)이다. 성경의 언약을 이해함에 있어 매우 중요한 것으로 평가되는 이 종주권 조약은 고대 히타히트인들과 다른 국가들 사이에 맺은 고대 근동의 정치적인 조약의 하나로 추정된다.

당시의 조약들과 비교해 볼 때 창세기가 보여주는 언약은 매우 놀랍다. 조약의 맹세는 약자인 아브라함이 해야 하는 데 창세기에서는 하나님이 맹세를 하신다(24:7; 26:3; 50:24). 군주가 되는 하나님은 아브라함에게 어떤 특별한 요구도 하지 않으시고 봉신에게 은혜만을 베푸신다. 그러나 하나님 자신은 군주임에도 언약 속에 스스로를 구속시키신다. 뿐만 아니라 하나님은 이스라엘 선조들을 선택하시고 그들과 언약을 맺으면서 약속도 주신다. 그 약속은 미래와 관계된 후손과 땅 그리고 축복이었다(창12:1-3;13:14-16; 15:5,7,18; 27:4-8; 28:3-4; 30:15; 32:13; 35:11-12; 50:24; 출6:4-7; 13:5; 32:13; 33:1; 민10:29; 14:23; 32:11 등). 하나님은 가나안 땅이 그들의 영원한 소유가 될 것이라는 놀라운 약속을 아브라함과 이삭과 야곱에게도 주셨다. 아브라함의 후손은 하늘의 별들과 바다의 모래와 같이 셀 수 없을 것이다. 왕들이 그들을 통해 나올 것이며 그들은 번성과 하나님의 임재와 보호하심을 즐길 것이다. 하나님은 그의 계획에 따라 이 모든 것을 행하실 것을 언약의 의식을 통해 맹세하셨다.

제3장

노예로부터 해방시키시는 하나님

제3장

노예로부터 해방시키시는 하나님

이스라엘의 정체성은 여호와 하나님이 이스라엘을 노예의 땅, 애굽에서 불러내셨음으로 시작된다. 출애굽은 이스라엘이 애굽의 압제 밑에서 노예 생활을 끝내고 자유인이 됨을 의미하는 사건이었다. 그러므로 출애굽을 통해 빚어진 그들의 정체성에 대한 고백은 시간과 공간을 초월해 모든 이스라엘 백성들을 하나로 묶는 것이 되었다. 출애굽기 1-15장은 출애굽 사건을 통해 이스라엘이 어떻게 하나님의 공동체로서 출발하는가를 기록하고 있다.

하나님은 애굽에서 이스라엘 백성을 이끌어내심으로 이스라엘의 존재의 근거를 마련하셨다. 출애굽을 통해 이스라엘은 하나님의 백성들이 되었다. 이 출애굽은 이스라엘의 선조들을 선택하신 하나님이 미리 계획하신 것이었다. 창15:7의 "나는 이 땅을 네게 주어 업을 삼게 하려고 너를 갈대아 우르에서 이끌어낸 여호와로라"하는 말씀은 출20:2의 "나는 너를 애굽 땅, 종 되었던 집에서 인도하여 낸 너의 하나님 여호와로라"에서 확인된다.

하나님은 이스라엘의 선조들을 부르시고 자신을 계시하셨다. 그들과 약속을 하셨고 언약으로 약속 성취를 맹세하셨고 축복하셨다. 하나님은 출애굽과 시내산의 계시, 광야를 거쳐 가나안을 정복하기까지의 역사를 통해 그 약속을 이행하셨다. 그러므로 하나님이 행하신 이 출애굽의 위대한 역사는 구약을 이해하는 열쇠가 된다.

1. 해방과 구원

출애굽기의 서두는 창세기에서 아브라함에게 주어진 많은 후손에 대한 약속이 애굽에서 성취됨을 알림과 함께 시작한다. 하나님의 약속의 성취의 결과로 번성한 이스라엘 자손들은 요셉을 모르는 새로운 바로의 권력 앞에서 위협의 대상이 되었다. 점점 많아지는 히브리인을 접하게 된 바로는 그들을 두려워하기 시작했다. 그들의 번성을 막기 위해 그들을 노예로 삼았고 한 걸음 더 나아가 남아들을 죽이는 대량 학살까지 나아갔지만 바로의 노력은 헛수고일 뿐이었다. 이런 압제의 상황에서 하나님을 대신해 구원할 대리자를 세우심으로 하나님은 이스라엘의 해방을 계획하신다.

◆ 하나님의 인간 대리자 모세

모세의 탄생에서 죽음까지의 이야기는 출애굽기, 레위기, 민수기, 신명기에서 다루어지고 있다. 출애굽기의 초반부에는 모세의 공생애 이전의 삶 즉 모세의 탄생과 성장기가 아주 간략하게 언급된다. 그러나 모세가 소명을 받고 공생애를 시작하면서 모든 지면은 그의 공생애의 삶으로 채워진다.

모세의 공생애는 미디안과 애굽에서 부름을 받으면서 시작되었다(출 3:1-4:17; 6:1-6). 부름을 받을 당시 모세는 하나님이 맡기시는 과업을 위해 자신이 얼마나 준비되지 못했는가를 인식했다(4:10). 하나님이 그와 함께 할 것을 약속했음에도 모세 자신은 자격을 갖춘 자가 아니라고 거절했다. 모세는 태어나서 죽을 고비를 넘기고 애굽의 공주의 아들로 입양이 되어 당대 최고의 교육을 받으며 성장했다. 그가 입고 있던 옷은 귀족의 것이었으며 선지자들이 입던 것 같지 않았다. 그러나 모세는 바로와 같이 권력을 지닌 왕들과도 같지 않았다. 그런 모세의 모습이 하나님을 대표하는 자의 위치에 부름을 받았을 때는 마치 자신이 쓸모가 없는 것 같은 존재의 모습으로 보였다. 하나님은 그런 모세에게 하나님의 대사로서 포악한 바로 왕을 패배시키고 백성들을 해방시키는 구원자의 역할을 맡기심으로 그를 높여 주셨다. 하나님은 모세가 구원자로서, 하나님의 기사와 능력을 행하게 함으로 하나님의 영광을 모세에게 나누어 주셨다. 하나님이 모세를 다른 선지자들보다 높이셨음에도 모세는 가장 겸손한 사람으로 평가를 받았다. 그는 자신이 이 특별한 역할을 위해 부족함을 고백한 사람이었다.

모세는 하나님에 의해 파송을 받았다. 이곳에서 "보냄"을 뜻하는 히브리어 동사 '살라' 가 사용되었다. 이 동사는 선지자의 위치에 있는 사람과 관련되어 사용된다. 하나님이 주어이고 보냄을 받는 자는 목적어가 된다(사6:8). 모세는 여호와의 선지자로 보냄을 받았다. 여호와의 대사로서 이스라엘 백성들을 애굽에서 이끌고 나와야 하는 것이 그의 임무였다. 모세는 이 임무를 완성하기 위해 그가 들은 것을 사람들에게 말해야 했고(3:15; 4:28; 6:5,10), 말씀을 들은 사람들이 순종하도록 그들과 싸워야 했다(6:9; 5:2). 뿐만 아니라 모세는 하나님대신 이적과 기사를 행해야 했고(4:1-9) 불순종으로 인해 심판 받는 사람들을 위해 중보기도도 해야 했다(출8:30; 9:25).

모세는 하나님을 대신해서 이스라엘의 해방을 위해 바로와 대결을 했다(출3-4장). 그러나 바로와의 처음 협상은 완전히 실패로 돌아갔다. 그로인해 이스라엘은 더욱 더 심한 압박아래 놓이게 되었고 이스라엘 백성들은 모세를 원망했다. 모세는 자신의 무력함을 인식하고 하나님을 원망하게 되었고 하나님은 그런 모세에게 태양의 아들로 신격화된 바로왕이 지켜보는 앞에서 하나님의 능력을 보여주실 것을 선포하셨다.

바로와 모세의 대결은 여호와가 처음부터 계획한 것이었다. 바로가 많은 이적을 보고도 그마음의 완고함으로 인해 이스라엘을 내어보내지 않을 것도 아셨다. 이와 같은 바로의 완고한 마음은 역설적으로 하나님의 이름을 온 땅에 알리시는 계기로 사용되었다. 애굽에서 하나님의 능력을 보여주는 이적이 계속되었으며 바로는 큰 심판을 피해갈 수 없게 되었다. 결국 바로와 애굽의 백성들은 여호와가 누구인지를 알게 되었다.

하나님의 능력은 여러 가지 재앙 즉 나일강이 부패하고 피가 되는 재앙(7:14-24); 개구리 재앙(7:25-8:15); 먼지가 이로 변하는 재앙(8:16-19); 파리 재앙(8:20-32); 악질로 인한 가축의 죽음(9:1-7); 독종(9:8-12); 우박(9:13-35); 메뚜기(10:1-20); 흑암(10:21-29); 장자의 죽음(12:29-36)을 통해 분명하게 드러났다.

마지막 재앙인 장자의 죽음에 관한 이야기 전후에 유월절 의식에 대한 자세한 설명이 있다. 유월절 의식은 출애굽을 기념하는 것으로 후대 이스라엘이 예배 가운데 영원히 기념해야 하는 것이 되었다(출12:1-13:16). 장자의 죽음을 목격한 바로는 드디어 이스라엘에게 출애굽을 허락한다. 이스라엘 백성들은 애굽인들에게 보석과 옷을 얻었다. 자유인의 몸으로 애굽을 떠나게 된 것이었다(출12:29-36). 하나님은 노예생활을 하던 이스라엘 백성들이 걸어서 압제의 장소를 떠날 수 있게 만드셨다. 그들은 더 이상 노예가 아니었다.

하나님은 모세를 사용하셔서 하나님의 정의와 공의를 행하셨다. 모세는 약자를 억압하는 권력에 대항하여 하나님이 의도하신 해방의 임무를 수행했다. 하나님이 의도하신 구원을 이루기 위해 모세의 재능과 약점도 사용되었다. 인간의 부당한 권력으로 인해 소망 없이 지내는 희생자들에게 모세는 창조의 능력으로 구원을 이루신 하나님을 알리는 역할을 충실히 감당했다.

◆ 출애굽의 의미

이스라엘을 애굽으로부터 인도하여 내실 때에 하나님은 애굽의 군대를 바다에 던지시고 최고의 지휘관들을 홍해에 빠뜨리셨다. 하나님은 노예생활을 하던 이스라엘 백성들이 걸어서 압제의 장소를 떠날 수 있게 만드셨다. 그들은 애굽을 나와서 하나님이 인도하시는 곳으로 올라가야 했다(창15:14; 수2:10; 5:4-6; 왕하8:9; 미7:15; 출13:18; 삿11:13). 선조들이 하나님의 부름을 받았을 때 나와서 가야했던 것과 같았다. 이런 인도하심과 관계된 표현은 출애굽기에 21번(3:10; 6:5), 민수기에 4번 그리고 신명기에 22번 나온다.

불러냄을 의미하는 동사로 '야사' 와 '알라' 가 있다. 야사는 정착지에 대한 생각 없이 밖으로 나가는 것을 의미한다. 그냥 밖으로 나가는 것이다. 반면에 알라는 올라감을 의미한다. 낮은 곳에서 높은 곳으로 가는 것이지만 사용면에서는 큰 차이가 없다.

구약 성경에서 애굽은 노예의 땅으로 묘사된다. 그러므로 출애굽은 이스라엘이 애굽 땅을 떠나 또 다른 나라로 갔다는 것을 의미하지 않는다. 그곳을 떠나는 것은 지리적으로만 떠나는 것이 아니라 애굽의 삶을 떠나는 것이다. 하나님은 그의 백성들을 한 나라에서 다른 나라로 불러내신 것이 아니었다. 하나님은 그들을 속박의 상태에서 자유의 상태로 그들을 불러내신 것이었다. 그러므로 불러낸다는 것은 자유롭게 하는 것, 구원하는 것, 탈출시키는 것, 해방시키는 것을 의미한다. 애굽으로부터 해방되었다는 것은 이스라엘이 압제와 노예로 고통을 당한 압제자의 집에서 해방되었음을 의미한다.

하나님은 백성들을 해방시키기 위해 애굽에서 큰일을 행하셨다. 하나님은 이 노예들을 해방시키기 위해 어느 정도의 값을 지불하셨을까? 성경은 하나님이 이스라엘을 구속하셨지만 값은 지불하지 않으셨다고 말한다. 하나님 자신의 법에 따라 합법적으로 그들을 구속하셨기 때문에 값을 지불할 필요가 없었던 것이다.

"여호와께서 이와 같이 말씀하시되 너희가 값없이 팔렸으니 돈 없이 속량되리라"(사52:3). 베드로 역시 "너희가 알거니와 너희 조상이 물려준 헛된 행실에서 대속함을 받은 것은 은이나 금 같이 없어질 것으로 된 것이 아니요"(벧전 1:18).

이제 이스라엘은 법적으로 하나님의 소유가 되었다. 그들이 임의로 바로에게 압제를 당했지만 하나님은 그들을 해방시키심으로 그들의 정당한 위치를 회복시켜 주셨다.

이스라엘을 노예의 상태에서 해방시킬 때 가장 많이 사용된 동사는 보냄을 의미하는 '샬라흐' 인데 40번이나 사용되었다. 노예는 노역의 시간을 마쳤을 때는 자유롭게 나갈 수 있었다(출21:2-11). 그러므로 바로는 이스라엘 백성들을 잡아둘 권리가 없었고 하나님은 "내 백성으로 가게 하라"고 요구할 수 있었다(4:23; 5:1; 7:16; 8:21; 9:1,13; 10:3,7). 하지만 바로가 여러 번 마음을 강퍅하게 했고 결국 자신의 능력을 훨씬 능가하는 권력, 즉 하나님의 강한 손과 편 팔로 인해 굴복을 당한 후에야 이스라엘을 보낼 수 있었다(6:1). 이런 경우에 노예는 더더욱 어떤 값도 지불하지 않고 자유롭게 나갈 수 있었다(21:11). 드디어 이스라엘이 애굽에서 나왔다. 애굽인들은 이스라엘인들에게 더 이상 불법적인 노역을 시킬 수 없었던 것이다. 하나님은 이스라엘이 합법적인 노역을 위해 불법적인 노역을 떠나게 하셨다. 비정상적인 상황에서 정상적인 상황으로 옮겨주셨다. 이전에 노예였던 자들에게 자유로운 자로 살라고 하나님이 자유를 준 것이었다(출21:2; 신15:12). 그러나 자유로운 자가 된다는 것은 자기 스스로가 주인이 되어 살고 싶은 대로 산다는 것을 의미하는 것이 아니다.

하나님이 바로에게 이스라엘을 해방시킬 것을 요구한 것은 자신을 섬기기 위한 자유가 아니라 여호와를 섬기게 하기 위한 자유였다(출4:23; 8:1,20; 9:1,13; 10:3,7). 자유를 주신 하나님을 섬기고 하나님을 예배하기 위한 자유이다. 이스라엘의 해방은 하나님을 섬기고, 하나님을 위해 일하고 하나님을 사랑하고 예배하기 위한 것이었다.

'아바드' 라는 동사의 사용이 이러한 목적을 분명히 하고 있다. 아바드는 이스라엘의 본래 위치를 보여준다. 이스라엘 백성들은 여호와의 종이다(레위기25:42). 그들은 여호와를 섬기기 위해 해방되었다. 여호와를 섬기는 사람들은 모든 종류의 불법적인 노역으로부터 해방을 받는다. 여호와의 종이 된다는 것은 진정으로 자유인이 된다는 것이다. 반대로 진정으로 자유한다는 것은 여호와의 종이 되는 것이다. 하나님 자신이 행동하셨고 이스라엘이 자유인이 되도록 보호하셨던 출애굽은 이스라엘에게는 부인할 수 없는 사실이다.

◆ 출애굽의 목적

하나님은 정당한 방법으로 이스라엘을 애굽의 노역으로부터 해방시키셨다. 그리고 이스라엘은 여호와의 백성이 되었다. 그렇다면 여호와의 백성들이 되는 이스라엘은 누구인가?

그들은 하나님의 약속을 받은 아브라함, 이삭 야곱의 후손들이며 여호와의 백성이 된 민족이었다. 때문에 하나님은 그들을 애굽에서 불러내야 했다. 출애굽이 이스라엘을 탄생시켰던 것이다. 이스라엘은 노예의 삶으로부터 부르심을 받은 하나님의 백성이 된 것이다. 이것이 좋은 소식이다. 해방에 대한 좋은 소식을 듣는 것은 소명과 명령을 듣는 것이다. 이제 너희가 자유인이 되었으니 자유인으로 살라는 메시지를 듣는 것이다. 이것이 출애굽의 이유가 된다.

이스라엘 백성들은 하나님을 섬기는 공동체로 부름을 받았다. 이스라엘은 압제 밑에 신음하면서는 하나님을 섬길 수가 없었다. 그러나 자유함을 받은 후에는 하나님의 사람으로서 기꺼이 하나님을 섬겨야 한다. 하나님을 자원해서 섬긴다는 것은 곧 하나님의 백성이 되었다는 것을 보여주는 것이기 때문이다.

이스라엘은 자유인으로 살아가면서 이전에 노예의 신분으로서 따랐던 애굽인의 풍습을 더 이상 따르지 말아야 했다(레18:3). 대신 하나님의 법을 따라 살아야 한다. 이웃을 자신의 몸과 같이 사랑해야 하고(레19:18), 노예와 나그네의 권리를 보호하고 가난한 자와 고아 그리고 과부들을 변호해야 하는 삶을 살아야 한다. 왜냐하면 그들도 애굽에서 노예였고 이방인이었기 때문이다(신15:15; 신10:19; 23:7; 24:18).

이스라엘을 자유롭게 하신 것은 다른 인간들을 두려워하는 대신에 하나님을 두려워하고 공동체의 지체들의 자유함이 존중되는 공동체를 세우도록 하기 위함이었다. 하나님의 백성들로서, 자유함을 받은 사람으로서, 하나님의 법을 지키면서 이스라엘은 진정으로 자유롭게 살아가야 했다.

이스라엘은 출애굽을 기억하기 위해 일 년에 한 번씩 유월절을 지켜야 했다. 유월절은 이스라엘이 애굽을 떠난 그 날에 시작되었다. 각 가족대로 어린 양을 취해야 했다. 어린 양은 흠 없고 일 년 된 수컷으로 양이나 염소 중에서 취해야 했다. 해질 때에 양을 잡아 그 피를 좌우 문설주와 인방에 바르고 급하게 먹을 희생제의 음식을 준비했다. 그리고 준비한 음식을 허리에 띠를 띠고 발에 신을 신고 손에 지팡이를 잡고 급하게 먹어야 했다(출12:3-11). 하나님은 애굽인들을 치실 때 피가 있는 집은 넘어가셨다. 출애굽을 준비하는 동안 이스라엘은 이런 방법으로 이미 하나님을 찬양하는 구별된 공동체가 되었던 것이다. 이 출애굽의 이야기는 후세대들에게 계승되어 적용되도록 이 신앙 공동체는 유월절을 지켰다. 이스라엘 백성들은 유월절을 기념할 때마다 압제의 집을 떠나 안식의 집으로 들어왔음을 기억했다. 유월절을 기념하는 모든 세대들은 출애굽 이야기를 자신들의 이야기라고 고백했다.

신약에서 사도들은 죄와 사망의 권세/노예로부터의 해방을 예수 그리스도 안에 역사하는 하나님의 역사로 설명한다. 누구든지 죄를 지으면 죄의 종이지만 아들이 너희를 자유케 하면 너는 진실로 자유케 될 것임을 선포한다(요8:34, 36; 롬6:22; 갈5:1). 죄에서의 자유함은 하나님을 섬기게 하기 위한 자유함이다. 그러므로 내면적인 자유함이 없다면 이스라엘이 뒤쫓아 온 애굽인들을 보고 두려워한 것과 같이 늘 두려운 삶을 살 것이다. 두려워하는 자 앞에서 여호와를 신뢰했을 때 이스라엘은 진정한 자유를 얻을 수 있었고 하나님의 백성들로 태어날 수 있었던 것처럼 우리도 하나님을 신뢰하며 살아야 한다.

2. 하나님의 이름 계시

하나님은 이스라엘의 조상들에게 후손과 땅 그리고 축복을 약속하셨다. 하나님이 약속하신대로 이스라엘 백성이 심히 많아져 셀 수가 없게 되자 하나님은 그들을 약속의 땅으로 이끌기를 원하셨다(출1:7; 3:8). 앞으로 이스라엘은 약속의 땅에서 하나님과 언약을 맺은 당사자로서 모든 민족을 위한 거룩한 나라와 제사장으로서 살아가게 될 것이었다.

하나님은 조상들에게 하신 약속대로 신실하게 이스라엘 백성을 구원해서 약속의 땅으로 인도할 것이다.

이스라엘 백성을 해방시키실 때 하나님이 계시하신 이름은 여호와이시다. 여호와의 자기 계시의 근본적인 동기는 이스라엘(출6:3,7; 10:2)과 바로와 애굽 백성(출7:17; 8:10,22; 9:14,29; 11:7; 14:4,18) 그리고 땅의 모든 사람들에게(출15:14-15; 18:8-12) 여호와가 누구인지를 알게 하려는 것이었다.

불타는 떨기나무에서 하나님은 모세에게 자신을 아브라함과 이삭과 야곱의 하나님으로 소개하신다(출3:6). "내가 애굽에 있는 내 백성의 고통을 듣고 그 노고를 알고 내가 내려와서 그들을 애굽인의 손에서 건져내고 그들을 그 땅에서 인도하여..."(출3:7-8). 하나님은 모든 역사의 주도권을 갖고 계시며 인간의 고통과 부르짖음에 관심을 갖고 반응하시는 분이심을 보여주는 말씀이다. 출애굽기에서 하나님은 소외되어 억압당하고 있는 인간과 자신을 동일시하시고 인간의 역사 속에 뛰어들어 인간이 받는 상처를 함께 받기로 결정하시는 분이심을 알리고 있다.

하나님의 이러한 결정은 모세와의 두 번째 만남을 통해 더욱 분명히 드러났다. "나는 여호와로라 내가 아브라함과 이삭과 야곱에게 전능의 하나님으로 나타났으나 나의 이름을 여호와로는 그들에게 알리지 아니하였고"(출6:2-3). 하나님이 계시하신 "여호와"라는 이름은 구약에서 6800번 사용되었다. 여호와는 히브리어 동사 "하야(존재하다)"와 관련된다. "나는 스스로 있는 자이니라"고 번역한 이 이름은 전통적으로 하나님의 존재의 정적인 실체로 이해했다. 그러나 대부분의 학자들은 이것을 좀 더 역동적인 실체를 나타내는 "나는 내가 되고자 하는 대로 될 존재이다"로 번역하고 있다.

하나님이 자신의 이름을 계시하셨다는 것은 참으로 놀라운 일이었다. 고대 근동의 세계에서 이름을 알려주는 것은 친밀한 관계를 맺기 위한 표시이기 때문이다. 하나님의 이름을 알고 부른다는 것은 하나님과 가깝게 교제한다는 것을 의미했다. 그것은 하나님의 이름을 아는 자가 하나님의 이름을 잘못 사용하거나 그 이름을 악용해서 하나님께 상처를 줄 수도 있고 모욕을 안겨줄 수도 있음도 의미하는 것이었다.

하나님이 자신의 이름을 계시한 목적은 그 이름이 알려지고 기억되어지는 것이다. 하나님은 단순히 그를 어떻게 부를 것인가에 대한 정보가 아닌 하나님 자신의 임재를 주셨다. 여호와의 사자가 불타는 숲에서 모세에게 나타났다(3:2). 모세는 이스라엘의 장로들에게 하나님을 누구라고 말할 것인가? 하고 하나님께 반문했다. 하나님은 "여호와 너희 조상의 하나님 곧 아브라함과 이삭과 야곱의 하나님이 내게 나타나 이르시되 …"(출3:16)라고 대답하셨다. 하나님은 모세와 아론 그리고 장로들 그리고 이스라엘 백성들과 같은 보통 사람들에게 그들이 경험한 사건에 대한 증인이 되라고 자신을 계시하셨다. 장로들은 "히브리 사람의 하나님 여호와께서 우리에게 임하셨음"을 바로에게 말해야 했다(3:18). 이스라엘은 온 세계가 알도록 하나님의 이름을 퍼뜨려야 했다. 이것이 하나님께서 이스라엘을 열국으로부터 구별하신 이유였다. 이스라엘은 세상에 나아가 "여호와가 하나님임을 알라"(시100:3)고 선포해야 했다.

이스라엘이 하나님의 이름을 선포함에 있어 하나님의 이름을 찬양하고, 기억하고, 그 이름으로 요청해야 했다. 그렇게 하는 것은 여호와 외에 다른 신이 없음을 고백하는 것이었기 때문이다. 동시에 이스라엘은 별 뜻도 없이 신의 이름을 계속해서 부르는 이방인들과 달라야 한다. 하나님의 이름은 어떤 주문이 아니기 때문에 헛되이 하나님의 이름을 사용하지 말아야 했다.

이와 같이 하나님이 자신을 계시한 목적은 이스라엘이 하나님의 이름을 알고, 호소하고, 고백하고, 높이고 찬양하고 믿도록 하기 위한 것이었다. 하나님의 이름이 계시될 때 말씀과 함께 외적인 역사도 일어났다. 백성들은 시간과 공간을 초월하여 하나님의 이름을 부를 수 있었다. 이스라엘이 하나님을 부를 때마다 하나님은 그들의 하나님 그리고 구속자로서 함께 하셨다. 하나님은 이스라엘이 하나님의 이름을 알고, 호소하고, 고백하고, 높이고, 찬양하고, 믿도록 계시하셨기 때문이었다. 그러므로 이스라엘은 열국 가운데 그들만이 하나님의 이름을 안다는 특권을 자랑해야 했다. 여호와 하나님이 그 백성들을 자유하게 하신 것과 하나님 자신이 압제당하는 사람들 가운데 현존하셔서 놀라운 일을 행한 것을 선포해야 한다. 하나님의 이름은 하나님의 임재와 도움에 대한 약속이었고 하나님의 성실하심을 의미했다.

3. 애굽이 상징하는 것

출애굽기에서 애굽은 압제자의 대표로써 인간의 권리를 박탈하고 하나님의 뜻을 끝까지 거역해서 하나님의 심판을 받는 나라로 묘사된다.

애굽이라는 이름은 구약에 680번 이상이나 언급되어 있다. 애굽은 열국에 대한 원형이고 하나님의 백성들이 아닌 열국을 대표하는 가장 중요한 나라이다. 바로는 이방 나라를 대표하는 자가 된다.

애굽은 가난한 자를 착취하고 이스라엘을 압제하는 데 그들의 권력을 사용했다. 아말렉, 블레셋, 아람, 에돔, 앗수르, 바벨론, 바사, 로마와 같은 국가들도 그들의 권력을 이용해 이스라엘을 종속시켰고 압제했다. 이스라엘 백성은 미움, 배반, 박해, 압제, 멸망이라는 고통을 끊임없이 겪었다. 이스라엘을 그렇게 취급했던 처음 국가는 애굽이었다. 그렇다면 열국 중에 하나님은 왜 애굽을 선택한 것일까? 그것은 이스라엘이 하나님의 백성으로서의 삶을 애굽에서 시작했기 때문이었다. 애굽에 머물 때부터 이스라엘은 여호와의 백성으로 압제를 당했다. 성경은 이스라엘이 애굽에서 해방을 한 것은 곧 노예의 집에서 해방을 한 것으로 표현하고 있다. 이스라엘이 경험한 애굽인들은 그들을 탈취하고 압제하는 백성이었다. 애굽인들은 이스라엘 백성들의 권리도 존중하지 않았고 그들의 존재 자체를 인정하지 않았다. 이스라엘에게 있어서 애굽은 인간착취를 상징하는 이름이었다.

애굽은 하나님의 백성이 아닌 나라를 대표한다. 하나님의 이름을 인정하지 않고 왕의 왕이신 하나님을 대항하는 나라로 존재한다. 하나님을 인정하지 않는 이런 상황에서 애굽에게 미래는 없었다. 바로는 분명 이스라엘을 압제할 것이고 다른 나라들도 같은 행동을 할 것이기 때문이다. 그들의 생각은 하나님의 백성들을 다루는 그들의 태도에서 반영되고 있다. 만일 애굽이 목적하는 바가 이루어졌더라면 하나님의 백성 이스라엘은 이 땅에서 자취를 감추게 되었을 것이다. 그러므로 하나님의 백성들이 소망하는 것은 하나님이 애굽과 열국의 계획을 방해하는 것이었다. 하나님이 허용하신 권력을 압제자들이 끝까지 남용하지 않도록 하나님의 때에 심판하실 것을 믿었다. 하나님은 인간이 그들의 권력의 한계를 초월해 가는 것을 허용하지 않으실 것임을 바벨탑의 예를 통해서도 보여주셨다.

성경에서 애굽은 "라합" 혹은 "위험한 용"으로 비유되고 있다(사51:9; 시89:10). 용은 어둠과 파괴의 권력에 대한 인격화이다. 애굽은 이스라엘을 압제한 압제자의 의미에서 최초의 어둠의 세력을 대표했다. 하나님은 이스라엘을 노예의 집으로부터 해방시키기 위해 애굽을 꺾으셔야 했다. 애굽이 하나님의 백성들을 제거하려는 계획을 세우는 순간 하나님은 그들의 권력을 제거하셨다. 애굽의 패배는 하나님의 승리였다.

하나님이 폭로하시고 정죄하시고 무너뜨리신 애굽의 악은 자만과 거짓이었다. 바로의 강퍅함은 애굽이 다른 나라들보다 더 악했음을 보여주었다. 바로는 고집스러웠고 완고했으며 하나님의 말씀을 들으려고 하지 않았다. 거만함과 자만심으로 가득 차 자신의 권력을 증가시키기 위해 이스라엘 백성들을 착취했다(출1:8; 2:23). 바로는 그들을 자신의 소유물로 생각했던 것이다. 그래서 이스라엘 백성들의 해방을 요구받았을 때 그는 이스라엘의 하나님 여호와의 존재를 인정하지 않으며 거절했다.

바로가 하나님의 요구를 거절한 것은 무지가 아니었다. 그것은 바로의 마음의 강퍅함 때문이었다. 그러므로 바로는 자신의 마음 때문에 하나님의 심판을 받았다. 바로의 마음의 강퍅함이 이스라엘이 고난당하는 이유였다. 반대로 바로의 마음의 강퍅함은 이스라엘의 자유를 불러

오는 원인이 되기도 한다. 바로의 강팍함은 마음을 바꾸지 않으려고 하는 완고함이다(출7:14; 9:7). 바로의 마음이 원래부터 그렇게 강팍하지 않았지만 성경은 바로가 자신의 마음을 강팍하게 만들었다고 한다(출8:19; 9:12; 10:7). 바로는 때로는 백성들이 가도록 허락을 하지만(8:8,28; 9:28; 10:8,,17,24; 12:31-32) 재빨리 자신의 약속을 취소하는 행동을 반복함으로 마음을 강팍하게 만들었다. 그러므로 하나님은 바로의 강팍한 마음을 다루셔야 했다(9:12; 10:20,27; 11:10; 14:4,8,17). 바로의 성품과 속성이 바로의 강팍함을 통해 뚜렷이 드러났다. 하나님은 이적과 기사를 통해서 그렇게 하셨다. 출7-9장은 여섯 번이나 바로가 모세와 아론의 말을 듣지 않으므로 재앙을 더 불러왔다고 말한다(7:13,22; 8:15,19; 9:12,35). 하나님은 바로의 마음을 통해 하나님의 이름을 더 분명하게 드러낼 수 있었다(9:15-16).

그렇다면 이스라엘이 애굽인들보다 더 나은 사람들이었을까? 성경은 그렇지 않다고 말한다(4:1,8,9; 6:9; 16:20). 이스라엘 백성들의 마음도 바로의 것과 같이 완고했다(출32:9; 33:3,5; 신9:6; 10:16; 왕하 17:14; 렘7:26; 시95:8; 느9:16,20). 애굽인들과 같이 이스라엘도 하나님의 기적에 완고했다. 그리고 하나님의 명령을 듣지 않았다(출6:9).

그러므로 이스라엘은 그들이 얻은 구원에 대해 하나님을 찬양할 수밖에 없다. 그것은 순전히 은혜로 인한 것이었기 때문이다. 반면 애굽의 심판과 이스라엘의 구원의 행동을 통해 하나님의 속성은 더 잘 드러났다. 하나님의 장자로서 이스라엘은 생명과 구원을 받았고 애굽의 장자는 죽임을 당했다(출4:22). 이스라엘의 신앙의 고백의 진수는 하나님의 이런 두 속성을 찬양함에 있다. 그들은 자신의 구원이 애굽인들의 죽음을 통해 이루어진 것이 아니라 애굽인들이 이스라엘의 구속에 참여한 것으로 보았다. 이런 면에서 진노의 그릇이 하나님의 구원의 계획안에서 은혜의 그릇이 될 수 있었던 것이다.

제4장

시내산에서 계시하신 하나님

제4장

시내산에서 계시하신 하나님

여호와께서 이스라엘 백성들을 만나시기 위해 시내산에 내려오셨고 구름 속에서 자신의 존재를 나타내셨다. 그리고 중재자 모세를 통해 그들과 말씀하셨다. 시내산에서 언약이 이루어졌고 하나님의 백성으로서의 이스라엘이 탄생되었다(출19; 20; 24). 시내산에서 이스라엘은 하나님의 소유가 되었고 제사장 나라로 그리고 거룩한 백성으로 살도록 부름을 받았다. 하나님은 백성들과 언약적인 관계를 지속시키기 위해 백성들의 죄를 속죄할 수 있는 수단과 율법도 주셨다. 하나님은 이스라엘이 걸어야 할 길에 관한 가르침으로 율법을 주셨다. 이스라엘에게 있어서 시내산에서의 하나님의 계시 사건은 역사적으로 아주 중요한 사건이 된다.

1. 시내산의 언약과 하나님

이스라엘 백성들은 시내산에 도착하여 그곳에 오랫동안 머무르게 되었다(출19:1). 시내산에서 언약을 체결하는 데 있어서 하나님이 주도권을 행사하셨다. 시내산에서 하나님은 자신을 드러내시기 위해 백성들을 준비시키셨고 모세를 통하여 십계명과 언약 법전을 주시고 언약을 체결하셨다.

하나님은 아브라함에게 약속하시고 맹세하실 때 인간에게 익숙한 언약이라는 법적인 형태를 사용하셨다. 그 당시에 주위의 국가들 사이에 맺어진 정치적 조약들은 언약을 이해하는 데 아주 중요하다. 당시의 고대 근동 사회에서는 두 당사자 간에 법적으로 협정을 맺는 관계가 있었다. 이것을 조약 혹은 계약이라고 했다. 고대 히타이트의 대군주가 열등한 군주와 맺었던 이 조약은 오경의 이해에 많은 도움을 주고 있다. 조약 중에 주전 14세기로 알려진 히타이트 왕과 우가리트 도시 국가 간에 이루어진 종주권 조약 (suzerainty-vassal treaty)이 있다. 이 조약은 여섯 부분(서문, 역사적 회고, 일반적 규정, 특별 규정, 증인, 축복과 저주) 으로 구성되었으며 주인과 종 사이의 관계를 규정하고 있다. 불평등한 당사자들 간에 이루어지는 언약의 경우에는 계약을 체결하는 종주는 봉신이 되는 약자를 보호할 책임이 있고 봉주의 의무는 종주에게 충성을 다해야 하는 의무가 있었다. 계약에 있어서 체결의 당사자가 바로 종주가 되며 상호 충성이라는 관계 속에 봉주와 결속되었다.

하나님은 아브라함과 맺은 언약에 때문에 이스라엘을 애굽의 압제로부터 구원하셨다. 또한 시내산에서 이스라엘을 하나님의 백성으로 부르시고 언약이라는 형식을 통해서 하나님과 이스라엘의 관계를 확립하셨다. 시내산에서 맺어진 언약 의식은 전적으로 하나님의 주관아래 이루어졌다. 언약의 당사자가 되는 이스라엘 백성들은 하나님의 부르심에 반응했다. 하나님은 자신을 계시하셨고 그의 임재를 백성들이 느끼게 했다. 하나님은 음성으로 그의 현존을 알리시면서 백성들과 언약을 맺으려고 하는 하나님의 의도를 알리셨다. 하나님은 그의 백성들이 하나님의 계획을 수용하고 언약에서 그들의 역할을 성취하도록 자극하셨던 것이다. 이스라엘은 여호와의 종주권을 확인하기 위해 부름 받았음을 언약을 통해 확신시켰던 것이다.

◆ 하나님의 자기계시와 말씀

언약의 의식에 있어서 중요한 것은 하나님의 자기 계시이다. 하나님은 백성들에게 가까이 오는 것을 기뻐하셨다. 가장 중요한 순간에 실제적으로 시내산에 내려오셔서 백성가운데 임하셨다. 하나님이 인간의 역사 속에 들어오셨던 것이다. 시내산에서의 절정은 하나님의 현현으로 이루어졌다.

하나님의 현현으로 인해 시내산은 우레와 번개와 빽빽한 구름으로 덮였고 나팔 소리가 크게 들렸다. 나팔은 일반적으로 전쟁의 시기에 백성들을 경고하거나 거룩한 절기에 여호와의 임재를 요구하는 데 사용되었다(민10:10). 그러나 시내산에서는 이스라엘 백성들이 나팔을 불지 않았음에도 큰 나팔소리가 있었다. 이곳에서의 나팔 소리는 그리스도의 재림을 알리는 것과 같이 능력으로 임하시는 여호와를 알리는 표시가 됨을 암시한다(마24:31; 살전4:15,17; 고전15:52; 계8-11). 여호와께서 불 가운데서 강림하실 때 그 연기가 옹기 가마 연기 같이 떠오르고 온 산이 진동했다. 시내산은 연기로 덮였다. 시내산의 구름과 불은 여호와 하나님의 임재의 표시였다. 이런 여호와가 그 자리에 내려오셨음에도 불구하고 백성들은 그 모습을 볼 수 없었고 목소리만 들을 수 있을 뿐이었다.

모세는 백성들이 거리를 유지할 수 있도록 경계를 세움으로 산을 성별했다(출19:12-13, 21-23). 백성들은 여호와가 강림하시기 전에 자신들을 성별해야 했다. 옷을 빨고 부부 관계를 절제함으로 하나님께 대한 그들의 마음을 보여주어야 했다. 하나님을 만나기 위한 준비는 이틀이 소요되었고 하나님의 강림의 놀라운 사건은 셋 째날 동틀 때에 일어났다. 모세가 여호와께 올라갔고 여호와는 백성들에게 내려오셨다. 언약을 맺기 위해 여호와가 백성 가운데 내려오신 것이었다.

하나님의 임재의 사건은 말씀이라는 형태 안에서 수반되는 계시였다. 말씀과 하나님의 임재는 하나님의 행동이었고 사건이었다. 하나님은 이 두 가지로 언약을 체결하셨다.

언약의 의식에서 주요 요소가 되는 것은 하나님의 말씀에 대한 계시, 즉 율법이다. 율법에는 서문, 역사적 회고, 일반적인 규정과 특별한 규정 그리고 저주와 축복이 포함되었다. 그러므로 율법은 언약의 종결과 관련해서 이해해야 한다.

율법과 규례의 형식 안에서 하나님의 말씀이 계시되었고 하나님의 뜻이 성취되기 시작했다. 하나님은 이스라엘 백성들이 자유하기를 원하셨다. 그래서 율법과 규례의 형태를 띤 말씀으로 해방시키셨다. 말씀은 해방의 도구가 되었고 육체적, 영적인 압제와 노예생활로부터 이스라엘의 자유를 가져오는 힘이 되었다. 하나님의 말씀으로 이스라엘의 위치는 이스라엘은 여호와의 백성과 거룩한 나라(출19:6; 렘2:3)로 격상되었다.

이스라엘이 애굽의 압제로부터 해방을 받은 것은 제사장 나라가 되기 위함(출19:6)이었다. 하나님은 이스라엘이 하나님의 특별한 소유가 되기를 원했다. 그래서 하나님은 율법과 규례의 형태 안에서 하나님의 말씀으로 그의 백성들을 빚으셨다. 이스라엘이 율법으로 구별될 것이고 열국들은 이스라엘이 여호와의 백성임을 알아볼 수 있어야 했다.

이스라엘은 또한 하나님의 거룩한 백성이 되어야 했다. 율법과 규례는 그들의 부정을 씻기시고 성별하기 위한 것이었다. 하나님의 말씀에서 보여주는 많은 의식들은 궁극적으로 이스라엘을 거룩케 하기 위함이었다. 하나님은 이스라엘이 연합된 신앙공동체로서 오직 한분 하나님으로서 여호와를 예배하는 백성을 원하셨다. 그래서 하나님은 말씀으로 그들이 하나 되어 여호와를 예배하는 공동체가 되도록 말씀을 통해 끊임없이 도전하셨다. 그러므로 시내산에서 주셨던 하나님의 율법은 하나님의 온전한 선물이었다. 이스라엘을 하나님의 백성으로 빚고 세우는 것이었고 이스라엘이 새로운 지위에 맞게 살도록 돕기 위한 것이었다. 이것이 이스라엘이 율법을 무거운 짐으로 여기지 말아야 할 이유였다.

◆ 하나님의 계시와 이스라엘의 반응

이스라엘은 언약의 관계에 들어갈 준비를 했다(출19장). 언약을 체결함에 있어 이스라엘은 모든 단계에 참여했다. 여호와의 강림을 준비했고 율법의 반포에도 참여했다. 맹세를 했고 제사를 드렸다(출24장). 하나님이 말씀하셨고 이스라엘은 대답했다. 하나님이 먼저 부르셨고 이스라엘은 대답했다. 이스라엘은 하나님의 부르심에 스스로 결정을 내렸다. 그들은 하나님의 말씀을 들었고 모두 함께 한 목소리로 응답했다(출19:7-8; 24:3).

하나님을 맞이하기 위해 이스라엘은 하나님의 명령대로 자신들을 성결케 했다(출19:10-11). 먼저 옷을 빨았다. 옷을 빠는 일은 날마다 행해지는 일이었지만 이 날에 옷을 빠는 것은 회복을 위한 준비를 뜻하는 특별한 행위였다. 옷을 빨므로 그들은 부정한 옛 생활을 청산할 수 있었고 새로운 삶을 입을 수 있었다. 하나님 앞에서 깨끗한 옷을 입었던 것이다.

뿐만 아니라 이스라엘 백성들은 그때까지도 몸에 지니고 있었던 모든 우상들을 없애버려야 했다. 우상을 버리고 파괴하는 것은 열국의 모든 신들로부터 오직 한 분이신 하나님 여호와께로 돌이키는 것을 의미했다. 이스라엘은 또한 그들의 장신구를 떼어버렸다(출33:6). 언약의 축복에 대한 그들의 감사를 표현하기 위해 아마 자원제로 드렸을 것이다. 이전에 그들은 자신들의 귀걸이를 빼서 아론에게 주기도 했었다(출32:3).

백성들은 이틀 동안 여호와의 만남을 위한 준비를 했다. 언약 의식은 제 삼일에 이루어졌다. 준비의 일환으로 그들은 성적인 관계를 금했고(출19:5) 금식했다. 그리고 산 밑에 제단을 쌓아 제사를 드렸다. 모세는 청년들을 보내 여호와께 소로 번제와 화목제를 드리게 했다(출24:5). 언약서가 낭독되었고 이것을 들은 이스라엘 백성들은 하나님의 말씀을 지킬 것을 맹세했다(24:7). 언약서 앞에서 모두의 동의가 이루어진 후에 행해진 맹세였다. 맹세는 이스라엘이 여호와의 백성으로 자신들을 묶는 최후의 비준이 되었다. 하나님은 백성들이 언약을 체결하는 데 있어 그들이 말과 행동으로 참여하도록 하셨다. 제사의 목적은 모세가 제단과 백성들에게 피를 뿌릴 때 분명해 졌다. 하나님과 이스라엘 사이에

혈연관계가 성립된 것이었다. 언약 의식의 절정은 공동식사로 표현되었다. 이스라엘 장로들이 시내산으로 올라올 것을 초청받았고 그곳에서 그들은 하나님을 뵙고 먹고 마셨다(출24:11).

시내산의 의식은 다음 세대를 위해 아주 중요한 것이 된다. 이런 의식은 하나님의 백성들이 자신들의 소명 의식을 깊이 인식하기 위한 것이었기 때문이다. 마치 성도가 만날 때마다 새 언약을 기념하기 위해 행하는 성찬식과 같다. 성찬식은 하나님의 백성으로서의 소명 의식을 회복시키는 시내산 의식과 같은 것이다. 성찬식을 통해 참여자들은 하나님과 언약을 맺은 공동체의 일원이 됨을 선포하는 것이다.

2. 율법과 하나님

토라라 불리는 오경에는 율법이 담겨있다. 히브리어 토라는 동사 "야라"에서 파생된 것이다. 이 동사는 "던지다, 쏘다, 적중시키다"의 의미를 지니고 있다. 무엇을 던지기 위해 방향이 제시되어야 하는 이 용어는 후에는 "길을 가리키다", "지시하다", "지도하다" 등의 의미 확장되어 사용했다. 결국 토라는 삶 전반에 대한 하나님의 방향제시, 지침, 가르침, 규범 등을 의미하는 용어가 되었다.

◆ 하나님이 주신 율법

오경에서 율법은 하나님이 백성들과 언약을 맺은 이야기 속에 함께 들어가 있다. 하나님의 율법은 이스라엘 백성들의 삶을 위한 특별한 목적이 있는 것이었다. 이스라엘의 삶과 관계된 영역에서 하나님의 영역과 이스라엘의 영역을 분명히 하기 위한 것이었다. 그로 인해 서로의 권리를 존중하고 보호하는 것이 목적이었다. 선한 창조의 질서 안에서 살도록 이스라엘을 부르신 하나님은 그들이 진정한 하나님의 종이 되도록 그들을 성별하셔야 했다(출31:13; 레20:8; 22:32; 21:8). 율법의 형태 안에 담긴 하나님의 말씀은 이스라엘 백성들이 하나님의 의도를 깨닫고 순종할 때 능력을 발휘할 수 있는 것이었다.

출20장의 십계명은 율법의 서론 역할을 하며 그 핵심 가치는 공동체의 삶과 복지를 증진시키고 보호하기 위한 것이다. 출21-23장은 언약법전이라 불리며 그 형태와 내용에 있어 일상생활의 범위까지 포함하는 다양함이 존재한다. 출24장은 언약 체결의식에 대한 이스라엘의 반응이다. 그 과정 중에 모세는 하나님의 산에 올라가 사십일 동안 머물면서 하나님이 백성 중에 거하실 처소인 성막을 짓기 위한 지침을 받는다(출25-31장). 출32-34장의 이스라엘의 배교 이야기가 성막을 짓기 위한 지침과 성막의 건축 이야기 사이에 놓여 있다. 모세의 중재로 인해 이스라엘은 파멸을 피해가고 모세의 기도로 인해 이스라엘의 미래가 다시 형성된다. 출35-40장에서 성막에 관한 사항들이 반복되고 있다.

성막의 지시사항이 보여주는 것은 하나님이 백성들에게 나타나시는 방법이다. 하나님은 시내산이라는 한 고정된 곳에서만 자신을 계시하는 것이 아니라 성막으로 이동하셔서 백성들과 항상 함께 하실 것이다. 하나님이 성막 가운데 거하시겠다는 약속은 모세가 더 이상 시내산에 오를 필요가 없이 하나님이 하강하심을 의미했다. 하나님의 내려오심은 이스라엘 백성과의 관계를 더욱 친밀하게 맺는 것이기도 했지만 그들 가운데 거함으로 인해 더 쉽게 상처를 받으실 위험도 감수하는 것이었다.

출애굽기 다음에 오는 레위기는 오경의 한 가운데 위치한다. 이것은 하나님이 계획하신 샬롬이 있는 공동체의 삶을 위해 예배가 얼마나 중요한지를 보여주는 것이다.

레위기의 1-7장은 중요한 제사와 제물의 규례, 8-10장은 제사장 임명에 관한 것이다. 11-15장은 정함과 부정한 것을 식별하는 방법이 그리고 16장에는 속죄일에 관한 것들이 담겨있다. 이와 같이 레위기 1-16장은 제사장과 직접적으로 관련된 문제들을 다루고 있다.

레위기 17-26은 윤리규범과 의식의 규례들을 포함하고 있어서 이것을 거룩의 법전이라고 부르기도 한다. 1-16장이 제사장과 관계되어 있다면 17-26장은 백성들의 거룩한 삶과 연관된 것이다.

신12-26은 신명기 법이라 부른다. 신명기라는 이름은 “두 번째 율법”을 의미하는 것으로 헬라어 번역가들이 신17:18절의 “이 율법서의 등사본”을 두 번째 법으로 잘못 이해한데서 붙인 이름이다. 신명기 27장은 언약의 갱신을 위한 의식의 패턴으로 신명기의 율법을 위한 뼈대를 형성한다. 특히 인간의 권리를 강조하는 12개의 말씀들은 백성들이 아멘으로 응답하는 저주의 형태로 절정을 맞는다(27:15-26).

일반적으로 율법의 개요는 하나님의 권리, 예배의 규례, 인간의 권리와 의무를 강조한다. 율법은 예배의 일부로서 엄숙한 낭독과 수용을 위한 것이었다. 율법의 모든 것이 시내산에서 하나님이 백성들과 맺은 언약과 연결이 된다. 시내산에서 모세의 중재로 선포된 하나님의 율법은 형식과 내용 그리고 그 특성에서 다를 수 있지만 모든 율법은 창조, 보존 그리고 하나님의 백성으로서의 이스라엘의 회복이라는 같은 통일성 있는 목표를 가지고 있다.

이스라엘의 삶에서 토라는 상업, 농업, 결혼, 사회생활, 재산, 인간관계, 절기, 전쟁, 예배, 제물, 안식, 정결, 제사장, 선지자 등과 같이 삶의 모든 영역들을 통제했다. 이 모든 부분에서 율법이 목표로 하는 것은 질서를 세우고 무엇보다 통일성 안에서 적절한 장소를 지정해 주는 것이었다. 하나님은 법을 수여하시면서 그 안에 자신의 뜻과 목적을 알리셨다. 하나님의 율법은 사람들을 거룩하게 하고 자유롭게 하며 하나가 되게 했다. 하나님의 말씀으로 말미암아 이스라엘의 사회에는 질서가 세워졌고 인간의 권리가 보존되었다. 율법은 이스라엘에게 축복과 위협이 되기도 했다(수24:14-24). 그러므로 하나님의 말씀의 능력을 경험하기 위해서는 온전한 순종이 따라야 했다.

율법은 종종 인간을 제약하는 규칙들과 규례들로 이해되었는데 그것은 그 안에 담긴 하나님의 의도를 잘못 이해함으로 말미암은 것이었다. 율법은 하나님과 백성의 거리를 좁혀주기 위한 것이었지만 율법은 문자화 되어서 이해되었고 백성은 하나님으로부터 멀리 떨어져 서 있게 되었다. 결국 하나님의 율법은 인간이 지기에는 너무 힘든 짐으로 전락하게 되었다. 그러므로 우리가 진정으로 추구해야 하는 것은 하나님이 주신 율법에 새겨진 하나님의 의도를 아는 것이다. 이스라엘 백성들이 섬기고 예배하도록 초청받은 하나님은 사랑이 많으시고 인자와 긍휼이 크신 하나님이시다. 그런 하나님을 진실과 성실로 섬기고 예배할 때만 율법은 짐이 되지 않고 사랑하는 분에게로 가는 다리가 될 수 있는 것이다.

◆ 율법의 목적

하나님의 율법은 다양성보다 통일성을 강조한다. 성결법전이 되는 레위기 17-26장에서 거룩은 율법 전체의 중심적인 원리가 된다. 신명기 법전이라 불리는 12-26장에서 모든 율법은 옳은 것과 선한 것(6:18; 12:2), 하나님의 사랑(6:5; 11:1)과 하나님에 대한 두려움(10:12, 20) 등의 개념 아래 요약이 된다. 일반적인 법과 다른 점이 있다면 하나님의 권리와 인간의 권리에 관계된 것으로 십계명이 그 실례가 된다(출20장; 신6장).

십계명은 1-4계명과 5-10계명 두 부분으로 나뉜다. 첫째 부분은 하나님과 관련된 것이다. 하나님 외에 다른 신들을 섬기는 것, 하나님의 형상을 만드는 것, 하나님의 이름을 남용하고 거룩하게 하신 안식일을 더럽히는 것을 금하고 있다. 둘째 부분은 인간과 관련된다. 부모를 공경해야 하고, 살인과 간음, 도둑, 이웃에 대한 거짓 증인, 탐욕을 금함으로 다른 사람들의 권리에 대해 존중할 것을 요구한다.

그 외의 다른 곳에서도 비슷한 패턴을 따르고 있다(레위기19:3-14; 신27:15-26). 하나님의 권리로 시작하는 율법이지만 인간의 권리를 보호하는 것과 결속되어 있다. 하나님 자신이 그 백성들과 묶여 있으므로 만일 한 인간의 권리가 무시를 당하면 하나님의 권리가 무시당하는 것으로 간주된다. 인간의 권리는 하나님의 권리와 동일시되고 있기 때문이다. 이스라엘에게 있어 거룩한 법과 세속적인 법의 구분은 존재하지 않았다. 그들의 법은 삶의 모든 영역을 통제하는 언약아래 이루어진 하나님의 율법만 있을 뿐이었다.

율법은 백성들을 거룩하게 하고, 자유롭게 하고 하나가 되게 한다. 안식일의 법은 거룩한 구별을 강조한다. 노예에 관한 법은 자유를 알려주며 예배의 법은 하나 됨을 강조한다. 토라의 목적이 백성들을 거룩하게 하는 것이기에 성례와 사회법도 거룩이 목표가 된다. 거룩하신 하나님의 백성이 거룩해야 하는 이유이다(레위기 19:2; 20:26; 11:44; 출 22:31; 20:8; 21:8; 22:32).

'카도쉬' 라는 거룩의 용어는 원래는 "더럽혀진 것" 혹은 "세속적인 것으로부터 분리된 것" 혹은 "그것들과는 다른 것"을 의미한다. 이스라엘의 거룩에 대한 개념은 기본적으로는 이웃나라들의 것과 유사했지만 그 이유에 대해서는 달랐다. 이스라엘이 애굽으로부터 부르심을 받은 것은 하나님이 거룩하시기 때문이었다. 여호와 하나님이 이스라엘을 구원하고 하나님의 백성으로 입양하신 것도 언약의 당사자인 하나님이 거룩하시기 때문이셨다. 하나님은 거룩함의 특성을 통해 자신을 모든 신들로부터 구별하셨다. 그러므로 이스라엘도 다른 백성들로부터 구별되어야 했다. 그러기에 모든 율법의 기본은 거룩함과 관계가 된다. 거룩의 법전이 그 예가 된다(레17-26장). 하나님이 반포하신 모든 법들은 하나님이 이스라엘과 맺은 언약의 법이었다. 그 법으로 인해 하나님의 백성이 된 이스라엘을 다른 민족들과는 구별되었다. 그러므로 율법 중의 많은 부분이 하나님의 거룩하신 권리와 관련된 예배를 다루고 있다. 십계명이 금지하는 것의 핵심도 거룩과 관계된 것이었다.

토라는 성에 관한 모든 분야도 거룩하게 했다. 유출 혹은 생리 후와 출산 후의 피의 유출을 부정적인 것으로 선언했다(레12; 15:16-18; 신23:9-14). 가까운 친척 사이의 성관계는 여호와께 가증한 것이 되었다(레18:6-17; 신27:20,22-23). 다른 사람의 아내와 관계를 맺는 것도 가증했다. 짐승과 관계를 맺는 것과 동성과의 관계 역시 혐오스러운 것이었다(신27:21; 레18:22, 23; 출22:19). 가나안 주위의 많은 나라에서는 성관계를 신성시했다. 그러므로 성례의 역할을 하는 성관계를 위해 성창이 존재했다. 신과 신들의 성관계로 인해 비도 내린다고 생각했다. 그러나 토라는 성관계를 비신성화시켰다. 그렇게 함으로 삶의 중요하고 은밀한 영역까지도 하나님께 바침으로 백성들은 거룩하게 되었다.

토라는 질병과 죽음, 문둥병과 피부병, 정신적인 질병의 영역도 거룩하게 했다.

죽은 시체를 만지는 것(민19:10-22)은 부정을 의미했다. 죽은 들의 짐승을 먹는 것도 부정했다(출22:31). 가나안족들의 애도하는 관습을 따르는 것도 금지되었다(신14:1-2). 하나님의 백성은 죽은 사람의 영과 교접하지 말아야 했다(신26:14). 살인 혹은 처형당한 사람들의 시체는 땅과 주민을 더럽혔다(신21:10). 하나님께서 이러한 것들을 금하신 것은 공동체를 정결하고 건강하게 유지하기 위한 것이 목적이었다. 이와 같은 법규들이 전쟁을 할 때에 진영을 정결케 함에 있어서도 적용이 되었고 이스라엘 백성들이 목욕하고 옷을 빠는 것과도 관계되어 사용되었다(출29-40; 레위기1-22; 민18-19; 신21:6).

정결함은 제사장들에게 있어 특히 중요했다. 제사장들은 하나님이 택하신 공동체를 대표하는 자들이었다(신7:6; 출19:6). 그들의 직무는 이스라엘이 거룩한 것과 그렇지 않은 것, 정한 것과 부정한 것 사이를 구별하도록 가르치고 여호와께 거룩한 제사를 드리는 것이었다. 제사장과 관련된 법들은 그들이 거룩한 자의 실제적인 예가 되어 살고 행동해야 함을 의미했다. 이스라엘 공동체는 하나님을 온전히 섬기고 마음을 다해 예배하라고 부르심을 받았기에 제사도 완전하고 흠이 없는 것(레1:3, 10)이어야 했다. 그러므로 제사장도 정결하고 거룩해야 했고 육체적인 흠이 없어야 했다.

하나님이 율법을 통해 목적하신 바는 자유를 증진시키는 것이었다. 노예와 관련된 규례들을 통해 이러한 하나님의 의도가 잘 드러나고 있다(출21:4; 신21:10; 15:12; 출21:26-27). 뿐만 아니라 고아, 과부, 이방인, 고용된 노동자들과 가나한 자와 같은 약자들의 권리를 보호했고 죄를 진자들의 권리도 보호해 주었다. 무심코 사람을 죽인 자들을 위해 도피처도 마련되었다. 또한 하나님의 백성들은 하나의 공동체로 세워져 나가야 했다. 그것을 위해 토라가 모든 백성에게 주어졌고 공동체에게 주어졌다. 그러므로 공동체의 멤버 중에 우상을 섬기거나 만드는 자는 공동체로부터 배제되었다. 그러한 행위는 공동체에 죽음을 불러오는 행위였기 때문이다. 이 외에도 이스라엘은 세 종류의 절기를 지켜야 했다(출23;14; 34:23; 신16:16). 남자들은 전 공동체를 대표해서 여호와 앞에 나와야 했다. 노예와 이방인을 포함한 모든 이스라엘은 절기에 참여해야 했다(신16:1). 이스라엘 백성들은 안식일에 거룩한 회중으로서 하나님 앞에 모였다. 함께 모여서 제사를 드리고 먹고 마시면서 여호와께서 행하신 일을 기념했다. 여호와의 백성으로서의 이러한 교제를 통해 하나 됨을 확인했다.

3. 성막과 하나님

시내산 위에서 밤낮 사십 일을 보내면서 모세가 받은 지침에 따라 성막이 세워졌다. 이 성막은 이동이 가능한 성소였다. 시내 산에 계시던 하나님이 시내 산 아래 백성들 가운데 거하시길 원하심을 보여주는 것이었다. 하나님의 명령에 따라 시내산 아래에 성막이 세워졌고 하나님은 그곳에 머물기 위해 내려오셨다. 산 위에서 모세를 통해 백성을 만나시던 하나님이 이제는 백성들을 친히 만나려고 산 아래로 내려오신 것이었다(출25:22; 29:43-46). 성막은 여호와의 영광으로 가득 채워져 모세조차도 접근할 수 없었다. 이스라엘 가운데 거처를 정하신 하나님을 만나기 위해서는 이스라엘도 거룩한 백성으로 거듭나야 했다.

성막은 하나님과 교제를 하기 위한 통로이다. 하나님을 만나기 위해 백성들이 다가가고 하나님은 백성들을 만나시기 위해 내려오신다. 성막에서 자신을 나타내셨고 백성들이 속죄를 했을 때 죄를 용서하셨다. 성막에는 설교를 듣기 위한 강단도 없었고 기도하기 위한 특별한 장소도 없었다. 성막 자체가 하나님 임재의 장소였기 때문이다. 성막은 이스라엘의 삶의 중심이었고 모든 축복의 근원이었다.

◆ 예배하는 곳 : 성막

성막은 하나님의 이름을 둔 곳이었다(신12:5,11). 하나님의 이름이 기억되는 곳이었다(민5:15; 10:9-10; 레23:24; 출28:12,29). 성막에서 하나님은 자신을 보이셨고 백성들은 하나님의 이름을 부르면서 하나님께 간구했다(왕상 18:24). 성막에서 하나님을 찾고 발견할 수 있었고(출 18:15; 사55:6), 하나님의 이름을 찬양하고 고백할 수 있었으며(왕상 8:33, 시편, 역대기), 축복을 구하고 축복을 받을 수 있었다(출20:24). 하나님은 성막에서 그 영광을 드러내셨고(출23:14,17), 백성들을 만나기를 기뻐하셨다(출29:45). 이스라엘 백성들은 하나님이 거하시는 곳에서 기도하고 찬양하고 축제를 즐겼다.

성막은 또한 화해의 장소이기도 했다. 성소에서의 예배의 핵심은 근본적으로 속죄 혹은 화해의 사역이었다. 예배를 드린 성소는 지성소, 성소, 뜰 세 부분으로 구분되었고 성막안 에 있는 모든 기구들은 화해와 속죄를 위해 사용되었다. 성소와 지성소를 나누기 위해 휘장이 드리워졌다. 지성소는 이스라엘의 예배의 중심이었고 속죄와 화해가 일어나는 곳이었다. 백성들이 하나님을 예배하기 위해 아무 때나 들어올 수 있는 곳이 아니었다. 일 년에 한번 하나님이 정하신 절기 중에 대제사장만 들어갈 수 있었다. 성소는 부정한 백성들과 가장 거룩한 하나님 사이를 연결해 주는 곳이었다. 하나님과 백성들 사이의 중재자가 되기 위해 제사장들도 다른 백성들처럼 성별되었다.

성막에서 가장 거룩한 곳인 지성소에는 언약궤가 있었다. 언약궤의 기능은 법을 의미하는 증거판을 두기 위한 것이었지 그것이 하나님의 보좌나 하나님의 임재를 상징하는 것은 아니었다. 속죄소가 순금으로 만들어졌고 금으로 된 그룹 둘을 양쪽 끝에 배치했다(출25:17-21). 그룹들은 날개를 높이 펴서 속죄소를 덮고 그 얼굴을 서로 마주하면서 속죄소를 향했다. 그렇게 만들어진 순금으로 된 속죄소를 언약궤 위에 얹었다. 속죄소는 죄의 덮음을 의미했다. 속죄소에서 속죄와 화해의 사역이 이루어졌다. 하나님은 그 속죄소 위에서 자신을 계시하시겠다고 말씀하셨다(레16:2; 출25:22).

성소 북쪽에는 임재의 빵 혹은 진설병(출25:23-30; 레24:5)을 놓은 상이 있었다. 남쪽으로는 등잔 일곱이 있는 등잔대가 놓였다. 분향단은 성소와 지성소를 분리시키는 휘장 앞 중앙에 놓아 속죄소를 마주보도록 하였다(출30:1). 분향단은 화해 혹은 속죄의 의식을 위해 사용되었다(출30:10). 그리고 사람들이 성소를 들여다보고 죽음을 막기 위해 성막 문을 위해 휘장을 만들었다. 그리고 그 문장을 위해 금으로 싼 고리와 금을 입힌 아카시아 나무로 만든 다섯 개의 기둥을 만들었다(출26:36; 29:42).

성소 뜰에는 번제단이 세워졌다. 번제단 뒤에는 물이 담긴 물두멍이 있었다. 성막은 직물과가죽으로 만들어졌고(출26:7-14) 성막의 둘레에는 울타리가 쳐졌다.

◆ 제사장의 역할

아브라함과의 약속은 제사장직이 제도화됨으로 성취되었다(창17:7-8). 하나님은 모세를 통해 이스라엘에게 "너는 내 백성 그리고 나는 네 하나님이 될 것이라"고 말씀하셨다(출6:6). 하나님은 백성들과의 만남을 위해 성막을 백성 가운데 세우셨다. 그러나 만남 그 자체는 제사장직의 제도를 통해서만 가능하게 하셨다.

제사장직과 관련된 많은 규정들이 설명된다(레1:1-2; 11:1; 12:1;

15:1-2; 17:2; 27:2; 민5:2; 6:2; 15:2; 16:16; 28:2). 백성들을 위해 존재하던 제사장직은 이스라엘의 선택과 관련해서 만들어진 제도였다. 실제적으로 모든 이스라엘이 하나님께 택함을 받았지만 이스라엘을 대표하는 것은 제사장들이었다. 하나님은 제사장들을 구별하셨고 그들을 거룩하게 하셨다(민8:14; 3:12; 16:5,7; 출31:13). 제사장의 거룩은 모든 백성의 거룩을 상징하는 것이기도 했지만 맡겨진 신성한 임무 때문에 더 높은 수준의 거룩이 요구되었다. 따라서 하나님을 섬기기 위해 임명된 제사장들(출28:1)의 성별 의식은 아주 중요했다.

제사장의 위임식은 출28-29장과 레위기 8장에 나온다. 제사장들은 성결을 위해 씻고, 입히고, 띠우고, 기름부음을 받는 과정을 거쳤다(출28:4; 29:4-9; 40:12-15; 레8:6-13). 제사장들의 성별식이 있고 난 후 모세는 예배를 위한 성막과 그 안에 있는 모든 가구와 제단을 관유를 발라 거룩하게 성별해야 했다. 제사장, 성막과 그 안의 기구 그리고 제단 모두 거룩한 기름부음을 받은 대상이 되었다. 이후에 제사가 따라왔다. 모세는 아론과 그 아들들을 제사장으로 성별한 후 속죄제와 번제 그리고 위임제로 드리는 화목제를 드렸다. 속죄제로서 수송아지를, 번제로서 숫양을, 화목제를 위해 또 하나의 숫양이 드려졌다. 제사장들은 자신들의 죄를 속죄하기 위해 드려지는 제물의 머리에 손을 얹고 안수했다. 그리고 그 피를 오른쪽 귓부리와 오른쪽 엄지손가락과 오른쪽 엄지발가락에 바르고 나머지 피는 제단 사방에 뿌렸다(출29:20-21; 레8:23-24). 이것은 제사장이 들어야 할 말씀, 해야 할 일, 걸어가야 할 길도 성별되어야 함을 보여주는 것이다.

제사장들은 하나님 앞에 서서 하나님을 섬기기 위해 일반 백성들과 철저히 구별된 자들이다. 제사장들은 하나님 앞에 서기 위해 공동체를 떠나야 하고 하나님을 섬기기 위해 공동체로 돌아가야 했다. 제사장은 직무를 위해 예복을 입어야 했다. 하나님께 나아가기 위해 더러운 옷을 벗고 정결하게 되었음을 의미하는 예복을 입었던 것이다. 구약에서 제사장의 옷과 대제사장의 옷에 대한 규정이 언급된다. 대제사장의 예복은 흉패, 에봇, 겉옷, 속옷, 관, 띠, 패, 하체를 가리는 고의로 이루어진 반면(출 28:4,36-43) 일반 제사장들의 옷은 속옷, 띠, 관, 하체를 가리는 고의로만 구성되었다(출28:40-42; 29:8-9). 그러나 두 예복이 본질적으로 다른 것은 아니었다. 그들은 똑같이 "하나님께 거룩"이라는 패를 붙인 모자를 썼다.

제사장들은 다양한 역할을 했다. 에봇과 판결 흉패에는 열두 지파의 이름이 새겨진 보석이 달렸다. 그들은 판결흉패를 입고 심판자의 역할을 했고(출28장) 교사로서도 행동했다(신33:9-10). 제사장의 임무는 거룩한 것과 오염된 것, 정한 것과 부정한 것을 구별해야 했고 모세를 통해 말씀하신 하나님의 모든 말씀을 이스라엘에게 가르쳐야 했다(레 10:10-11). 제사장의 예복은 하나님의 율법에 대한 지식과 이해 그리고 백성들을 가르치고 인도하기 위한 능력과 권위를 드러냈다.

제사장들은 치료하는 사역도 했다. 치료 사역은 육체적인 영역뿐 아니라 영적인 영역까지 확장되었다. 정한 것을 부정한 것으로부터 분리시킴으로 병이 전염되는 것을 막아야 했다. 하나님이 이스라엘의 최고의 치료자였다면(출15:26) 제사장은 백성들의 상처를 싸매어 주는 자가 되어야 했다. 이와 같이 제사장의 주요 임무는 제사를 드리는 것이었기에 레위기의 첫 부분은 제사장의 사역과 관계된 제사법에 초점을 맞추고 있다.

민수기 8장은 레위인들의 성별에 관한 기록이다. 그들의 성별을 위해 모세와 아론과 이스라엘 전 공동체가 참가했다. 모세는 레위인들을 구별하고 속죄의 물을 뿌렸다. 레위인들은 전신을 삭도로 밀고 옷을 빨아 몸을 정결케 했다. 백성들은 성막 앞에 모여 레위인들을 위한 의식을 행했다. 이스라엘 백성들은 레위인들이 마치 그들 자신을 위해 속죄제를 드리는 것처럼 레위인들의 머리에 안수했다. 아론은 레위인들을 흔들어 바치는 제물로 여호와 앞에 드렸다(레8:11). 레위인들은 모세가 제공한 수송아지들의 머리에 안수했다. 하나는 속죄제였고 다른 하나는 번제였다(민8:5-12, 20-22). 이렇게 해서 레위인들은 여호와께 바쳐진 사람들이 되었다(민3:9-13; 8:16-19). 출애굽 한 이후로 이스라엘의 모든 장자들은 하나님께 속했고 장자들을 대신해 레위인들이 그 자리를 대신했다. 이스라엘은 레위인들을 하나님의 예배에 드렸고 하나님은 그들을 이스라엘의 예배에 준 셈이었다.

인구조사를 할 때 레위인들은 그 조사에서 제외되었다(민1:48; 2:33). 레위인들은 성막을 섬기기 위해 부름 받은 자들이었다. 그들의 사역은 성막을 세우고 옮기는 것과 관계되었다(민1:50). 성막을 옮기고 세워질 때마다 남쪽에는 지성소를 관리하기 위한 고라자손의 거처가 세워졌다. 서쪽에는 게르손 자손들이 장막을 쳤고 성막에 거는 것과 덮는 것 그리고 휘장을 책임졌다. 므라리 자손은 북쪽에 장막을 쳤고 무거운 장비들을 돌보았다. 그러나 성막의 예배가 성전의 예배로 대치되었을 때 성막과 그 장비들은 더 이상 나를 필요가 없게 되었다. 대신 레위인들은 성전에 서서 매일 아침과 저녁에 여호와를 찬양하고 감사했다. 번제를 드릴 때마다 찬양과 감사를 드렸고(역하 23:24-32) 하나님의 말씀을 가르치고 선포하면서 찬양의 사역을 했던 것이다(역하 17:7-9; 20:14-17; 느8:7-8).

◆ 하나님이 규정하신 제사들

하나님은 시내산에서 율법을 반포하시면서(출31:18) 백성들에게 어떻게 예배를 드려야 하는가를 말씀하셨다(출25-31). 성막이 설립되었고 제사장들이 성별되었다. 제사장들은 예복을 입고 지시한 규례대로 첫 제사를 드렸다. 하나님은 온 이스라엘 국민에게 하나님의 영광을 나타냄으로 기쁘게 제사를 받으셨음을 보여주셨다(레9:23). 이스라엘이 여호와를 예배하는 공동체로서 탄생하는 순간이었다. 하나님은 이스라엘에게 예배의 규정을 알려주셨다. 각각의 제사에 따라 드려야 하는 시간, 장소, 방법, 의도가 구체적으로 설명되었다.

번제, 소제, 화제, 화목제, 자원제, 감사제, 속죄제, 속건제, 유월절의 제사, 처음 열매를 드리는 제사 등 많은 종류의 제사가 소개되었다. 번제는 '완전히 불살라서 바친다'는 것을 의미하며 하나님께 남김없이 다 드림을 뜻하는 것이었다. 소제는 경의와 감사, 복종의 뜻으로 드렸다. 화목제는 친교, 화목, 보답이 목적이었다. 하나님과의 관계를 바로잡고 친교와 일치를 위해 드려졌던 것이다. 속죄제는 하나님의 말씀을 모르고 어겼을 때 드려졌다. 인간 스스로 죄를 용서받을 수 없기에 제사장을 통해 용서를 청할 수 있었다. 속건제는 거룩한 성소에 손해를 입히

거나 하나님의 이름을 모독한 죄, 사람을 상해한 죄와 관련된 배상문제를 다뤘다. 손상된 관계의 회복을 위한 것이고 죄를 뉘우친 죄인이 다시 정상 복귀할 수 있도록 마련된 제사였다.

제사의 제물은 크게 두 종류로 나누어졌다. 동물을 제물로 바치는 제사와 곡식을 제물로 바치는 제사였다. 동물의 경우 소, 양, 염소, 산비둘기가 제물이 되었고 흠이 있는 것, 병든 것, 상한 것, 거세된 것은 제외되었다. 제물의 피는 제단이나 주변바닥에 뿌려졌다. 내장에 붙은 기름과 콩팥은 제단 위에서 온전히 불살라 여호와께 바쳤다. 곡식의 경우는 밀, 보리, 기름, 향, 포도주가 되었고 모든 예물에는 정화와 양념의 역할을 하는 소금을 넣었다.

모든 제사는 하나님과 이웃과의 관계 속에서 개인과 공동체의 생명과 건강을 회복시키려는 하나님의 구원행위가 담긴 것이었다. 예배를 위해 하나님께서 제정하신 의식은 분명했다. 제사를 통해 죄를 고백할 수 있었고 자유롭게 용서받을 수 있었다. 하나님께 감사를 드리거나 서원한 것을 갚는 사람도, 하나님과의 좀 더 깊은 교제를 원하거나 국가의 연합을 강화시키기 원하는 자도, 조약을 맺는 자도, 부정 혹은 죄의 심판을 면하기를 원하는 자도, 화해 없이는 어떤 제물도 그 목표를 달성할 수 없었다.

제물을 드릴 때는 따라야 하는 법도가 있었다. 각각의 제사는 다섯 가지 단계를 거쳤다: 제물을 가져오는 것; 가져온 제물의 머리에 안수하는 것; 제물을 도살하는 것; 피를 뿌리는 것; 제물을 태우는 것. 이것이 피와 관계된 제사를 드리는 패턴이었다.

여호와께 드리는 제물은 흠 없는 것이어야 했다(레1:3; 3:1,12; 4:4; 22). 희생 제사를 드리는 자들은 제물을 여호와께 가까이 가져와서 드렸다. 제물은 드리는 자의 경제적 상태에 따라 달랐다. 드리는 자의 믿음을 외적으로 보여주는 제사에서 제물은 자기 자신을 하나님께 드리는 구체적인 방식이 되었다. 그러므로 제물은 각자의 형편에 따라서 스스로 알아서 드릴 수 있어야 했다. 제물을 가져오는 자는 그가 누구인가에 상관없이 제물의 머리에 안수를 해야 했다(출29:10,15,19; 레1:4; 3:2; 5:5; 16:21). 안수를 하는 것은 제물에게 죄를 전가하고 그 제물은 죄인을 대신한 죽음을 상징했다(신3:26; 사53:12).

특별한 규정이 속죄의 날에 적용되었다. 이 경우에 수송아지가 제사장들을 위한 속죄제로 사용되었다(레16:11,14). 모든 이스라엘을 위한 속죄제로는 두 마리의 염소가 사용되었다(16:7). 한 마리는 도살되었고 또 다른 염소는 아론이 안수하고 모든 이스라엘의 죄를 고백한 후 광야로 보내졌다(16:20-22). 여기에서 죄를 전가하는 상징적인 행동은 일반적인 제사에 적용되지 않는 특별한 의식이었다. 죄가 전가된 제물은 도살되지 않고 살아있는 채로 희생양이 되어 광야로 추방되었다.

제물은 그 가져온 자가 도살을 했다(레1:4,11; 3:2,8,13; 4:14,24). 때에 따라서는 제사장들이나 대제사장이 하기도 했다(1:15; 4:3). 제물은 드리는 자의 죄를 대신 했다. 피를 뿌리고 태우는 의식은 거의 함께 이루어졌다. 피는 특별한 방법으로 다루어졌다. 아론과 그 아들들만이 이런 의식을 거행할 수 있었다. 그것은 화해를 위한 간청으로 여호와께 드리는 것이었다. 피는 속죄소 위나 휘장 앞, 제단의 뿔에 뿌려졌다. 나머지는 번제단 밑에 쏟았다(16:14-15; 4:5,18,25,30,34). 제물의 다른 부분은 제사장이 가져가거나 전부 태워야 했다(1:9,13,17). 화목제의 경우 제물을 드린 자가 그것을 먹을 수 있었고 속죄제의 경우는 제사장이 먹을 수 있었다(6:24-30). 제단에서 태우지도, 먹지도 않는 것은 진영 밖에서 태워야 했다(4:11-12).

제5장

광야를 통해 인도하신 하나님

제5장

광야를 통해 인도하신 하나님

광야의 주제는 출애굽과 약속의 땅 가나안으로 가는 여정 사이에서 일어난 사건들을 다룬다(출, 레, 민, 신). 이스라엘 백성은 쇠풀무불과 같은 노예의 집이었던 애굽(신4:20; 왕상 8:51)을 이미 떠난 상태였다. 그러나 아직 약속하신 안식의 땅 가나안에 도착한 것은 아니었다(신12:9). 하나님은 광야에서 원망하고 불신하는 백성들을 돌보셨고 위기를 만날 때마다 하나님의 임재를 통해 그들을 보호하셨다.

1. 하나님과 이스라엘의 백성들

하나님은 애굽을 떠나온 이스라엘을 시내산으로 인도하셨다. 그곳에서 하나님은 소망 없이 살아가던 이스라엘 백성들을 하나님의 소유로 삼으셨고 이스라엘 이라는 민족을 탄생시키셨다. 그리고 약속하신 안식의 땅에서 하나님의 백성으로 살 수 있도록 율법도 주셨다. 하나님은 그들이 제사장 나라가 되는 거룩한 백성으로서 충성스런 종으로, 순종하는 자녀로 살기를 기대하셨기 때문이었다. 그러나 이스라엘은 하나님을 신뢰하지 못했고 불순종하므로 약속의 땅에 들어가지 못하고 사십년을 광야에서 방황해야 했다.

일반적으로 광야는 생명을 유지하는 데 필요한 기본적인 것들이 없는 곳이다. 그래서 광야를 땅이라고 부르지 않는다. 광야에서 낮에 강렬하게 내리쬐는 태양의 더위는 참기 어려운 것이 된다. 마찬가지로 온도가 급격하게 떨어지는 밤의 추위도 견디기 어렵다. 보통사람들은 이런 최악의 상황에서 오랫동안 생존할 수가 없다. 그러므로 사람들에게 광야는 저주받은 곳이었다. 악령이 통치하는 곳이었고 모든 살아있는 것들이 죽는 메마른 곳이었다. 그러므로 이스라엘 백성들이 광야에서 그렇게 오랫동안 살았다는 사실 그 자체가 기적이 된다.

◆ 이스라엘 백성들과 광야

광야에 대한 이야기는 백성들의 불평과 원망 그리고 그들의 완고함과 반역, 불신앙을 강조하고 있다(출15-17; 민14-17). 마라의 쓴물(출15:22), 만나(16:1), 맛사와 므리바(17:1), 숙곳(민13-14), 고라의 아들들과 다단, 아비람의 반역(민16장), 아론의 싹난 지팡이(17:1) 등이 그 예가 된다. 이스라엘 백성이 광야로 들어간 날부터 가나안을 향해 떠나는 날까지 그들은 불평 외에 한 것이 거의 없었다.

히브리어로 불평하다의 용어는 '룬' 이다. 이 용어는 출애굽기(15:24; 26:2,7,8,9,12; 17:3)와 민수기(14:2,14,27,29,36; 16:11; 17:6,20,25)에서 20번 이상 나타난다. 불평은 '불만족', '인내하지 못함', '무지' 를 표현한다(출15:25; 17:3; 16:3). 불평은 '신음' 혹은 '도움을 위한 부르짖음' 과는 전혀 다른 것이다. 하나님은 사람들이 고통으로 부르짖고 해방을 호소할 때 그들의 부르짖음을 들으셨다(출2:22-23; 시5:2-3). 그들의 고통스런 부르짖음은 불의한 자들을 고소하는 것이었고 압제로 인해 잃어버린 연약한 자들의 권리를 재고해줄 것을 요청하는 것이었기 때문이다.

이스라엘 백성들의 부르짖음은 광야에서도 계속되었다. 그러나 그들의 호소는 그들이 겪는 불편함에 대한 불평과 원망 그리고 분노로 인한 것이었다. 그들이 경험하는 광야의 삶에서 오는 불편함은 모세와 아론으로 인한 것이라고 불평했다. 이스라엘 백성들의 출애굽은 잘못된 것이었다고 공개적으로 반항하기도 했다. 이렇게 그들의 불평과 원망은 항상 모세(출15:24; 17:3)와 아론(16:2; 민14:2) 그리고 하나님(출16:7-8; 민14:2)을 향한 것이었다. 이스라엘 백성들은 그들이 목이 마르고 굶주리는 것은 모세 때문이라고 원망하면서 애굽으로 다시 돌아갈 것을 주장하기도 했다(출15:24; 16:2-3; 17:2-3). 그들은 모세와 다투었고 하나님께 도전했다(출17:2; 민20:13). 이스라엘은 하나님을 시험했고 분노하게 만들었다. 그러나 이러한 하나님에 대한 이스라엘의 비난은 자신들을 향한 것이었다. 애굽의 노역에서 해방되어 하나님의 백성들로 선택되고 입양된 이스라엘은 새로운 위치에 맞게 살아야 했지만 그럴 마음이 없었던 것이다. 이스라엘은 처음부터 반역했고 한 사람도 예외가 없었다. 노예의 집에서 나온 하나님의 백성이 반역하는 집이 되었던 것이다.

모세에게 대항해 일어난 자들 중에는 이스라엘의 리더들이자 모세의 혈육인 아론과 미리암도 있었다(민12;1-15). 아론과 미리암은 모세의 결혼을 문제 삼아 모세를 공격했다. 모세는 사실 미디안의 제사장의 딸 중 한 사람과 결혼했다(출2:15-22). 구산 지파의 여인이었다. 아론과 미리암은 그 결혼을 인정하지 않았고 그것을 기회로 삼아 모세에게 대항했던 것이다. 그들은 모세를 반대하는 것이 곧 여호와를 반대하는 것이었음(민12;6-8)을 깨닫지 못했다. 아론과 미리암뿐 아니라 이스라엘의 다른 리더들도 모세를 비난했다. 이스라엘의 회중 가운데 250명이 모세가 신성한 의무를 독점한다고 불평하며 공격했다(민16:1-3). 그러나 하나님은 그들의 내면에 도사리고 있는 야망을 즉각 심판하심으로 모세를 보호해 주셨다.

반역은 백성과 지도자들로 끝나지 않았다. 하나님의 대리자였던 모세도 끝까지 신실하지 못했다. 모세가 하나님 앞에서 행한 실수는 민20:1-13에 기록되고 있다. 모세는 이스라엘 백성들의 계속된 원망과 불평에도 불구하고 물을 공급하시는 하나님 앞에서 분노했다. 백성들을 향한 것이었음에도 불구하고 모세의 원망은 하나님을 끝까지 신뢰하지 못함으로 하나님의 거룩함을 보이지 않은 것이었다고 평가하고 있다.

하나님의 선택을 받은 백성들은 고집이 센 사람들이었다. 백성들은 마음의 완악함으로 자신들의 소명마저 부인했지만 하나님은 그런 그들을 끝까지 보호하셨고 눈동자같이 돌보셨다(신32:10; 출15:13). 백성들의 불평에도 불구하고 하나님은 물(출15:22-27; 17:1-7)과 음식(출16:1-36)을 공급하심으로 이스라엘의 필요를 채워주셨다. 광야의 적들로부터도 보호하셨다(출17:8-16). 지친 모세에게는 장인 이드로를 통해 그 짐을 덜어주셨다(출18:1-27). 이와 같이 광야의 생활 가운데 드러난 하나님의 자비는 완고한 백성들의 반역보다 더욱 크셨다. 그는 죽음의 위협으로부터 이스라엘을 지키시고 보호하셨다. 하나님은 그들을 버리지 않으셨고 자신이 맺은 언약을 지키셨다. 한낮의 뜨거움과 한 밤의 추위로부터의 보호 그리고 음식과 물을 공급하심으로 놀라운 일을 행하셨다. 하나님은 노예근성에 깊이 물들어 있던 이스라엘이 자유인으로 살아가도록 정체성 확립을 위해 광야의 시간들을 사용하셨던 것이다.

◆ 하나님의 신실하심

하나님은 이스라엘 백성들의 목자가 되셔서 그들을 먹이시고 팔과 가슴에 안고 나르시는 신실한 분이셨다(신1:31). 하나님의 신실하심은 계속되는 이스라엘의 불평과 논쟁과 불신앙 그리고 그들의 참지 못함 속에서도 언제나 마실 물과 음식을 공급하심으로 나타나셨다(출16:2-3; 민11:4-7). 하나님은 이스라엘 백성이 목이 말라 죽는다고 아우성을 칠 때마다 항상 물을 발견할 수 있는 곳으로 그들을 인도하셨다.

사막에 사는 모든 생물들은 마실 물을 확보해야 하는 문제가 있다. 일반적으로 사막에는 물이 없는 곳으로 여기지만 그렇지 않다. 물이 없는 것이 아니라 다만 깊이 숨겨있을 뿐이다. 사막에서 물은 거의 표면으로 흘러나오지 않는다. 그러나 사막에 감추인 물이 밖으로 흘러나올 때 그 물은 쓰거나 짠 맛을 낸다고 한다. 그러므로 사막에서는 깨끗한 물이 있는 곳을 알고 그곳을 찾는 것이 관건이었다. 그러므로 사막에 사는 사람들이 마실 물을 찾았을 때 그것은 항상 경이로운 것이었다. 따라서 샘이나 우물이 있는 곳은 거룩한 곳으로 여겨졌다.

하나님은 백성들에게 물을 공급하셨을 뿐만 아니라 음식도 주셨다.

빵과 고기는 애굽에 있었고(민11:5) 젖과 꿀이 흐르는 가나안 땅에도 풍부했다(출3:8). 그러나 그러한 것들이 사막에는 없었다. 내일을 위한 양식을 위해 이스라엘 백성들은 온전히 하나님의 긍휼하심을 의존해야 했다. 하나님은 생명을 유지시킬 수 있는 기본적인 필요를 신실하게 공급하셨다. 만나로 만족하지 못해 고기를 부르짖는 백성들에게 하나님은 메추라기와 같은 음식을 공급해 주셔서 사막에서도 고기를 먹을 수 있도록 하셨다(출16:11-15; 민11:4-9). 이러한 경험들을 통해 이스라엘은 오직 여호와만이 그들을 보호하실 수 있는 분임을 고백하는 것을 배워야 했다.

만나와 메추라기는 가나안 땅에 들어가기 전까지 계속되었다(출16:4). 만나는 여전히 신 광야에 있다고 한다. 거기에 사는 유목민들은 하얗게 진주 같이 생긴 것을 주어다 단맛을 내는 데 사용했고 사막에서 죽어가는 사람들을 살리기도 했다고 한다. 사실 꿀과 같이 단맛이 나는 이것은 벌레가 나무의 즙을 빨아먹을 때 나무에서 떨어진다고 한다. 그러므로 빨리 거두지 않으면 태양에 녹아버리거나 개미들의 밥이 되었다. 사막의 유목민들은 메추라기에도 익숙하다. 달리기는 잘하지만 잘 날지 못하는 메추라기는 바람에 약해서(민11:31) 쉽게 잡혔다. 그리고 그 고기도 매우 맛있어서 사막에 사는 사람들을 살리는 음식이 되었다. 그러나 이런 음식들이 이스라엘에게는 계절과 기후와 상관없이 가나안 땅에 들어가기 전까지 공급되었던 것이다. 이스라엘 백성들은 하나님의 손에서 공급되는 것을 통해 살아야 했다. 그들은 자신들을 위해 할 수 있는 것이 아무것도 없었다. 내일을 위한 음식도 저장할 수 없었다. 매일 매일 일용할 양식을 공급하시는 하나님을 신뢰하고 의존하며 살아야 했다. 그들은 지속적으로 매일 공급되는 만나와 메추라기를 통해 하나님의 보호하심을 체험할 수 있었다(출16:4; 수5:12; 느9:21).

출16장은 하늘의 양식인 만나를 안식일과 관련시킨다. 안식일은 천지를 창조 하신 후 일곱째 날에 쉬시면서 그 날을 거룩하게 하셨다(창2:1). 그리고 그 날은 여호와의 백성들을 위한 안식의 날로 제정이 되었다(출16:23). 하나님은 이스라엘이 일곱째 날에 음식을 찾아다닐 필요가 없도록 안식일 이전에 만나를 공급해 주셨다. 하나님은 미리 공급해 주신 만나가 썩지 않도록 하셨다(출16:5, 19).

이스라엘은 광야를 지나는 동안 옷도 신발도 헤어지지 않았다고 고백한다(신2:7). 발도 붓지 않았고(8:4; 느9:21) 적으로부터 보호도 받았다. 아말렉이 르비딤에서 이스라엘을 공격했을 때 모세는 사람들을 뽑아서 전쟁에 내 보냈다. 그리고 자신은 하나님의 지팡이를 들고 섰다. 아론과 훌이 기도하는 모세의 팔이 내려가지 않도록 함께 했을 때 여호수아는 아말렉과 싸워 이길 수 있었다(출17:9-11). 하나님이 이스라엘 백성을 위해 친히 싸우셨기 때문에 가능한 일이었다.

민수기의 광야 이야기에는 하나님의 자비하심보다는 심판에 관한 이야기가 더 많이 담겨있다. 그러나 그 심판 속에서도 하나님의 자비는 여전히 흘러넘치고 있다. 하나님은 변덕스럽고 고집이 센 이스라엘 백성들을 포기하지 않으셨다. 심판을 통해서라도 그들을 지키신 것이었다. 모든 이스라엘 백성들이 불평했지만 모든 사람들을 벌하지 않았다. 모세의 중보를 수용하셨고 진노하심을 돌이키기도 하셨다. 광야로 인도하신 하나님의 분노는 순간이었고 그의 은총은 한결같았다(시30:5). 여호와는 은혜로우시고 자비로우시고, 노하기를 더디 하시며 사랑이 많으신 분이셨다(출34:6-7; 민14:18). 하나님은 진노하심 속에서도 자비를 잊지 않으셨다.

2. 광야와 하나님 임재

하나님의 임재는 이스라엘의 광야의 삶에서 특별히 중요하다. 하나님은 이스라엘을 출애굽시키실 때 그들이 홍해를 통과해 광야의 길로 돌아가도록 인도하셨다(출13:18). 광야의 여정에서 하나님은 낮에는 구름기둥으로 밤에는 불기둥으로 이스라엘을 인도하는 안내자로 행동하셨다(신1:30-33). 기둥과 불은 리더와 안내자로서의 하나님의 임재의 상징이 된다.

하나님이 백성들을 인도하시는 방법은 다양했다. 천사들을 통해 인도하시기도 하셨고(출14:19; 32:34) 언약궤로 백성들을 인도하시기도 하셨다(민10:33, 35-36; 14:14). 구름과 불기둥은 백성들 앞에서 그 자리를 지켰다. 백성들을 인도하는 데 사용된 구름과 불, 천사와 언약궤는 이스라엘의 하나님 여호와의 현존을 의미하는 것이었다. 이스라엘이 40년의 광야 생활을 하는 동안 하나님은 이스라엘 백성들을 인도하고 안내했으며 안고 가셨다.

하나님의 임재는 성막을 통해서도 드러난다. 성막은 이스라엘의 믿음에 있어 아주 중요한 역할을 했다. 성막 건설에 대한 자세한 지침이 출25-31, 35-40장에 나온다. 성막에 관한 용어로 장막을 가리키는 '오헬', 성막의 '미쉬칸', 성소를 위해 '미끄다쉬' 등이 사용되었다. 성막을 짓기 위해 금과 은, 그리고 각종 보석들과 재료들이 요구되었고 백성들은 성막을 위해 자원해서 모든 것들을 드렸다. 백성가운데 거하시겠다는 하나님의 약속대로 진영의 중앙에 성막이 세워졌다(출25:8; 29:45; 레26:11-12). 그러나 하나님의 거룩함의 속성 때문에 성막은 이스라엘 진영으로부터 거리를 두어야 했다. 여호와의 임재의 거룩함은 백성에게 재난이 될 수도 있었기 때문이다. 때문에 성막이 완성되었을 때 하나님의 영광이 성막을 채워 아무도 들어갈 수가 없었다(출40:34-35).

성막이 지어지기 전에 모세는 진영 밖에서 장막을 치고 하나님을 만났다. 이것을 임재의 장막 혹은 회막이라고 불렀다. 모세가 여호와의 생각을 듣고 가르침을 받을 때 그리고 백성들이 여호와를 찾을 때 모세는 하나님과의 만남을 위해 이 장막에 들어갔고 그 때마다 구름기둥이 내려왔다. 구름기둥은 모세가 여호와와 얼굴과 얼굴을 맞대고 이야기하는 동안 회막 입구에 머물러 있었다(출33:8-11). 하나님의 현존이 구름기둥을 통해 드러났던 것이다.

하나님의 현존이 드러났던 모세의 장막은 성막과는 여러 면에서 달랐다. 첫 번째 다른 점은 위치이다. 모세의 장막은 진영 밖에 있었지만 성막은 이스라엘 백성들의 장막 한 가운데 존재했다(민2:2). 내용 면에서도 달랐다. 모세의 것은 텅 비어있었지만 성막은 휘장으로 분리된 지성소와 성소가 있었다. 성소에는 향단과 진설병을 둔 상과 촛대가 있었고 지성소에는 언약궤와 속죄소가 있었다. 그리고 뜰에는 번제의 제단과 물두멍이 있었다. 모세만 들어갔고 여호수아가 밖에서 지켰던 장막과는 다르게 성막은 모세가 아닌 아론이 들어갔다. 아론은 해마다 백성들을 위해 속죄제를 드리기 위해 들어갔다(레16:34).

하나님의 임재와 관련된 중요한 사건으로 이스라엘의 배교가 있다. 모세가 시내산에 올라가 성막에 관한 지침을 받는 동안 이스라엘 백성들은 참지 못하고 여호와를 대신할 황금소를 만들어 섬겼다(출32-34장). 이 사건 후 모세의 중재를 통해 이스라엘 백성은 보존되었지만 모세는 여호와가 더 이상 완고한 백성들과 함께 가지 않을 것(출33:3)이라는 말씀에 두려워한다. 이스라엘이 여호와의 임재 없이 여정을 간다는 것은 그들에게 있어 최악의 소식이었기 때문이다. 모세는 만일 여호와가 그들과 같이 가지 않는다면 이스라엘은 더 이상 여호와의 백성들이 아님을 깨달았던 모세는 이것을 위해 기도했다.

모세는 담대하고 끈질기게 백성들과 가지 않을 것에 대한 하나님의 결정을 철회하실 것을 요청했다(출33:12-13, 15-16, 18). 모세의 끈질김에 하나님은 "내가 친히 갈 것이다"(출33:14)하고 말씀하셨다. 그러나 모세는 그 대답에 만족치 않고 친히 가지 않으시려면 이스라엘 백성도 올려 보내지 말 것을 구했다. 한 걸음 더 나아가 모세는 자신이 하나님께 들은 것을 자신의 눈으로 친히 보기를 원했다. 하나님의 얼굴을 보는 것은 그의 영광을 보는 것이고 이것은 모세가 죽을 수 있음을 의미하는 것이었다. 하나님은 죽음을 각오한 모세의 요청을 받아들이셨다. 그러나 자신을 보여주심에 있어 모세를 바위틈에 숨기시고, 그의 손으로 모세를 덮어 죽음을 면하게 해 주셨다. 모세가 여호와를 구름 속에서만 대면했듯이 이번에도 여호와의 등만 볼 수 있었다(출 34:5,22-23). 이 사건 후 모세의 얼굴은 빛이 나서 이스라엘 백성들이 모세 곁에 가까이 가기를 두려워했다(34:29-35).

3. 광야에서 안식의 땅으로

하나님이 광야에서 백성들을 인도하고 보호하셨던 것은 약속하셨던 땅 가나안에 데려가기 위함이었다. 광야의 관점에서 가나안은 평화롭고 안전한 쉼의 장소를 의미했다. 이스라엘에게 있어 쉼이 없었던 광야 생활의 쓴 경험은 그들이 들어갈 가나안 땅을 안식의 장소로 인식하게 만들었다. 가나안 땅에서 백성들에게 안식을 주기를 원하셨던 하나님의 약속은 여호수아서에서 성취되었다(1:13,15; 21:44; 22:4; 23:1).

하나님이 약속하신 안식의 땅으로 가고 있던 이스라엘 백성들은 순례자로서 다른 민족들과는 다른 삶의 태도를 보여주어야 했다. 광야의 경험이 그 표시였다. 배고픔과 목마름 가운데서 공급되는 음식과 물을 즐거워해야 했다. 위험 중에서도 보호하시는 손길을 믿어야 했다. 그리고 부족함 가운데서도 풍성함을 경험할 수 있는 자족함이 있어야 했다. 이런 광야의 삶을 통해 이스라엘은 인내와 믿음을 가지고 하나님을 신뢰하는 백성들이 되어갔다. 하나님의 백성으로서 아직 목적지에 도착하지 못하고 전쟁과 어려움을 경험하고 있었지만 이런 삶의 태도를 지닌

자들로 거듭나야 했던 것이다.

그러나 가나안 땅의 입구에서 보여준 정탐꾼의 이야기는 안식의 땅으로 들어갈 하나님의 백성들의 태도가 여전히 변하지 못했음을 보여주고 있다. 광야를 지나 그들이 소망하던 땅 앞에 도착했을 때에 하나님은 이스라엘 백성들에게 주저하지 말고 올라가서 차지하라고 말씀하셨다(신 1:21). 그러나 이스라엘 백성들은 먼저 그 땅을 정탐하기를 원했고 정탐꾼은 하나님이 주신 땅은 풍요롭고 그들이 안식할 만한 땅이었음을 보고한다. 그러나 정탐꾼의 믿음 없는 부정적인 보고에 백성들은 올라가라는 하나님의 명령에 반역과 불신과 무질서로 반응했다. 믿음의 눈을 가진 갈렙과 여호수아의 만류도 죽음으로 반응하는 백성들의 태도를 바꾸어놓지 못했다. 결국 그들은 안식의 땅을 앞에 두고 그들이 고백한 대로 광야에서 죽어야 했다(민13:30-14:37). 광야에서 죽기를 원했던 그들의 바람을 하나님이 허락하셨다(14:2; 32-33). 애굽으로 돌아가려했던 그들의 소망이 실현되었던 것이다. 백성들의 악한 행동에 대한 당연한 심판의 결과였다. 그러나 하나님을 끝까지 신뢰했던 갈렙과 여호수아는 약속했던 안식의 땅으로 들어갈 수 있었다(민26:63-65).

광야생활을 끝낸 하나님의 백성이 드디어 모압 평지에 도착했다(민 22:1). 그곳은 요단강을 사이에 두고 약속의 땅을 마주보고 있는 지점이었다. 광야 세대의 종결과 새로운 세대의 교체가 이루어졌고 이런 변화는 리더십의 이양에서도 반영되었다. 모압 평야에서 리더십이 모세에게서 여호수아에게로 넘어갔다. 모세는 모압에 묻혔고 모세를 대신한 여호수아가 옛 세대를 대신해 새로운 세대의 지도자로 세워졌다. 모세의 죽음은 광야 세대의 모든 사람들과 같이 모세도 하나님의 진노아래 있었음을 보여준다.

광야의 방랑의 시기를 통해 이스라엘은 성숙한 백성이 되었다. 그리고 그러한 성숙의 과정은 한 세대 이상의 시간이 소요됨을 증명했다. 하나님은 하나님의 백성들을 재창조해 가심에 있어 주저하지 않고 광야의 생활을 허락하셨다. 하나님이 원하는 수준으로 백성들을 이끌어 올리시는 데 있어 죄와 결코 타협하지 않으셨다. 안식의 땅을 향해 가는 하나님의 백성들은 그들의 본성에 먼저 죽어야 하고 하나님의 말씀으로 다시 태어나야 했다.

제6장

하나님이 기업으로 주신 가나안 땅

제6장

하나님이 기업으로 주신 가나안 땅

아브라함의 자손 이스라엘은 하나님이 주권적으로 선조들에게 약속하셨던 땅을 정복함으로 그 약속이 성취되었다고 고백했다(신26:9). 하나님이 선물로 주신 가나안 땅의 정복이 역사적인 사실이 된 것이었다. 이스라엘이 정복한 땅에 대한 권리는 어떤 역사적인 권리나 법적인 권리가 아닌 영적인 것이었다. 그러므로 이스라엘이 늘 기억해야 했던 것은 하나님이 선물로 주신 가나안 땅에 대한 약속은 단순한 이양이 아니었다는 사실이었다. 하나님이 행하셨던 것은 위험스러운 모험이었고 반응을 기다리는 도전이었다. 이스라엘은 거룩한 하나님의 백성으로서 가나안 땅에서 거룩한 삶을 살아야 했다. 이스라엘이 하나님의 이러한 도전에 스스로 충성스럽게 반응할 때만 땅에 대한 하나님의 약속은 진정으로 성취될 수 있었다(신4:1; 30:15-20).

1. 땅의 정복

가나안 땅의 정복은 기적 그 자체였다. 가나안 땅에 존재했던 모든 국가들은 이스라엘 백성들이 상대하기에는 너무나 큰 권력이었다. 그러나 그들은 모두 패배를 당했다. 이 놀라운 승리를 위해 이스라엘에게 요구된 것은 하나님을 신뢰하는 것뿐이었다. 잘 훈련되고 무장된 군인들과 요새화된 성들을 상대해서 이스라엘이 싸울 수 있는 자원은 아무

것도 없었다. 그러나 이스라엘은 요르단을 건너서(수3-4장) 여리고(수6)와 아이 성을 쳐서 패배시킬 수 있었다(수8). 그리고 암몬 족속의 다섯 왕(수10)과 하솔의 야빈 왕(수11)도 이겼다. 이스라엘이 그렇게 강력한 적들을 쫓아내고 전멸할 수 있었던 것은 여호와 하나님이 친히 이스라엘을 위해 싸워 주셨기 때문에 가능했다(수10:14; 23:3; 신1:30). 하나님은 가나안 족속들을 이스라엘의 손에 넘겨주셨고(수2:24; 6:2; 8:1) 그들을 이스라엘의 존전에서 쫓아내셨다(신33:27; 신24:18).

가나안 땅에 살던 족속들이 그 땅에서 심판을 받아 쫓겨난 것은 그들의 나쁜 성격과 부도덕한 습관, 가장 나쁜 죄를 범한 고집 센 우상숭배자들이었기 때문이었다. 소돔과 고모라(창13:13; 18:20) 그리고 모압과 암몬(창19:30-38)족들과 같이 가나안 족속들도 그들의 가증스런 행동으로 땅을 더럽히고 있었다. 그래서 결국 땅이 그들을 뱉어내게 되었고(레18:17-18) 여호와께서도 그들을 쫓아내야만 했다(수 23:5; 왕상14:24). 그들의 부정함이 이스라엘 백성들이 그 땅을 차지하게 될 수 있었던 이유였다. 그러므로 이스라엘도 그 땅을 더럽히면 같은 운명에 처해질 것이었다.

땅을 정복함에 있어 열 두 지파로 구성된 이스라엘 백성들은 하나의 연합된 군대로서 행동했다. 그들은 요르단을 함께 건넜고, 도시들을 함께 점령했으며 가나안의 군대들과 함께 싸웠다. 위험과 승리도 함께 나누었다. 약속한 땅을 정복하기까지 어떤 지파도 뒤로 물러나지 않았다. 르우벤과 갓 그리고 므낫세의 반 지파가 이미 요르단 동쪽을 기업으로 받았지만 가나안이 정복될 때까지 끝까지 싸워야 했다(민23; 신3; 수

22). 땅은 이스라엘 백성들 모두에게 분배되는 것이었기에 개인이건 지파건 모두 함께 그 땅을 위해 싸워야 했다.

가나안의 정복을 위해 하나님은 여호수아를 지도자로 세우셨다. 모세를 이은 여호수아는 지혜의 영이 충만한 하나님의 종이었다(신34:9;수1:7; 3:7; 4:14; 24:29). 모세가 출애굽에서 시내산과 광야에서의 이스라엘을 이끌었던 것처럼 여호수아도 이스라엘 백성들을 가나안 땅으로 인도해야 했다. 광야 세대의 운명을 극복한 새로운 세대는 새로운 리더십 밑에서 하나가 되어 안식의 땅에 들어가야 했다. 여호수아는 모세가 시작한 구원의 역사를 완성했다.

하나님은 가나안을 정복함에 있어 이스라엘의 존재를 위협하는 것들은 모두 철저하게 전멸시킬 것을 명령하셨다(수11:12-14). 가나안 땅으로 가는 여정에 있어 이스라엘의 출입을 막기 위해 폭력을 사용한 왕들이 있었다(수10:3-6; 11:1-5). 이스라엘의 유일한 선택은 가나안 땅으로 가는 것을 포기하고 다시 노예로 되돌아가거나, 그렇지 않으면 도전에 맞서 싸우는 것이었다. 하나님은 어떤 경우든지 이스라엘 백성들이 싸울 것을 명령했다. 하나님의 목적의 성취에 있어 이스라엘의 존재가 걸린 거룩한 전쟁이었기 때문이었다. 뿐만 아니라 가나안 땅에 들어가서도 그곳에 살고 있는 모든 사람들을 전멸해야 했다. 왜냐하면 가나안 사람들이 이스라엘에게 심각한 영적인 위험이 될 것이었기 때문이다. 그들과 평화 조약을 맺고 함께 살아간다는 것은, 그들이 섬겼던 신 바알도 섬기고 이스라엘의 하나님 여호와도 함께 섬기는 것을 의미했다. 이런 외적인 평화는 이스라엘의 진정한 정체성을 파괴할 수 있기에 하나님은 그들의 신당을 파괴하고 그곳에서 제사하는 사람들을 없앨 것을 명령했던 것이다(출23:20-33; 34:10-16; 민33:50-56; 신7:1-6; 12:3; 삿2:2). 그러나 예외도 존재했다.

전멸의 원칙에서 라합과 기브온 사람들이 제외되었다. 라합은 이스라엘을 향해 신실하게 행동함으로 제외가 되었지만, 기브온은 이스라엘의 위협 앞에 두려움을 느껴 전략적으로 이스라엘을 속여 화친 조약을 맺음으로 살아남는 데 성공했다. 그러나 그것은 종과 노예의 관계로 규정된 샬롬이었다(수 9:15; 10:1). 비록 부정직하게 체결된 조약이라도 반드시 지켜져야 한다는 사실 때문에 기브온은 전멸 계획 속에 포함되었음에도 불구하고 이스라엘의 보호를 받았다. 이러한 예외를 통해 하나님은 그 땅의 거주민도 여호와의 은총을 입고 구원받을 수 있음을 보여주신 것이다.

여호수아서는 이스라엘이 요단강을 건너 가나안에 들어올 때 언약궤의 역할을 강조하고 있다. 이스라엘의 행동은 하나님의 임재의 상징이 되는 언약궤의 움직임에 따라 결정되었다. 가나안 정복에 있어 여호와가 임재하시는 곳마다 이스라엘은 승리를 했다. 여호와가 먼저 가나안 땅에 들어가셨고 이스라엘이 그 뒤를 따랐다. 그리고 놀라운 승리를 거두었다. 이스라엘은 하나님이 부재하신 곳에서는 항상 패배했다. 온 땅의 주인 앞에서 서 있을 수 있는 상대는 아무도 없었다.

이스라엘 백성은 하나님이 선물로 주신 땅에서 새로운 사건이 있을 때마다 하나님을 새롭게 경험했다. 그들은 하나님이 주신 안식의 땅 가나안을 기업으로 받았음에도 자신의 소유로 여길 수 없었다. 만일 이스라엘이 언약에 충실하지 않는다면 모세가 경고한 것과 같이 하나님은 그들을 땅에서 옮기실 것이다(역하7:20). 땅의 주인이신 하나님께서 가나안 땅을 가나안 족속들에게서 빼앗아 이스라엘에게 주신 것과 동일한 일이 이스라엘 백성에게도 있을 수 있었기 때문이었다.

2. 가나안 땅의 분배와 소유

이스라엘이 기업으로 받은 가나안 땅은 이스라엘의 거처가 되었고 영원히 소유해야 할 고국이 되었다. 이방인들에게 있어 땅은 그들이 섬기는 신들에게 속했다고 여겼다(삼상 26:19; 왕상20:23; 왕하5:17). 그러나 이스라엘에게 있어서 땅은 하나님이 주신 선물이었다. 땅은 하나님의 것이고 항상 하나님의 것이 될 수 있었다. 그러므로 가나안 땅이 하나님의 소유라는 선언은 그 지역의 신들에 대한 선언이기도 했다.

여호와가 선물로 주신 가나안 땅은 법적 용어로는 '기업' 으로 표현된다. "기업"을 의미하는 히브리어 '나할라' 라는 용어는 "할당받는 것"을 의미하는 것이기도 했다. 이스라엘의 각 지파는 정복 후에 그들의 토지를 할당 받았다(수13-22). 땅을 나누어줄 때 제비를 뽑은 것은 각 지파의 땅을 결정하고 나누어 주시는 분은 여호와이심을 일깨워주기 위한 것이었다.

땅 분배에서 레위지파는 제외가 되었다. 왜냐하면 레위지파의 기업은 바로 여호와이기 때문이었다(수 13:33; 14:3-4; 18:7; 21:1-42). 땅을 분배받지 못했던 레위지파는 각 지파의 영토에 퍼져있던 48개의 성읍을 받았다(수21장). 48개의 성읍(수 21:41) 중 6개를 도피성(수20:7-8)으로 지정해 부지중에 살인을 한 자들이 피할 수 있는 곳으로 삼았다(수20장). 도피성은 이스라엘 어느 곳에서나 부지중에 살인을 한 자가 피하기에 가장 가까운 곳에 자리 잡도록 했다.

갈렙은 땅의 분배에서 특별한 대우를 받는다(수 14;6-15; 15:13-19). 갈렙의 두드러진 신앙으로 인해 특별한 땅을 획득하게 된다. 갈렙은 여호수아와 함께 두려움에 떠는 동료들을 믿음으로 설득한 자였다. 갈렙은 위협적인 상황에서도 여호와를 신뢰했던 신앙과 용기를 지닌 사람이었다. 갈렙의 두려움에 타협하거나 순응하지 않는 믿음은 그가 특별한 땅을 차지하게 했다.

이스라엘은 하나님이 주신 땅으로부터 멀리 벗어날 수 없었다. 하나님께서 약속하신 번성과 평안의 축복은 가나안 땅에서였기 때문이다. 하나님은 땅이 없어 방황하는 자들에게 땅을 주셨다. 그러나 하나님이 주신 땅의 안전은 선물이 될 수도 있었지만 빼앗길 수도 있는 것이었다. 그러므로 하나님이 주신 땅에서 사는 자들은 이 선물에 대해 적절한 반응을 해야 한다. 그들의 반응에 따라 땅은 소환장이 되기도 하고 유혹이 되기도 할 것이다.

3. 가나안 땅에서의 삶

이스라엘은 시내산에서 여호와의 백성으로 탄생되고 성별되어 광야를 통해 인도함을 받아 마침내 가나안에서 도달하게 되었다. 그리고 처음으로 여호와의 백성으로서의 삶을 가나안에서 시작했다. 이스라엘을 애굽에서 양자로 입양하시고 가나안을 기업으로 주신 하나님은 이스라엘의 하나님이 되고 아버지가 될 것을 기대하셨다. 하나님은 이스라엘이 그의 선하심에 대해 순종과 사랑, 충성으로 반응할 것이라고 기대하셨다(렘3:19). 가나안 땅에서 이스라엘은 하나님의 축복을 경험하면서 예배하는 공동체로서 성숙해 가기를 원하셨다. 하나님은 이스라엘 백성들이 하나님이 주신 땅에서 하나가 되어 서로를 배려하는 살아있는 공동체로서 한 가족으로 자라가기를 원하셨다.

여호수아는 나이가 들었을 때 모든 지파들을 세겜에 소집해서 언약을 갱신했다. 세겜의 언약 갱신에서 종주봉신 조약과 같은 구조를 지닌 형태가 사용된다. 모세가 시내산에서 보여준 것 같이 여호수아는 법적인 형식으로 이스라엘이 마땅히 하나님께 행해야 하는 것에 대해 의심하지 말아야 할 이유를 제시했다(수 23-24장). 그리고 백성들에게 선택권을 주었다.

"만일 여호와를 섬기는 것이 너희에게 좋지 않게 보이거든 너희 조상들이 강 저쪽에서 섬기던 신들이든지 또는 너희가 거주하는 땅에 있는 아모리 족속의 신들이든지 너희가 섬길 자를 오늘 택하라 오직 나와 내 집은 여호와를 섬기겠노라"(수24:15).

그 때 백성들은 여호와에 대한 그들의 약속을 다시 반복했고 여호수아는 그것을 받아들였다. 세겜에서 선포한 이스라엘의 선언은 "우리 하나님 여호와를 우리가 섬기고 그의 목소리를 우리가 청종"(24:25)하리라는 것이었다. 세겜의 세대는 언약의 확증으로 그날을 마쳤다(수 24:16-28). 그들이 여호수아 앞에서 한 약속은 가나안 땅에 살아가면서 그들이 신앙을 지킬 수 있도록 힘을 주었다. 그러나 세겜 후의 세대는 지속적인 양육이 필요했다.

가나안 땅은 노역과 힘의 권력 밑에서 노예로 살아가고 있던 이스라엘이 해방 받은 백성으로서 안식을 누리며 살도록 하나님께서 선물로 주신 땅이었다. 하나님은 이스라엘이 배고픔과 두려움과 위협으로부터 자유롭게 살기를 원하셨다. 이스라엘은 정복 후에 맞이하는 첫 유월절에 가나안 땅에서 생산된 것을 먹을 수 있는 기쁨을 누렸다(수5:10-12). 하나님은 이스라엘이 하나님이 주신 땅의 농산물을 먹고 열매를 취하고 그 땅에서 장수하도록 축복하셨다. 하나님은 땅뿐만 아니라 하나님의 백성으로서 살아가도록 하나님의 임재도 주셨다. 그러므로 이스라엘은 약속의 땅에서 하나님만 섬기고 하나님의 백성으로 성장하면서 하나님의 증인이 되어야 했다. 그러므로 가나안 땅은 하나님의 백성의 정체성으로서의 인식을 키워갈 수 있는 곳이었고, 하나님께 진정한 예배를 드리는 것을 배울 수 있는 학교가 되었다. 하나님은 한분 하나님을 예배하는 공동체로 살아가도록 훈련시키셨다. 하나님의 훈련을 받은 그들은 열국을 위한 모델이 되어야 했고 열국이 축복받을 수 있는 길을 열어야 했다. 하나님의 백성들은 누구든지 하나님의 왕국이 완성될 때까지 하나님의 역사를 세계에 나누어야 하는 소명이 있음을 인식하며 살아갈 수 있어야 했다.

가나안 땅에 정착한 광야 세대 이후의 이스라엘 백성들은 굉장한 도전에 직면하게 되었다. 가나안에 막 들어온 이스라엘 백성들은 그들이 직면한 도전이 얼마나 큰 것인지를 상상하지 못했지만 하나님은 알고 계셨다. 넓고 아름답고 비옥한 가나안 땅에 사는 사람들은 많은 신들을 섬기는 자들이었다. 자연히 가나안의 문화 속에는 풍성한 종교적인 의식들도 존재했다. 광야만 알고 지내온 세대에게 있어 가나안의 문명은 아주 매혹적인 것이었다. 물론 보기에 이상하고 혐오스러운 것도 있었지만 이 모든 것은 정복의 세대가 여호와 하나님을 알지 못하는 사람들 가운데 살면서 극복해 나가야 하는 것이었다.

그러나 여호와를 알지 못하는 가나안의 주민들과 가깝게 살게 되면서 이스라엘 백성들은 가나안 사람들이 섬긴 신들과 그 제사 의식들에 쉽게 동화되어 갔다(수 23:6-8). 풍요의 신 바알과 관련된 희생제사, 산당에 세워진 성스러운 나무들, 신과 인간의 연합을 상징하는 외적인 행사들에 쉽게 참여했다(수 23:16). 이스라엘 백성의 이런 혼합주의는 여호와의 백성으로서의 정체성을 위태롭게 만들 수 있었다. 이스라엘은 여호와를 섬기는 것과 바알을 섬기는 것 사이의 차이점을 인식하지 못할 수도 있는 것이었다.

감사하게도 하나님은 계속해서 그의 백성들을 보호하셨다. 하나님은

---

4) 다양한 정복의 설이 있다: 여호수아의 지도 아래 무력을 통해 가나안을 점령했다; 대대적인 침략이 없었고 점진적인 침투만 있었다. 처음에는 접근이 용이한 지역에 정착해서 합병한 뒤 다른 지역으로 서서히 이동했다;농민 봉기설이다. 여호수아서의 전투는 가나안 사람들의 내부적인 전투, 외부로부터의 침략이 없었다. 가나안 사람이란 민족학적인 고유 명사 아닌 경제 활동을 관장하며 부를 즐기는 도시 권력의 핵심층을 가리키는 말. 도시 엘리트들(가나안 사람)과 분개한 농민들(이스라엘 사람)의 충돌에 관한 것;

반복해서 혼합주의의 위험을 경고하셨다(왕상 16:1; 17:1). 이스라엘 백성들은 그들이 섬기는 여호와 하나님은 가나안의 신들과 다르다는 것을 알아야 했다. 무의식적으로 이방신들을 섬기는 것으로부터 자신을 지키는 노력이 필요했다. 바알은 여호와를 위한 이름으로 사용될 수 없었고 그들의 진정한 경배의 대상이 될 수도 없었다. 이스라엘이 온 마음을 다해 섬기고 사랑해야 하는 것은 이스라엘의 하나님 여호와셨다. 하나님은 백성들이 도전 받고 시험받아 궁극적으로 그들 스스로 가나안 사람들 가운데 서서 하나님을 선택하는 것을 배우기를 원하셨다(신 8:2; 13:4; 삿2:22). 그러나 사사기가 보여주듯이 이스라엘 백성들은 쫓아내지 못한 자들의 삶의 규범을 따르므로 서서히 가나안화가 되어가기 시작했다.

가나안 족속들을 몰아낼 능력이 없게 된 이스라엘은 가나안에 남아있던 다른 민족들과 타협을 하기 시작했다(삿1:19-34). 사사기는 "다른 신들을 섬겼다"는 표현을 반복적으로 사용하므로 그들의 타협한 삶의 모습을 보여준다. 이것은 이스라엘은 하나님의 말씀에 따라 살아가지 않고 가나안의 사회 정치적, 경제적 규범을 따라 그들과 동일하게 살았음을 의미하는 것이었다. 이스라엘은 철저하게 여호와께 속한 민족이었기에 여호와의 말씀에 바탕을 두고 살아야 했다. 그러나 하나님의 말씀은 무시되었고 이스라엘은 압제 속에 넘겨진다. 하나님은 압제 속에서 부르짖는 이스라엘을 구원하시기 위해 사사를 세우시는 것을 반복하신다. 가나안에서 반복되는 이해할 수 없는 이야기들은 "그때에는 이스라엘에 왕이 없으므로 사람이 각각 그 소견에 옳은 대로 행하였더라"(삿 17:6; 18:1; 19:1; 21:25)로 요약되고 있다.

제7장

왕, 하나님의 대리자들

제7장

왕, 하나님의 대리자들

하나님은 애굽으로부터 이스라엘의 백성들을 불러내시고 시내산에서 율법을 주셨다. 이스라엘은 광야를 거쳐 하나님께 선물로 받은 가나안 땅으로 들어갔다. 그리고 그곳에서 이스라엘은 분권형의 제도아래 왕이 없는 공동체로 시작했다. 열 두 지파는 예배를 드리거나 이스라엘을 위협하는 적과 싸워야 할 때만 함께 모였다. 그러나 가나안 땅에 살아가면서 이스라엘은 이웃 나라들이 왕을 가지고 있음을 알았다. 가나안 사람들과의 관계를 통해 집권형의 효율성을 인식하게 되었고 중앙정부의 부재로 인한 어려움을 보기 시작했다. 이스라엘의 열 두 지파는 이웃 나라들의 정치제도가 그동안 누려왔던 그들의 자유를 제한하는 것임을 알았음에도 점차적으로 다른 나라들과 같이 왕을 세우려는 마음을 품게 되었다(삼상 8:5).

지파들의 이런 내적인 갈망은 외부로부터 공격을 당하는 위험한 상황을 맞이하면서 더 고조되었다. 가나안 땅을 정복하면서 쫓아내지 못한 그곳 주민들이 위험의 대상이 되었다. 뿐만 아니라 남쪽의 아말렉과 미디안, 동쪽의 미디안과 암몬, 북쪽의 아람, 서쪽의 블레셋도 이스라엘을 압박하기 시작했다. 특히 블레셋의 압력은 지파들이 하나님께 왕을 요구하도록 만들었다. 그 결과 이스라엘은 하나님이 다스리던 왕국에서 인간 왕이 다스리는 제도로 바뀐다.

왕정의 출현은 이스라엘 사회에 혁명적인 변화를 가져왔다. 내부적으로는 법과 질서가 강화되었고 외부의 공격에 대비함으로 안전할 수 있었다. 대신 중앙 정부의 요구아래 세금과 징집이라는 무거운 짐을 지게 되면서 각 지파의 자치권은 감소되었다. 이전에는 자원해서 싸움에 참여했던 각 지파의 군사들이 중앙 정부아래서는 전문화된 군대의 조직으로 대치되었다. 하나님을 의존했던 정치가 이제는 외국과 동맹을 맺는 권력의 정치로 변화되었다. 이런 정치적이고 경제적인 시스템의 변화는 하나님의 백성으로서 공동체를 이루고 살아온 이스라엘의 삶의 방식을 약화시켰다.

이스라엘 왕들은 이방 통치자들을 흉내 내려고 했다. 그러나 이스라엘의 왕들은 하나님의 종이라는 독특한 정체성으로부터 자신을 완전히 분리시킬 수는 없었다. 그러므로 이스라엘의 왕들은 이웃 나라의 왕들과 같이 절대적인 권력을 즐기지도 못했고 자신들의 뜻을 율법 위에 세워 강요할 수도 없었다. 비록 백성들의 요구로 왕을 세웠지만 하나님은 가나안 땅에서 하나님의 왕국을 세워나감에 있어서 공의와 정의가 펼쳐지기를 원하셨다. 그러나 하나님의 공의와 정의가 드러나지 않았을 때 왕정으로 시작된 이스라엘은 유다가 바벨론에 의해 패망했을 때 끝이 났다. 그 후로 이스라엘은 이방 통치자 밑에 있게 되었다. 영웅들의 노력에도 불구하고 백성들은 이스라엘의 영원한 주권을 다시 설립할 수는 없었다.

1. 하나님의 영과 이스라엘의 왕

이스라엘에서 왕은 하나님이 세우시고 기름을 부으실 때만 왕위에 오를 수 있었다. 하나님은 사울을 이스라엘의 첫 번째 왕으로 세우셨다(삼상 15:11,35). 하나님이 왕을 미리 선택하셨고(삼상 10:24; 16:8-10) 백성들은 이스라엘의 하나님 여호와께서 선택하신 왕을 인정하고 따라야 했다(신17:15). 이스라엘이 스스로 왕을 택하는 것은 재앙을 불러올 수 있는 일이었다(신28:36).

고대 근동의 왕들은 신의 아들로서 나라를 다스렸다. 그들은 제사를 주관할 수 있는 대제사장의 역할뿐만 아니라 국가의 지도자 역할까지 해야 했다. 전쟁에 나갔다가도 종교예식이 있으면 들어와서 예식을 거행해야 했다. 헷족속 같은 경우는 왕이 죽어서 신이 된다고 믿었고 애굽은 왕이 살아있는 신이라고 여겼다. 반면에 이스라엘의 왕들은 하나님의 대리자였다. 그러나 제사장 역할은 하지 못했다. 그리고 신격화되지도 않았다. 이스라엘 백성은 왕이 그들보다 앞서서 전쟁에 나가 싸우기를 원했다. 사사의 직무를 감당하면서 왕이라는 칭호를 가진 자를 원한 것이었다. 그들은 왕정으로 인해 그들에게 돌아올 이익만을 보고 개인의 자유는 희생함으로 열방과 같이 되려고 했던 것이다.

하나님의 선택을 받은 이스라엘의 왕들에게는 하나님의 영이 임했다. 그러나 제도적으로 모든 왕들에게 하나님의 영이 임한 것은 아니었다. 하나님의 영은 주로 하나님을 대신해 구원의 역사에 동참할 사람에게 부어졌다. 하나님은 이스라엘을 구원하기 위해 사사들과 왕들을 택했고 그들에게 하나님의 영을 부어주심으로 구원 사역을 가능하게 했다.

사사기는 옷니엘에게 하나님의 영이 임했지만(삿3:7-11) 에훗이나 드보라와 바락과 같은 지도자에게 영이 임했다는 언급은 하지 않는다. 하나님의 영은 자유로이 임했고 사람을 완전히 바꿔놓았다. 그 예로 사무엘의 기름부음을 받은 후(삼상 9-10:16) 한 그룹의 선지자들을 만났을 때 하나님의 영이 갑자기 사울에게 임했다. 그러자 사울도 그 무리와 함께 예언을 하게 된다(삼상 10:10). 기브아에서 암몬족의 공격의 소식을 들었을 때도 마찬가지였다. 하나님의 영이 사울에게 임하자(삼상 11:6), 사울은 요르단을 건너 적을 공격했고 승리를 가져왔다(11:7-11). 다윗의 경우도 마찬가지였다(삼상 16:1-13).

하나님께 선택받은 왕은 정의와 공의로서 나라를 다스려야 했다. 이스라엘의 왕의 직무는 여러 면에서 당시 이웃나라들의 왕과는 달랐다. 비록 이스라엘이 블레셋에 의해 압박을 받을 때 다른 민족들과 같이 자신들을 다스릴 왕을 달라고 요청한 것이었지만(삼상8:5,20) 이스라엘의 왕의 직무는 다른 것이었다. 애굽과 메소포타미아 통치자들도 백성을 구원해야 하는 임무가 있었다. 그러나 이스라엘의 왕의 존재의 목적은 전쟁에서의 구원자 그 이상이어야 했다.

이스라엘의 왕은 '해방자' 혹은 '구원자'가 되어야 했다. 사울은 이방인의 압력으로 국민들이 어려움을 당했을 때 직책을 맡았다. 사울의 임무는 블레셋으로부터 백성들을 구원하기 위한 것이었다(삼상9:16; 10:1). 다윗은 여호와의 전쟁을 싸우기 위해 임명받았다(삼상25:28). 후에 하나님은 아람의 권력으로부터 이스라엘을 구원할 구원자를 일으키셨다(왕하13:5). 이스라엘의 왕들은 외부의 위협으로부터 백성들을 구원하는 것뿐 아니라 가난한 자의 권리를 보호하고 사회의 정의가 이루어지도록 내부의 위험 요소도 점검해야 했다. 이스라엘의 왕은 정의로운 통치자와 재판장의 역할을 해야 했다. 왕은 자신들의 뜻대로 나라를 통치하는 것이 아니라 하나님이 주신 지혜와 공의로 다스려야 했다. 자신의 유익이 먼저가 아닌 모든 백성들이 평화와 번영을 누릴 수 있는 하나님의 선함을 드러내야 했다.

샬롬을 가져오는 자로서 왕은 평강의 왕이라 불리는 공의로운 왕이어야 했다(사9:5). 그러므로 왕들은 공동체에서 율법과 정의를 증진시켜야 하는 의무도 있었다(삿19:1; 21:25). 이스라엘에게 있어서 샬롬은 구원과 안전 그리고 번영과 복지를 의미했다. 하나님께서 주신 안식의 장소에서 이스라엘은 신체적인 안전, 외부적인 전쟁들과 압제로부터의 자유, 내적인 갈등과 착취로부터의 자유를 줄 수 있는 정부를 기대했다. 그러므로 이스라엘의 왕은 백성들을 구원하고 정의로 통치하며 샬롬을 위해 일해야 했다. 왕은 이 임무를 수행함에 있어 하나님께 순종해야 했다. 하나님의 나라는 정의와 공의로 통치되어야 했기 때문이다.

2. 하나님 앞에 선 이스라엘의 왕들

이스라엘의 역사는 이스라엘의 모든 왕들에게 동일한 지면을 할애하지 않는다. 다만 왕들의 이름과 즉위한 나이와 통치한 시간 그리고 죽음과 장사에 대한 실제적인 정보만 짧게 언급될 뿐이다. 그러나 왕을 평가하기 위해 사용된 잣대는 분명하다. 왕들의 행함이 여호와의 눈에 어떻게 보였는지가 그들이 사용한 최종평가의 잣대였다. 이스라엘의 거의 모든 왕들은 "여호와의 눈에 악했더라"는 평가를 받는다. 20명의 유다 왕 중에 12명도 이러한 평가를 피해가지 못했다. 역사가들은 이 12명의 왕이 "여호와의 눈에 악했던 것"을 행했음을 반복해서 보고하고 있다. 그러나 모든 왕들이 이런 부정적인 평가를 받은 것은 아니었다. 유다의 왕, 아사, 여호사밧, 요아스, 아마샤, 아사랴, 요담, 히스기야, 요시야는 하나님 앞에서 정직히 행했다는 긍정적인 평가를 받았다. 이들의 긍정적인 평가의 잣대는 다윗 왕이 되며 이들에 대한 기록은 다른 왕들의 것보다 더 긴 지면이 할애되고 있다.

이스라엘의 모든 왕들 중 사울과 다윗 그리고 솔로몬 왕은 가장 긴 통치 기록을 가지고 있는 왕들이다. 사실 이스라엘의 신앙공동체와 관련된 주제는 이 세 왕과 깊은 관련을 가지고 있다. 사울은 이스라엘의 처음 왕이었고, 다윗은 통일왕국을 이루었다. 솔로몬은 통일 왕국을 통치한 마지막 왕이었다. 이 세 왕들의 통치 기록은 이스라엘이 평가하는 왕의 범주를 이해하는 데 중요한 열쇠가 되고 있다. 특히 이스라엘에서 가장 유명한 왕이었었던 다윗은 모든 왕의 모델이 될 뿐만 아니라 장차 올 왕으로서의 메시아와도 깊게 연관된다.

1) 긍정적인 평가를 받은 왕들

◆ 사울

하나님은 왕을 요구하는 이스라엘을 좋지 않게 여기셨음에도(삼상

8:8) 그 요구를 받아들여(8:7,9) 사울을 이스라엘의 처음 왕으로 선택하셨다(삼상9:1; 10:17; 11:1). 사울의 통치는 비록 실패로 끝났지만 처음부터 그런 것은 아니었다. 하나님의 영이 사울에게 임했고 암몬 사람들을 크게 이겼다. 그 아들 요나단도 블레셋의 전쟁에서 영웅적인 역할을 했다(삼상13-14). 사울의 아말렉에 대한 승리도 놀라운 것이었다.

사울이 왕이 된 것은 전적으로 하나님에 의한 것이었다. 사울이 다른 사람보다 키가 크고 외모도 탁월했지만(삼상9:2) 그런 외적인 모습은 왕의 역할을 하는 데는 전혀 도움이 되지 않았다. 그가 왕으로서 백성들을 구원할 수 있었던 것은 남보다 다른 외모가 아닌 하나님의 영이 그에게 임했기 때문에 가능했다(삼상10:1). 사울은 이스라엘을 위해 하나님이 일으키신 구원자로 왕의 직무를 시작했다. 그는 용감했고 하나님께 물었던 신실한 하나님의 종으로 시작했다(삼상14:10,18,37). 그 결과 사무엘과 다윗을 포함한 모든 백성들은 사울을 여호와의 기름부음 받은 자로 인정했다(삼상10:7; 24:7).

◆ 다윗

다윗의 긍정적인 측면은 사울보다 훨씬 더 많다. 하나님은 다윗을 사랑했고 다윗은 하나님의 마음에 합한 자였다. 이스라엘에 사울 왕이 존재하는 상태에서 사무엘에 의해 왕으로 기름부음을 받았다. 그러나 모든 것은 비밀리에 이루어져야 했다. 사울이 있는 동안 다윗은 왕의 자리에 오를 수 없었으므로 다윗은 하나님을 의지할 수밖에 없었다. 다윗은 전사와 군대의 장관과 함께 많은 승리를 가져왔다. 다윗의 싸움 방법은 다른 사람들의 것과 달랐다. 골리앗을 이겼을 때 창이나 검이 아니라 여호와의 이름으로 승리를 가져왔다(삼상17:45). 이렇게 다윗은 전쟁에서 성공을 했고(삼상16:14; 17:1) 왕의 딸과 결혼을 해서 위대한 미래를 약속 받았지만 사울 왕의 질투 때문에 많은 고생을 해야 했다. 다윗은 사울 왕을 피해 사막을 피난처로 삼아야 했고 경우에 따라서는 외국으로 도망을 다니면서 생명을 보존해야 했다(18:6; 19:1; 21-23; 26-27). 그러나 다윗이 경험했던 고난의 길은 왕을 위해 하나님이 지정해 놓으신 길이었다.

다윗이 사울을 피해 다녀야 했지만 다윗은 사울을 존경하고 높이고 순종했다. 끝까지 사울을 합법적인 왕으로 인정했고 그를 죽이려는 음모나 계획을 세우지도 않았다. 다윗은 사울을 죽일 기회가 있을 때도 죽이지 않았다(삼상24; 26). 다윗의 이런 충성심은 친구 요나단과의 관계에서도 나타났다(삼상18-20). 다윗이 왕이 되었을 때 다윗은 사울의 가족을 보호해 주었다(삼하1장,4장,9장).

하나님은 다윗의 삶에서 주도권을 잡으시고 다윗과 항상 함께 하셨다(삼상18:12,14; 20:13). 다윗은 어려운 상황에 처할 때마다 항상 하나님의 뜻을 구했다(20:22; 23:2,4; 삼하2:1). 다윗은 울면서 도움을 구하기도 했고 감사와 찬양을 했다. 다윗은 매일 숨쉬고 음식먹는 것처럼 하나님과 함께 교제했다. 다윗에게 있어 하나님과의 교제는 공기와 같이 중요했다. 다윗은 하나님 앞에서 항상 겸손함을 보였으며 고난을 받을 준비가 되어있었다.

예루살렘 성은 다윗의 통치와 깊은 관련이 있다. 다윗이 여부스 사람으로부터 성을 빼앗고 이름을 다윗성이라 지었다(삼하5:7,9). 그리고 임시거처에서 머무르고 있던 언약궤를 그곳으로 가져왔다. 그 후로 다윗성은 하나님의 임재를 알리는 중요한 곳이 되었다. 하나님께서 그곳을 자신의 거처로 선택했기 때문이었다(시132:13). 이스라엘은 다윗의 통치 밑에서 안전과 번영, 그리고 모든 차원에서의 샬롬을 누렸다.

◆ 솔로몬

샬롬을 의미하는 이름을 가진 솔로몬(역상22:9)은 특별한 하나님의 사랑을 받은 다윗의 아들이었다(왕상10:9; 삼하12:24). 모든 부를 누린 솔로몬은 모든 영화와 행복의 상징이 되었다. 그러나 솔로몬이 누린 왕의 권세와 안전과 번영은 모두 다 아버지 다윗이 이미 세워놓았기 때문에 가능한 것이었다. 솔로몬이 예루살렘 성전을 지을 수 있었던 것도 아버지 다윗이 예루살렘을 취하고 그곳으로 언약궤를 가져왔고 그곳을 여호와의 장막으로 알았기 때문에 가능했다(시132:5). 뿐만 아니라 다윗은 이미 성전을 짓기 위한 설계도와 건축가 그리고 성전건축에 필요한 모은 재료들을 준비해 두었던 것이다(역상22;23-26; 28:1-29:19). 솔로몬의 성취한 모든 것은 다윗이 성취해 놓은 것 위에 세워진 것이었다.

솔로몬은 통치하는 동안 외부로부터 많은 존경을 받았다. 솔로몬은 엄청난 양의 금을 축적할 수 있었고(왕상10:10-11, 14-23), 호화스러운 삶을 살았으며(4:22-23, 26-28; 10:4-6) 무역을 장려했다(왕상10:27-29). 국가의 사업을 조직화 했고(왕상4:2-19) 사법 행정도 개선시켰다(3:28). 그의 통치는 국가의 발전을 가져왔다. 그가 이런 성공을 가져올 수 있었던 것은 그에게 주신 하나님의 지혜에 있었다(왕상3-10). 하나님은 솔로몬에게 백성들을 다스리기 위해 선악을 분별할 수 있는 잘 "듣는 마음"(왕상3:9, 28: 10:9)을 주셨다. 솔로몬의 지혜는 측량할 수 없이 넓은 인생에 대한 이해(왕상3:12) 그리고 잠언과 시편으로 표현할 수 있는 능력도(왕상5:12; 10:4-8,24) 포함되었다. 그가 누린 모든 것은 하나님이 그를 사랑하고 기뻐하셨기 때문에 주신 선물이었다(삼하12:24; 왕상10:9).

◆ 그 외의 이스라엘의 왕들

솔로몬으로 말미암아 이스라엘 왕국이 남과 북으로 나뉘었다. 남쪽에는 유다와 베냐민 지파가 북쪽에는 이스라엘의 나머지 열지파가 함께 했다. 그 후로 두 왕국의 왕들의 평가 기준은 하나님의 마음에 맞는 사람 다윗이 된다(삼상3:14). 특히 유다 왕들이 평가를 받음에 있어 "...그의 조상 다윗 같이 여호와 보시기에 정직히 행하여..." 라는 말이 반복적으로 사용된다. 유다 왕들 중 어느 왕도 여호와 앞에서 다윗 같이 행한 왕이 없는 것으로 평가한다. 심지어 히스기야나 요시야 왕 조차도 다윗과 비교해서 그 기준에 이르지 못했다. 그럼에도 불구하고 유다의 모든 왕들은 다윗의 후손으로 왕위를 계승한 자들이었다.

아비얌의 아들 아사는 주전 908-868년까지 통치했다. 그는 유다에서 "여호와의 보시기에 정직하게 행한" 처음 왕이었다(왕상15:11). 아사왕은 남색하는 자들을 쫓아냈다. 그리고 우상과 이스라엘에게 혐오감을 주는 아세라 상을 없애버렸다. 아사는 많은 희생을 치루면서 유다를 회복시켰지만 결정적인 순간에 아람 왕 벤 하닷의 도움을 청해서 이스라엘의 공격을 피해갔다. 이런 이유 때문에 이스라엘이 분단된 후 하나님을 깊이 의지했던 처음 왕 아사는 믿음이 부족한 사람이라는 비난을 받았다(역하16).

아사의 아들 여호사밧은 주전 868-851년까지 통치했다. 여호사밧도 아버지 아사의 뒤를 따랐던 것으로 평가받았다. 아버지 아사 왕과는 달리 여호사밧 왕은 이스라엘과 평화롭게 지냈다. 여호사밧은 방백들과 레위 사람들을 여러 성읍으로 보내 율법을 가르치게 했다. 뿐만 아니라 사법부를 재정비해서 견고한 성읍으로 분산시켰고 재판관들을 세워 여호와 앞에서 정직하게 판단할 것을 명령했다(역하19:4-11). 모압과 암몬에 대한 기적과 같은 승리(20:1-30)는 우리에게 하나님의 백성들이 믿음을 지키고 여호와를 신뢰하면 어떤 위험에서도 구원받을 수 있음을 가르친다. 그러나 이스라엘 왕과 연합해서 배를 만들어 다시스로 보내고자 한 것에 대한 기록은 하나님 앞에서 좋은 평가를 왕들조차도 심각한 실수를 저지를 수 있다는 것을 보여준다(역하20:35-37; 왕상22:48-49).

아하시야의 아들 요아스는 840-801까지 통치하면서 여호와 보시기에 정직하게 행했다(왕하12:2). 다윗 왕의 후손을 전멸시키려는 반역의 현장(왕하11장)에서 도망 나온 요시아는 7세에 왕이 되었다. 제사장 여호야다에 의해 교육을 받았고 파손된 여호와의 성전을 수리하고 개선시켰다. 그러나 아람 왕 하사엘이 공격하자 성전과 왕궁에 있는 금을 내어다 줌으로 유다를 구했지만 요시아는 궁전에서 신복들의 반역으로 마침내 살해를 당했다. 이 모든 것이 여호야다 제사장이 죽은 후에 여호와에 대한 믿음을 저버리고 아세라 목상과 우상을 섬겼기 때문이었다. 요시아의 배교는 자기 자신과 유다 왕국에 심판을 가져왔다(역하24).

요아스의 아들 아마샤는 주전 800-785년까지 통치하면서 여호와 보시기에 정직히 행했으나 그의 선조 다윗과 같지는 않았다는 평가를 받는다. 그는 모든 면에서 아버지 요아스가 행한대로 했다(왕하14:3). 아마샤는 에돔과 이긴 후 셀라를 취해 "하나님의 축복"이라는 뜻을 의미하는 욕드엘로 그곳 이름을 바꾼다. 에돔과의 싸움은 믿음으로 행한 것임을 보여준다. 그러나 아마샤는 에돔을 이긴 후에는 거만해져서 이스라엘에 도전을 했고 패배를 당한다. 결국 그는 음모 속에 죽음을 맞았다(왕하 14:7, 8-22; 역하25).

아마샤의 아들 아샤랴는 주전 792-747년까지 통치했다. 웃시야로 불리기도 하는 아사랴는 아버지 아마샤와 같이 여호와 보시기에 정직히 행했지만 후에 여호와의 심판으로 문둥병자가 되었고 고립 속에 죽었다(왕하15:1-7). 웃시야는 통치 초기에 제사장 스가랴의 도움으로 블레셋을 물리쳤다. 성을 쌓고 성읍들을 건축하고 농사와 가축을 장려했다. 그러나 이런 성취는 그를 거만하게 만들었고 결국은 하나님의 심판을 받고 외롭게 죽었다(역하24).

웃시야의 아들 요담은 주전 757-742년까지 통치하면서 웃시야의 초기 발자취를 따른 좋은 왕이었다. 요담의 중요한 성취는 성전을 보수한 것이었다(왕하15:34).

아하스의 아들 히스기야는 주전 725-697년까지 통치한 유다 왕들 중의 가장 훌륭한 왕이었다. "히스기야가 이스라엘 하나님 여호와를 의지하였는데 그의 전후 유다 여러 왕 중에 그러한 자가 없었으니"(왕하18:5)라고 평가받고 있다. 히스기야의 통치는 다윗이나 솔로몬의 것과 비교된다(왕하18:3; 역하30:26). 히스기야는 예루살렘 밖의 산당에서 제사 드리는 것을 중지시킨 유일한 왕이라고 높이 평가된다(왕하18:4; 역하29-31장). 유다 왕국에 많은 희생이 될 것을 알았음에도 히스기야는 앗수르의 왕도 배반했다(왕하18:7). 그 후 앗수르가 다시 침략을 감행했을 때 성전과 왕궁 곳간에 있는 금을 내어 줌으로 예루살렘이 구원을 받았지만(왕상18:17-19,37; 사36-37; 역하32:9-22) 유다 땅의 많은 부분은 앗수르에게 점령을 당해야 했다(왕하18:13-16).

아몬의 아들 요시야는 주전 639-609년까지 통치하며 찬양을 받은 유다의 마지막 왕이었다. 요시야도 그의 선조 다윗이 행한 대로 행했으며 왼쪽으로나 오른쪽으로 치우치지 않았다(왕하22:2)라고 평가를 받는다. 요시야 왕은 성전을 보수하면서 율법 책을 발견한 후(신12-26) 완전한 종교 개혁을 명령했다. 먼저 여호와를 섬기는 데 방해가 되는 슬쩍 들어온 이방신과 관계된 모든 것을 제거했다. 예루살렘에 있는 여호와의 전을 다시 성별했다(왕하22:3-23:27). 이 모든 위대한 일을 행했음에도 요시야는 통찰력의 부족으로 인해 쓸데없는 전쟁에 휘말려 자신의 생명을 잃고 말았다(왕하23:29-30; 역하 35:20-25).

북왕국 이스라엘의 왕 중 느밧의 아들 여로보암은 주전 926-907년까지 다스렸다. 그는 많은 실수가 있었음에도 불구하고 하나님께 선택을 받았다. 여로보암은 큰 용사였고 솔로몬이 그 부지런함을 보고 중요한 일을 맡긴 청년이었다(왕상11:28). 여로보암의 인생은 솔로몬이 통치할 때 한 선지자를 만나면서 바뀌었다. 하나님께 보냄을 받은 선지자는 여로보암에게 "내가 너를 취하리니 너는 네 마음에 원하는 대로 다스려 이스라엘 위에 왕이 되데 네가 만일 내가 명령한 모든 일에 순종하고 내 길로 행하며 내 눈에 합당한 일을 하며 내 종 다윗이 행함 같이 내 율례와 명령을 지키면 내가 너와 함께 있어 내가 다윗을 위하여 세운 것 같이 너를 위하여 견고한 집을 세우고 이스라엘을 네게 주리라"(왕상 11:37-38)는 하나님의 말씀을 전했다. 그 사실을 알게 된 솔로몬이 그를 죽이려하자 그는 애굽으로 도망가서 난민으로 살았다. 그러나 솔로몬이 죽은 후 이스라엘에 돌아와 세겜에 모인 백성들 앞에서 왕이 되었다. 왕이 되자 여로보암은 자신의 성읍을 짓고 벧엘과 단에 금송아지를 두고 산당도 지었다(12:25-32). 여로보암은 북왕국 이스라엘 백성 모두가 우상숭배의 범죄로 몰고갔다. 그러나 그는 이런 범죄에 빠져들기 전에(14:16; 15:30; 16:31) 백성들과 선지자들에게 존경을 받기도 했다.

바아사는 북왕국에서 주전 905-882년까지 다스렸다. 바아사는 "내가 너를 티끌에서 들어 내 백성 이스라엘 위에 주권자"(왕상16:2)가 되게 하실 것이라는 하나님의 말씀을 들었다.

주전 845-818년까지 다스린 예후도 같은 경우이다. 하나님은 예후가 부르심 그 이상을 넘어가는 행동을 했음에도 계속해서 그를 도우셨다. 하나님의 선택은 이러한 왕들의 부정적인 측면도 뛰어넘는 것이었다.

2) 부정적인 평가를 받은 왕들

이스라엘의 왕정에서 부정적인 평가를 받은 왕들이 긍정적인 평가를 받은 왕들보다 훨씬 더 많다. 열왕기는 "그가 여호와의 보시기에 악을 행하였더라"라는 표현을 30번이나 반복해서 사용하므로 왕을 평가한다. 왕들에 대한 심판을 행함에 있어 평가는 "그의 열조들이 행하였던 대로 악을 행하였더라"(왕하23:32,37)는 반복된 표현이다. 많은 왕들이 시작은 잘 하였지만 시간이 지남에 따라 믿음을 버리고 악을 행하는 길로 갔다. 그 전형적인 예가 솔로몬이다. 솔로몬은 하나님의 축복으로 시작을 했지만 그의 통치는 곧 검은 구름으로 덮였다(왕상3-11). 여로보암의 경우도 마찬가지였다(왕상11-14장).

왕정제도에 대한 전체적인 평가는 부정적이다. 하나님이 처음부터 반대하셨던 왕정은 하나님의 선지자들의 예언대로 예루살렘과 성전이 파괴되고 백성들이 이방 땅으로의 유배를 가면서 끝이 났다. 하나님께서 이스라엘의 존재를 완전히 멸하지 않으시고 유배당하도록 허용하신 것은 다윗과의 약속 때문이었다.

◆ 사울

사울 왕는 부정적인 평가를 받은 첫 번째 왕이다. 사울은 블레셋과 전쟁을 앞두고 사무엘이 도착하기 전에 제사를 드렸다(삼상13:7-14). 사울은 아말렉과의 전쟁에서 승리한 후 명령받은 대로 모든 전리품을 멸하지 않았다(삼상15:1-35). 이런 사울의 실수들로 인해 하나님은 사울을 거절하셨고 다윗에게 왕의 자리를 주셨다(삼상15:28). 물론 다윗이 저지른 강간, 속임, 반역과 비교할 때 사울의 실수들은 상대적으로 작은 것이다(삼상15:11).

사울은 하나님의 영이 떠나간 것을 인식한 후에 질투심과 의심이 많은 잔인한 사람으로 변해갔다. 사울의 잔인함은 다윗에게 뿐만 아니라 놉의 제사장들과 기브온 사람들에게 쏟은 그의 분노를 통해 잘 나타난다. 하나님의 영이 임하던 곳에 악한 영이 들어와 결국 사울을 사로잡았고(삼상16:14) 그는 비극적인 결말을 맞았다. 사울은 처음부터 악한 왕은 아니었다. 그러나 불순종으로 인해 하나님께 거부를 당하고 진노를 받은 왕이 되었다.

◆ 다윗

다윗의 부정적인 측면은 밧세바와 죄를 범한 것과 관계된다. 다윗은 권력의 절정에 올라있었다. 왕위에 대한 하나님의 약속도 받았다(삼하7). 적도 물리쳤고(8장) 온 이스라엘을 다스리며 공과 의도 행했다(8장). 사울의 자손에게는 긍휼도 베풀었다(9장). 하나님과 이스라엘 백성들은 그런 다윗을 사랑했다. 그러나 다윗은 다른 사람의 아내인 밧세바와 동침을 하게 되었다. 밧세바가 아이를 가진 것이 드러나자 남편 우리야를 속이고 죽였다. 밧세바를 아내로 삼지만 하나님은 간통으로 가진 아이를 죽이심으로 다윗을 심판하신다.

다윗이 위대한 점은 이 사건과 관련해 나단 선지자에게 비난을 받았을 때 왕의 위치에 의지하지 않고 자신의 죄를 인정하고 통렬히 회개하는 겸손을 보였다는 것이다. 다윗은 이스라엘의 하나님 여호와, 온 땅의 왕이신 분에 의해 왕좌에 올랐다. 다윗은 간음하고 속이고 살인을 행하므로 왕이 지켜야 하는 하나님의 율법을 어겼다. 한 사람의 권리를 철저히 짓밟은 것이었다. 이스라엘에서 한 사람의 권리를 침해한다는 것은 여호와의 권리를 모독하는 것과 같았다. 다윗은 간통으로 가진 자녀의 아픔과 죽음 그리고 나단 선지자의 비난을 통해 자신의 잘못을 인정하고 고백했다. 하나님은 그렇게 통회하는 다윗을 용서하셨고(삼하12:13) 하나님의 사랑을 새롭게 하셨다(12:24). 그럼에도 불구하고 다윗의 남은 삶에서 비극적인 사건들은 죽는 날까지 끊이지 않았다. 하나님은 다윗에게 책임을 물으셨기 때문이었다. 솔로몬이 다윗의 뒤를 이을 때까지 속임, 보복, 반역 그리고 쿠데타가 다윗의 집을 끊임없이 흔들어 놓았다. 다윗은 세 아들 암논과 압살롬 그리고 아도니야를 잃었고 사랑하는 아들 압살롬을 통해 고통스런 수치도 경험했다. 다윗은 여호와의 뜻을 거스리는 인구조사를 함으로 백성들 위에 여호와의 분노를 가져오기도 했다. 이런 다윗의 실수들은 좋은 왕의 긍정적인 측면과 정반대임을 증명하는 것이다. 그러나 다윗이 끝까지 왕좌를 지킬 수 있었던 것은 오직 여호와의 은혜와 긍휼에 기초한 것이다. 그가 성전을 위한 부지를 확보할 수 있었던 것도 모두 하나님의 은혜로 인한 것이었다(삼하24:18; 역하3:1).

다윗은 사울보다 훨씬 더 부정적인 측면이 많았다. 그럼에도 다윗이 모든 왕들의 평가의 잣대로 사용된 것은 다윗의 도덕적인 우수함이 아니라 어려움을 극복할 수 있는 힘을 가졌기 때문이었다. 사울에게 추적을 당해 도망다닐 때, 밧세바와 죄를 범했을 때, 왕위를 버리고 도망가는 자신을 향해 시므이가 저주할 때(삼하16:5-14), 그리고 반역한 아들 압살롬이 죽었다는 소식을 들었을 때(삼하18:33-19:8) 다윗은 그 위기 속에 파묻히지 않았고 그런 절망적인 상황을 딛고 일어날 수 있는 내적인 힘을 가지고 있었다. 그리고 그 힘은 하나님과의 관계로부터 온 것이었다. 하나님의 심판을 받아 많은 고난을 경험한 왕 다윗은 이스라엘의 다른 어떤 왕들보다 여호와의 사랑을 받은 왕이었다.

◆ 솔로몬

평강의 왕으로 즉위한 솔로몬 왕도 부정적인 평가를 받고 있다. 솔로몬은 선지자 나단, 제사장 사독, 다윗의 군대 장군 브나야의 도움으로 왕위에 올랐다. 솔로몬의 통치의 시작은 긍정적이었으나 후에는 도덕적인 해이함과 종교적인 방종을 드러내 여호와의 진노를 샀다. 자신이 세운 목표를 달성하기 위해 백성들을 강제 노동이라는 엄격한 제도 속에 가두어 두었다. 백성들을 압제하는 이러한 제도는 결국 여로보암이 반역을 하도록 만들었다. 솔로몬은 통치 말기에 아람과 에돔에 대한 통제권도 유지하지 못했다. 솔로몬의 지혜와 그가 보여준 영광은 어떤 면에서는 메시아 왕의 선구자의 모습을 보여주었다. 그러나 실제적으로 솔로몬은 그러한 찬양은 받지 못했다. 여호와도 솔로몬의 방탕함을 경고했다. 그러나 돌이키지 않는 그의 불순종으로 인해 그를 거부했고 정죄하셨다. 하나님은 솔로몬을 직접적으로 심판하지 않으셨지만 그 아들 르호보암과 다윗의 집에 대한 하나님의 심판은 피해갈 수 없었다. 하나님이 솔로몬을 심판에서 배제하신 것은 다윗 때문이었다(왕상

11:11). 솔로몬은 하나님의 영광과 하나님의 왕권을 거울과 같이 반영한 왕이었다.

◆ 그 외의 왕들

느밧의 아들 여로보암도 시작은 긍정적이었다. 그는 독재적인 제도 밑에서 약탈당한 백성들을 옹호했다(왕상12:1-24; 14:21-31). 그러나 여로보암의 치명적인 실수는 벧엘과 단에 새로운 예배 처소를 세움으로 예루살렘 성전에 대해 반기를 든 것이었다. 뿐만 아니라 여호와의 임재의 표시로 그 단에 황금소를 만들어 세움으로 여호와의 거룩함을 더럽혔을 뿐만 아니라 율법을 철저히 무시했다(왕상12:25-33. 여로보암은 이스라엘의 모든 왕들과 백성들이 그의 본을 따르도록 함으로 그의 악함을 드러냈다. 이스라엘이 죄를 지은 것은 여로보암의 죄 때문임을 20번이나 반복해서 기록하고 있다(왕상14:16; 15:26,30,34; 16:13,19,26 등).

아합도 악한 왕이었지만(주전 871-852년) 하나님의 사람들의 충고를 받아들이기도 했다(왕상20:13,22,28). 아합은 연약한 사람이었지만 거짓 선지자들의 말씀보다 진실된 말씀을 더 선호해서 듣기도 했다(왕상22:15-16). 사실 아합은 시돈의 공주이며 자신의 아내가 된 이사벨의 영향아래 있었다. 이사벨은 광적으로 바알 숭배를 장려했고 엘리야를 제외한 여호와의 선지자들을 학살했다(왕상 18:4). 그 학살을 피해 엘리야는 삼년 반이나 숨어있어야 했다(왕상17:3; 18:1). 엘리야의 충고에도 불고하고 아합은 이사벨의 계획을 지지했고 사마리아에 바알의 성전과 단을 건축했으며 아세라 상을 세웠다(16:31-33). 아합은 뒤늦게 회개하기도 했지만 하나님에 대한 반역과 이스라엘이 우상숭배하게 한 책임을 져야했다. 그 결과 자신은 재앙을 피해갔지만 그의 가족은 심판을 받아야 했다.

히스기야의 아들 므낫세는 주전 696-642년까지 통치했고 그 아들 아몬은 주전 641-640년까지 다스렸다. 이 두 왕 모두 유다의 악한 왕으로 평가된다. 므낫세는 여호와께서 하지 말라고 명령하신 모든 죄악을 행했다(왕하21:2-9,16). 므낫세는 예루살렘 밖에 산당을 다시 세웠으며 바알을 위해 제단을 세우고 아세라 목상을 만들고 하늘의 일월성신을 경배하여 섬겼다. 여호와의 성소를 더럽혔고 혼합주의를 장려했다. 백성들이 이스라엘의 하나님 여호와를 버리고 가나안 사람들의 신을 섬기도록 만들었다. 나라를 다스림에 있어 므낫세는 자기 마음대로 통치하므로 예루살렘을 무죄한 피로 가득 채웠다(왕하 21:16). 하나님은 선지자를 통해 백성과 왕을 철저히 거부할 것에 대한 메시지를 선포케 하셨다(왕하 21:10-15).

아몬도 아버지 므낫세를 따라 다윗의 하나님 여호와를 버렸다(왕하 21:20-22). 므낫세는 일월성신을 숭배했는데 아마도 앗수르는 속국이 된 국가들에 대해 일월성신에 대한 숭배를 강요했던 것 같다. 므낫세는 앗수르의 군대에 사로잡혀 바벨론에 감금되었을 때 자신이 행한 일을 후회하며 회개했다. 하나님은 스스로를 낮추고 회개하는 므낫세를 불쌍히 여기셨고 므낫세는 예루살렘에 돌아와 여호와를 섬기는 삶을 살았다(역하33:10-20). 그 결과 므낫세는 평화롭게 죽었지만 그 아들 아몬과 유다 그리고 예루살렘은 므낫세의 잘못된 행동으로 인해 고통을 당해야 했다. 아몬은 궁중에서 음모로 살해되었다(열하21:23; 24:3).

요시야의 아들 여호야김은 주전 609-598년까지 다스렸다. 요시야가 왕이 되었을 때는 유다 왕국이 애굽과 바벨론의 큰 세력 사이에 놓여 어려움을 당하던 때였다. 예레미야는 여호야김이 유다 왕국을 큰 위험으로 몰아넣는다고 비난했다. 그런 예레미야에게 여호야김은 때로는 폭력으로 때로는 호의적으로 반응했다(렘22:13-19; 26:1-24; 36). 여호야김은 여로보암이나 아합 혹은 므낫세와 같이 하나님께 직접 반항하지는 않았으나 선지자의 말을 듣지 않고 고집스럽게 굴면서 잔인함을 보여주었다. 하지만 그는 자신이 저지른 실수에 대해 죄값을 치루지 않고 평화롭게 죽을 수 있었다(24:6).

여호야김의 아들 여호야긴은 주전 598년에 세 달을 통치하고 포로로 잡혀갔다. 그는 므낫세처럼 우상을 숭배하지도 않았고 아버지처럼 무죄한 피를 흘리지도 않았다. 여호야긴의 실수는 아버지의 정치를 그대로 따른 것뿐이었다. 그 결과 유다가 침략 당했고 예루살렘은 약탈을 당했다. 여호야긴 자신도 백성의 지도자들과 만 명의 용사들 그리고 고위 계급층의 남.녀와 함께 유배를 당했다. 여호야긴이 비록 하나님의 진노로 인해 유배를 당했지만 희망도 끊이지 않았다. 그는 바벨론 왕의 은혜를 입었고(왕하25:27-30; 렘52:31-34) 자녀들도 낳았다(역상3:16-17). 하나님은 심판 중에서 그의 신실하심을 잊지 않으셨던 것이다.

요시야의 아들 시드기야는 이스라엘의 마지막 왕이었다(597-586). 형 여호야김처럼 그는 선지자들의 경고도 무시하고 애굽과 바벨론 사이를 왔다 갔다 하며 아슬아슬한 정책을 펼쳤다(렘21:1-10; 28; 32; 37:1-39:7). 여호야김이 바벨론과의 약속을 어기고 반역했을 때(겔

17:1-24; 21:25-27) 예루살렘이 다시 포위되었고 멸망하게 되었다. 시드기야는 도망치려고 했으나 바벨론 군사에게 붙잡혀서 리블라에서 잔인한 심판을 받았다. 그는 마지막으로 아들들의 죽음을 본 후 두 눈이 뽑혀 바벨론으로 끌려가서 아무 소망 없이 죽었다. 여호와께서는 이렇게 예루살렘과 유다를 약속의 땅에서 추방하셨다(왕하24:19-20).

하늘의 왕이신 하나님은 하늘에 계시고 땅에는 그를 대신할 왕을 세우셨다. 하나님은 특히 다윗 가문을 왕으로 세워서 그 왕조에게 하나님의 땅을 다스리는 임무를 주셨다. 그러나 이스라엘 역사의 왕들은 모두 하나같이 하나님의 기대와 뜻을 저버렸다. 이스라엘과 유다의 멸망은 하나님께 순종하지 않았던 백성에게 내린 심판이었다. 하나님의 기대를 저버린 왕들에게 이스라엘은 더 이상의 희망을 걸 수 없음을 알았다. 선지자들은 이제 이스라엘의 희망은 하나님께만 있다고 외쳤다. 예루살렘이 무너졌고 하나님의 성전이 파괴되었지만 하나님께서는 이스라엘을 위해 구원자를 일으키실 것임을 선포했다. 선지자들은 유다의 멸망이 다윗 왕조의 종말을 불러왔지만 하나님은 왕 같은 목자, 구원자, 정의로운 통치자, 샬롬을 가져오는 메시아를 보내주실 것을 선언한다. 여기에서 메시아에 대한 기대가 자리잡게 된다.

3. 이스라엘이 기대한 왕 메시아

이스라엘은 자신들을 구원하고 진정한 샬롬을 세워 정의와 공의로 다스릴 왕을 기대했지만 어떤 왕도 이스라엘의 그러한 기대에 미치지 못했다. 오히려 그들로 인해 유다와 예루살렘, 다윗의 집에 심판이 내려졌다. 그러나 선지자들은 정의와 구원 그리고 평강을 가져올 왕에 대한 하나님의 약속을 전하며 절망가운데 신음하는 백성에게 이스라엘에게도 미래가 있을 것임을 선포했다.

◆ 메시아에 대한 기대

메시야 기대는 왕정 시대의 구원과 깊은 관련을 갖는다. 이스라엘이 어려운 상황에 처해질 때마다 그들을 온전히 구원할 수 있는 왕에 대한 기대는 더욱 더 강해졌기 때문이다.

이스라엘에게 평화와 안전은 이스라엘의 역사에서 항상 중요한 관심사였다. 이스라엘을 위협하는 적의 세력을 멸망시키고 새로운 질서를 세우고 안전과 번영을 가져다 줄 메시야에 대한 기대가 야곱의 기도에서부터 나타난다. "홀이 유다를 떠나지 아니하며 통치자의 지팡이가 그 발 사이에서 떠나지 아니하기를 실로가 오시기까지 이르리니 그에게 모든 백성이 복종하리로다"(창49:10).

모압의 선지자 발람도 좋은 시대가 오도록 회복을 시킬 지도자가 야곱에게서 나온다고 예언한다. "한 홀이 이스라엘에게서 일어나서 모압을 이쪽에서 저쪽까지 쳐서 무찌르고 또 셋의 자식들을 다 멸하리로다. 그의 원수 에돔은 그들의 유산이 되며 그의 원수 세일도 그들의 유산이 되고 그와 동시에 이스라엘은 용감히 행동하리로다. 주권자가 야곱에게서 나서 남은 자들을 그 성읍에서 멸절하리로다"(민24:17-19).

야곱의 축복에서의 지도자에 대한 희망, 발람이 예언하고 있는 한 왕적인 인물 모두 이스라엘의 좋은 시대를 가져 올 한 사람을 암시하고 있다. 이러한 왕적인 인물 즉 메시아적 희망이 더욱 더 분명하게 나타나고 있는 것은 왕의 제도가 수립된 왕정시대이다.

◆ 메시아 사상

이스라엘의 역사에서 '기름부음 받은' 이란 의미를 지닌 메시아는 하나님께서 보내실 것이라 기대되는 구원자를 의미한다. 일반적으로 기름부음은 지도자로 취임 할 때 이루어졌다. 왕(삼상15:17; 삼하12:7), 제사장(출29:7; 30:30), 선지자(왕상19:16; 사61:1)들이 기름부음을 받았다. 그러나 이 단어는 이스라엘의 왕을 가리키는 데 사용되었을 뿐만 아니라(시2:2) 고레스 같은 이방 왕들에게도 사용되었다(사45:1).

이스라엘의 메시아에 대한 기대는 왕적 인물을 중심으로 형성되었다. 이스라엘의 요청에 따라 첫 번째로 기름부음을 받은 왕은 사울이었다. 이스라엘 백성들의 기대대로 사울은 구원자의 역할을 감당했다. 그러나 사울은 후에 불순종, 이기심, 마음의 완고함과 방종으로 인해 지도자로서 하나님께 거절을 당했다. 이제 메시야 기대는 사울이 아닌 다윗으로 옮겨가게 되었다.

다윗이 통치자로서 많은 연약함을 지닌 왕이었음에도 불구하고 메시아 기대의 모델이 된 것은 하나님과 맺은 언약 때문이었다. 전쟁 후 하나님께서 사방에 평화를 주시자 다윗은 성전을 지어 하나님께 바치려

했다. 그러나 하나님은 그것을 허용하지 않으시고 대신 다윗에게 영원한 왕권을 약속하는 선물을 주셨다. "내가 네 몸에서 날 네 씨를 네 뒤에 세워 그의 나라를 견고하게 하리라. 그는 내 이름을 위하여 집을 건축할 것이요 그는 그의 나라 왕위를 영원히 견고하게 하리라…네 집과 네 나라가 내 앞에서 영원히 보전되고 네 왕위가 영원히 견고하리라" (삼하7:12, 16). 이 약속은 사울을 몰아낸 것과 같이 다윗의 후손들을 영원히 왕좌에서 물리치지 않을 것에 대한 것이다. 이스라엘이 더 이상 적들에 의해 괴롭힘을 당하지 않는 평화의 시대 도래는 다윗 왕과 맺은 언약에 기인할 것이다.

이 언약 이후로 다윗 이후의 모든 왕들은 백성들의 기대에 부응하지 못했다. 솔로몬 왕으로부터 시작해서 북 이스라엘이나 남 유다의 왕들 모두 마찬가지였다. 물론 다윗과 같이 정직하게 행하며 하나님께 충성한 히스기야나 요시야 같은 왕들도 있었다. 그러나 하나님을 대신한 통치자로서 하나님이 원하시는 공의와 정의가 실현된 삶을 가져오는 기능을 수행하는 왕은 없었다. 그러한 왕에 대한 이스라엘의 경험은 항상 그 반대였다. 그들이 왕에게 걸었던 기대와 희망은 그들 가운데서는 발견할 수 없었다. 그 결과 그들의 기대는 오실 왕 메시아에게로 옮겨가게 된다.

이스라엘의 멸망을 내다 본 선지자들은 악한 왕을 대신할 오실 왕에 대한 예언을 끊임없이 했다(사7:10-17; 9:2-7; 11:1-10; 렘23:5-6; 겔17:22-24; 21:25-27). 결국 주전 586년에 예루살렘이 무너졌고 성전이 파괴되면서 다윗의 왕조는 끝이 났다. 많은 지도층들이 포로로 끌려갔다. 그러나 다윗 왕국의 회복에 대한 약속은 이스라엘을 위한 새로운 미래로 문을 열어 갔다. 포로기와 관련된 선지자들은 하나님 자신이 이스라엘의 왕으로서 행동하셔서 다윗 왕조를 회복하실 것에 대한 메시지를 계속해서 선포했다(암9:11-12; 호3:4-5; 미5:2-4; 겔34:23-24; 37:22).

예루살렘 성전이 재건되고 하나님의 약속대로 다윗 왕국이 즉각적으로 회복될 것을 기대했지만 다윗의 왕위는 회복되지 않았다. 그러한 사실은 이스라엘의 메시아 왕에 대한 이해를 새롭게 발전시켜주는 계기로 만들었다. 전통적으로 메시아에 대한 이미지는 이 땅에 정의와 평화 그리고 번영을 가져오는 것과 관련되었다. 그러나 이러한 목표는 오직 여호와의 종의 고난과 그것을 통해 가져올 화해를 통해서만 성취될 수 있음을 깨닫기 시작한 것이다(슥9:9-10; 사42:1-4; 49:1-6; 50:4-9; 52:13-53:12; 말4:5-6; 단7:13-14). 다윗의 후손으로 구원을 가져올 메시아에 대한 개념이 창조세계 전체로 확장되었던 것이다. 신약의 메시아에 대한 이해는 다니엘의 인자의 비전과 이사야 선지자의 여호와의 종의 개념이 기초가 되면서 정치적인 영역뿐만이 아니라 영적이고 종교적인 영역까지 확대되고 있다. 신약은 이스라엘이 기대하고 있었던 그들의 왕 메시야에 대한 확대된 개념이 예수의 삶과 사역에서 모두 하나가 되어 나타나고 있음을 보여주고 있다.

제8장

하나님의 처소, 시온

제8장

하나님의 처소, 시온

시온은 이스라엘의 신앙을 이해함에 있어 아주 중요한 곳으로 예루살렘 성과 그곳의 주민, 그리고 유다 전체를 위해 사용되는 이름이다. 예루살렘 성전이 합법적으로 유일한 성소로 지정된 된 후 시온은 이스라엘 신앙의 중심지가 되었다. 시온 곧 예루살렘은 여호와 하나님이 특별한 방법으로 선택하신 곳이었다(신12:5,11; 왕상8:44; 왕하21:7; 슥1:17). 하나님의 임재를 상징하는 하나님의 처소가 있는 시온은 이스라엘 백성들을 향한 하나님의 언약적인 사랑이 드러나는 곳이다. 시내산 성소를 계승한 성전이 있는 시온은 하나님이 현존하시는 절대 불가침의 장소로 여겨졌다.

1. 하나님의 산 시온

다윗이 시온을 취하기 전에 예루살렘은 여부스로 알려진 여부스 사람들의 성이었다(수15:8; 삿19:11). 그러나 다윗이 그 성을 수도로 만들고 언약궤를 예루살렘으로 옮기면서 이스라엘은 그곳을 가장 높으신 하나님이 거하는 성으로 인식하기 시작했다(시46:4). 온 세계의 지존자이신 창조자 하나님(시83:18), 만군의 여호와이신(시24:10; 48:9) 이스라엘의 하나님이 그 성을 친히 자신의 거처로 정하신 것이었다(시87:5). 시편에서 시온은 하나님의 소유 혹은 거처로 표현된다. 그러므로 이스라엘에게 있어 시온은 여호와가 거하시는 여호와의 산(시24:3)이며 거룩한 하나님이 거하시는 산(시2:6)이다.

시온이 하나님의 성이라는 표현은 소유의 개념과 관계된다(시46:4; 48:8; 렘25:29). 시온은 여호와의 '나할랏'(기업)으로 여호와가 거처하시는 곳이다(출15:17; 시79:1). 시온은 또한 여호와의 왕좌이며(렘3:17) 발등상이 된다(시99:5; 애2:1). 하나님은 하늘에 계시고 하늘과 땅은 시온에서 만난다. 시온이 아름다운 것은 거룩하신 하나님의 임재 때문이다(시48:2; 50:2; 애2:15). 하나님이 현존하시는 곳은 또한 세상의 중심이 된다(겔38:12).

온 땅의 주인이시며 왕 되신 하나님이 예루살렘 성에 거하신다(48:2). 이 영광의 왕이 거룩한 성에 들어가실 때 영원한 문들이 머리를 든다(시24:7-10). 시편은 하나님을 심판장으로 부른다(7:11; 9:14; 50:6). 온 땅의 주인 되신 하나님이 온 땅의 심판장이 되신다. 위대한 왕이 머무시는 예루살렘은 또한 온 땅의 심판장이신 하나님이 머무시는 곳이다. 이스라엘 백성들이 예루살렘을 피난처로 삼을 수 있는 것은 그들의 산성이 되시며 요새가 되신 하나님이 그곳에 계시기 때문이다(시48:2-3).

예루살렘에 계신 하나님을 상징하는 것은 언약궤였다. 여호와의 현존을 상징했던 언약궤는 블레셋과의 싸움이 있기 전에는 에브라임의 영역인 실로에 있었다. 가나안 땅에 들어와서 실로는 성막을 둘 장소로 지정되었다. 그 후로 언약궤가 있었던 실로는 4백 년 동안 이스라엘의 예배 중심지가 되었다. 모든 이스라엘 지파들이 실로에서 연례적인 절기를 지켰다(삼상1:3,9). 그러나 블레셋과의 전쟁으로 인해 언약궤의 이주가 시작되면서(삼상4) 다윗에 와서 예루살렘이 유일한 예배처소로 합법화된다. 언약궤가 예루살렘으로 옮겨지게 된 것은 이스라엘이 블레셋과의 전쟁에서 언약궤를 빼앗긴 결과로 인한 것이다.

전쟁에서 언약궤가 블레셋에 의해 빼앗겼을 때 이스라엘은 여호와가 사로잡혀 간 것으로 이해되었다(삼상5:1-2). 그러나 언약궤로 인해 블레셋에 재난이 닥치면서 상황은 곧 역전되기 시작했다. 블레셋 왕과 백성들뿐만 아니라 그들이 섬기는 신 다곤에게도 재난이 닥쳤기 때문이었다. 그들에게 일어난 일들이 우연한 일이라고 믿고 언약궤를 여러 곳으로 옮겨봤지만 아무 소용도 없었다. 이러한 재난은 이스라엘의 신을 생포했다고 즐거워했던 사람들을 두려움에 떨게 만들었다. 결국 재앙을 당한 블레셋 사람들은 선물과 함께 언약궤를 보내야 했다(삼상6:3). 언약궤는 블레셋을 떠나 이스라엘로 돌아왔지만 다윗이 예루살렘에 옮겨오기 전까지(삼하6:11-14) 20년 동안이나 기럇여아림에 머물러야 했다(삼상7:1-2).

시편 78편은 하나님은 자신의 장막 실로를 버리시고 유다 지파와 시온 산을 사랑했다고 말한다. 시온 산 즉 예루살렘의 선택은 다윗이 아닌 하나님 스스로 하셨음에 대한 선포이다. 예루살렘에 한 특정한 곳에 성전이 세워진 것은 다윗의 인구조사와 관계가 된다. 다윗의 불신앙으로 인한 인구조사로 말미암아 이스라엘에 하나님의 심판이 내려졌고 마침내 예루살렘이 멸망의 위험에 놓이게 된다. 다윗은 재앙을 멈추기 위해 여호와의 명령대로 하나님께 제단을 쌓기 위해 오난의 타작마당을 사서 하나님께 제사를 드렸다. 그러자 재난이 멈추었고 다윗은 바로 그곳이 하나님의 성전이 될 부지임을 깨닫게 된다(역상22:1). 그리고 그 장소는 아브라함이 이삭을 바쳤던 모리아 산이었다. 이런 사실은 하나님이 자신의 처소를 선택하심에 있어 직접 개입하셨음을 보여주는 것이다. 시온, 즉 예루살렘에 처소를 두시기로 결정하신 것은 하나님이셨고 다윗은 단지 그 결정된 곳으로 언약궤를 모셔온 것뿐이었음을 암시하는 것이다. 이스라엘의 하나님이 그 백성들에게 안전한 피난처를 제공하기 위해 예루살렘을 선택하셨던 것이다. 인간의 손으로 지은 곳에 거하실 필요가 없으심에도(행7:48; 17:24) 하나님은 성전 건축에 있어 온 백성이 다 함께 하도록 그들의 마음을 감동시키셨다. 백성들은 성전을 짓는 데 필요한 모든 재료를 가져왔고 헌금도 기쁘게 드렸다. 하나님의 임재를 바라는 이스라엘의 공동체 모두가 성전의 건축자가 되었다.

하나님이 시온에 거하시기를 스스로 선택하셨다는 사실은 이스라엘의 사고에 커다란 영향을 주었다. 그들에게 있어 시온은 인간 다윗 왕이 아닌 하나님이 선택한 곳이었고 우주의 왕이 머무는 세상의 중심이었다. 예루살렘성이 여호와께서 현존하시면서 역사 속에서 활동하시는 본부로 여겨졌다. 그들에게 있어 예루살렘은 하나님의 백성들과 온 세계를 위한 구원의 역사가 펼쳐지는 곳이 되었다(시145-150). 그러므로 백성들은 하나님이 주신 피난처에서 거하면서 하나님을 찬양해야 했다. 생명의 근원되신 하나님께서 거하시는 시온에 와서 목마름을 적시고 배고픔을 채워야 했다. 위험에 처했을 때 도움을 청할 수 있는 곳도 시온이었다. 그들이 부르짖을 때마다 여호와는 그들의 피난처가 되셨고 도움을 주시는 확실히 신뢰할 수 있는 분이었다(시7:1; 25:2; 26:1; 2:12 등).

하나님의 백성들은 하나님의 처소로 선택된 곳에서 역사적인 경험을 통해 여호와에 대한 믿음을 키워갔다(시120-134). 시온에서 하나님의 백성으로 계속해서 탄생했고 성장해 갔다. 그곳에서 모여 예배할 때마다 잃어버린 생명을 다시 찾았다. 이와 같이 예루살렘은 백성들의 행복과 기쁨의 근원이 되었다(48:11; 47:1-2; 9:2). 시온은 어느 누구도 침입할 수 없는 신성불가침의 영역이었다. 그곳은 영원한 안전이 보장되는 하나님이 계신 곳이었다.

2. 예루살렘의 소명

예루살렘 성전은 하나님이 거하시는 처소였다. 그곳에서 하나님은 이스라엘 백성들을 예배하는 공동체로 부르셨다. 하나님을 만나기 원하는 백성들은 그들이 살고 있는 집을 떠나 예루살렘 성전으로 올라가야 했다. 하나님을 예배하기 위해 하나님의 성소로 가까이 나아갔다(시100:2). 예배하는 자가 집을 떠나 하나님의 처소로 나아감은 하나님의 임재로 들어감을 의미했다. 하나님의 임재 안에 들어간 자들은 땅에 있는 덧없는 자신들의 세계를 떠나 영원한 하나님의 세계로 들어감을 경험했다.

백성들에게 있어 예배는 여호와 하나님의 얼굴 앞에 서는 것이었다. 여호와의 얼굴을 보고 선다는 것은 하나님의 얼굴을 보고 죽을 수도 있음을 의미하는 것이었다. 그러므로 백성들이 하나님을 예배할 때는 경외와 충성을 표현하므로 예의를 갖추어야 했다. 예배는 하나님의 이름에 호소하는 것으로 시작했다(시80:18;116:13). 하나님의 이름을 부르는 것은 그의 이름에 적절한 영광을 하나님께 돌리는 것이었다(시29:2). 하나님의 이름을 부르고 머리 숙여 경배함으로 하나님의 위엄과 자신들의 낮음을 인정했다. 백성들은 여호와께 가까이 나아와 머리를 숙이며 무릎을 꿇거나 서기도 한다. 하나님께 제물을 가져오고 감사의 기도를 하며 탄원을 하기도 하고 찬양하며 마시고 먹기도 한다(시27:4; 63:3-4). 하나님은 백성을 향해 얼굴을 드심으로 하나님의 자비하심과 사랑을 보여주셨다(민6:25-26). 그러나 이스라엘이 반역했을 때는 아무도 하나님의 이름으로 간구하지 못했다(사64:7).

이스라엘의 예배는 다섯 단계가 수반되었다. 성소에 들어가, 여호와의 이름을 부르고, 여호와의 얼굴 앞에 서서, 제물을 드리고, 집회를 여는 것이었다. 백성들은 성소의 뜰에서 기도했고 그들이 필요한 것을 위해 간구했다. 그들의 기도는 온 인격을 드리는 것이었기에 행동으로든 말로든 정직해야 했다. 기도 시에 손과 팔을 올리기도 했다(시28:2). 그러나 손에 죄가 있다면 그 기도는 아무 소용이 없었다(사1:15). 사람들은 기도할 때에 무릎을 꿇었고(왕상8:54), 고개를 숙이거나 엎드리기도 했다(삼상15:31; 삼하12:20; 느9:3). 근심과 애도는 옷을 찢음으로 표현되었다(왕상21:27). 도움을 요청할 때는 제물이 수반되기도 했다(삼상1장). 여호와가 계시는 성전이 도움의 곳이었고 거룩한 곳이었기에 개인적인 고통을 아뢰며 도움을 간구했다. 그들은 기도 하면서 하나님의 이름을 부르고 자신들의 억울함과 고통을 표현하며 불평을 쏟아놓았다. 그리고 하나님의 자비와 위로와 도움을 요청했다. 그러나 기도의 마지막은 자신의 실수를 고백하며 하나님을 찬양했다. 그리고 하나님께 대한 자신의 신앙을 고백하며 맹세했다. 그들의 기도의 궁극적인 목적은 하나님의 임재였기 때문이다.

감사도 예배에서 중요한 요소가 되었다. 감사의 상황은 분명했다. 하나님은 고난과 병의 위협과 적으로 인한 죽음의 상황으로부터 백성들을 구하셨다(시13:3-4). 때로는 현재의 삶이 죽음의 실체처럼 여겨지는 상황도 있었다(22:15; 31:12-13; 55:4; 143:3). 그때마다 하나님은 기도자의 간구를 들으셨고 죽음으로부터의 해방시키셨다. 그를 무덤에서 구출하심으로 죽은 자의 세계에서 산자의 세계로 옮겨 주셨다. 하나님이 그 종을 구원하셨다는 사실은 늘 감사해야 할 이유가 되었다(시66:16). 그러므로 감사의 기도는 하나님의 위대한 승리에 대한 선언이었다.

기도의 응답을 받은 자는 성전에 가서 하나님께 감사를 드렸다. 감사하고 하나님을 찬양하는 예배에는 제물이 수반되었다. 감사의 기도는 하나님께만 드린 것이 아니라 공동체와도 그 기쁨을 나누었다. 화목제로 드린 제물을 공동체와 함께 나누어 먹으며 하나님께 감사를 드리고 찬양했다.

예배 중에 여호와를 만난다는 것은 목숨을 건 경험이었지만 즐겁고 기쁜 것이기도 했다. 제사장들과 레위인들은 하나님과 백성들은 가운데 서서 직무를 행했다. 그들을 통해 예배하는 자들은 하나님의 얼굴을 보았다. 백성들은 거룩하고 자비로우신 하나님을 만나 그 선하심을 경험했다(시34:8). 하나님의 자비하심과 선하심으로 그들은 영적인 어둠을 극복했다. 백성들은 예배하면서 하나님의 얼굴을 보는 하나님의 임재를 경험했던 것이다. 그러므로 하나님께 예배하러 올 때는 빈손으로 올 수 없었다(신6:16-17; 출23:15).

예배는 하나님을 섬기는 것이었고 이러한 행동은 절기의 축제로 연결되었다. 축제의 핵심은 출애굽의 하나님, 광야를 통해 인도하신 여호와께 희생 제사를 드리는 것이었다. 이방 나라들의 제사는 축복을 받기 위해 의무적으로 신에게 음식을 가져다주는 개념이었다. 그러나 여호와 하나님은 자발적으로 드리는 예물을 기뻐하셨다. 회중은 아무 때나 모일 수 없었다. 예배를 위한 특정한 시간이 있었다. 여호와는 선택한 곳에 현존하시지만 하나님이 백성들을 만나기를 기뻐하셨을 때 만났다. 백성들은 매일, 밤과 낮으로 하나님의 얼굴을 구해야 했다(왕상9:59). 하나님께서 가장 원하시는 제사는 통회하는 심령이었다(시51:17).

절기는 하나님의 절기이므로 거룩해야 했다. 안식일과 유월절, 칠칠절, 장막절의 절기 외에 월삭(호2:11), 새해의 첫날(레23:23-25) 그리고 구속의 날(레위기16:1-11; 23:26-32)은 하나님의 백성들이 함께 성회로 모이는 시간이었다. 개인적인 예배는 스스로 드릴 수 있었지만 하나님이 공동체를 위해 마련해 놓으신 시간은 절기 때 뿐이었다. 그러므로 절기는 즐거운 축제의 사건이 되었다(신16:11,14). 축제에서는 찬양의 예배가 드려졌다.

이스라엘의 소명 중 가장 중요한 것은 여호와를 찬양하는 것이었다. 그러므로 백성들의 삶 속에서 찬양은 모든 예배의 핵심이 된다. 찬양의 예배는 하나님의 초대에 대한 반응으로 이스라엘이 함께 모여서 하나님의 이름을 높여드리는 것이었다. 찬양의 목적은 모든 피조물에게 하나님의 위대함을 알리고 동시에 그들이 하나님의 선하심과 자비하심에 대한 찬양에 자유롭게 동참하고 기쁨을 나누는 것이었다. 찬양의 내용은 이스라엘의 역사 속에서 하나님이 행하신 것이었다. 미리암은 애굽 군대와 병거를 바다에 던지신 하나님의 승리를 찬양했다(출15:21). 시편 기자는 여호와의 이름에 맞는 영광을 여호와께 돌리고 부름과 선물을 가지고 그의 궁전에 오라고 초청하기도 한다(시100:3). 많은 시편 가운데 하나님의 선하심과 그의 행하심이 찬양되고 있다(시33:9; 24:2; 106; 135:4; 136:11 등). 백성들은 도움을 위해 하나님께 부르짖고 응답을 받았을 때 감사를 드렸다. 공동체가 처한 특별한 환경에서 헌신의 맹세를 통해 하나님을 찬양했다. 그들은 이스라엘의 찬송 중에 계시는 주가 거룩하심을 찬양했다(시22:3).

이스라엘은 여호와를 찬양해야 하는 소명을 인식하며 하나님의 성전 안에서 날마다 자라가야 했다. 예루살렘의 성전은 이스라엘이 하나님의 백성으로 매일매일 탄생되고 자라는 곳이었기 때문이다. 족장들이 선택을 받았을 때부터 시작해서 시내산에서 하나님과의 만남을 통해 이스라엘은 하나님의 백성으로 태어났다. 그러나 하나님의 나라에 거하는 백성으로서의 탄생은 한번으로 끝나는 것이 아니었다. 백성들은 하나님께서 주신 생명을 잃을 때마다 하나님으로부터 계속해서 채움을 받으며 태어나야 했다. 새로 태어남은 예루살렘 성전에서 백성들이 모여 여호와를 예배할 때 일어났다. 함께 예배를 드리면서 하나님의 백성들은 하나의 공동체로 태어났다. 하나님의 백성들은 약자와 가난한 자 그리고 억압받는 자들에게 하나님의 공의와 정의를 실천하는 공동체가 되어야 했다. 이스라엘은 공동체의 예배 안에서 거룩한 하나님의 백성들로서 태어나고 또 태어났다. 그러므로 이스라엘 백성들 모두는 서로에게 형제요 자매가 되었다.

하나님의 공동체로서 이스라엘 백성들은 함께 예배하면서 그들의 소명을 성취하기 위한 준비를 했다. 그들은 하나님의 축복 속에서 하나님과의 교제를 즐겼고(시133:3) 예배를 통해 소명을 깨닫고 세상으로 나아갔다(사6:1-13; 겔1-3; 암1:2). 하나님은 모든 이스라엘 백성들을 말씀으로 무장시키시고 선지자로 파송하셨다. 예배는 이 선지자적인 사역을 위해 하나님의 백성들을 인도하고 무장시키는 역할을 했다. 이스라엘은 삶과 말씀 선포를 통해 자신들의 소명을 실천해야 했다. 결국 선지자적인 소명을 인식하지 못했던 이스라엘 백성들이 심판을 받아 열국 가운데 흩어져 살게 되었다. 그러나 그들은 포로 된 신분으로 살면서도 갇힌 자들에게 구원의 메시지를 전하는 하나님의 선교사들로 살아야 했다.

예루살렘의 소명에 대한 망각은 하나님의 백성들의 바벨론 유배로 나타났다. 예루살렘은 법과 정의를 존중하는 정의로운 사회로 부름을 받았다. 하나님이 거하시는 예루살렘 성에는 가난한 자에게도 약한 자에게도 동일한 기회가 주어지는 곳이었다. 한 개인의 자유와 권리가 보장되는 곳이 예루살렘이었던 것이다. 그러나 예루살렘은 부정과 부패가 만연한 불의의 성읍으로 변하면서 소명을 잃었고 하나님은 선지자들을 통해 그들의 행위를 비난하셨다.

이사야 선지자의 정죄의 메시지는 이스라엘 백성들에게 큰 충격을 주었다. 부패와 불의로 가득 찬 예루살렘을 보고 멸망이 임박했다고 예언했기 때문이다. "정의가 거기에 충만하였고 공의가 그 가운데에 거하였더니 이제는 살인자들뿐이로다."(1:21). 하나님은 그 책임을 지도자들에게 물었다. "네 고관들은 패역하여 도둑과 짝하며 다 뇌물을 사랑하며 예물을 구하며 고아를 위하여 신원하지 아니하며 과부의 송사를 수리하지 아니하는도다"(1:23). 하나님은 정의를 바라셨더니 도리어 포학이었다(5:7). 뇌물로 악인을 의롭다 하고(5:23), 과부에게 토색하고 고아의 것을 약탈(10:2)한다고 한탄했다. 이사야 선지자는 예루살렘 성은 심판을 받을 것이지만 하나님께 완전히 거절당하지는 않을 것이라고 했다. 예루살렘은 의의 성읍, 신실한 성읍이 되어야 하기 때문이다(1:26). 예루살렘을 의로 다스릴 왕이 왔을 때(32:1-8) 하나님은 그곳을 정의와 공의로 충만히 채우실 것이다(33:5).

예레미야 선지자의 메시지도 같은 것이었다. 처음에 백성들의 불의와 영적인 간음을 고발하면서(렘1-6) 불의로 다스리는 왕에게 책임을 묻고 명령 한다: "다윗의 왕위에 앉은 유다 왕이여 너와 네 신하와 이 문들로 들어오는 네 백성은 여호와의 말씀을 들을지니라. 여호와께서 이와 같이 말씀하시되 너희가 정의와 공의를 행하여 탈취 당한 자를 압박하는 자의 손에서 건지고 이방인과 고아와 과부를 압제하거나 학대하지 말며 이곳에서 무죄한 피를 흘리지 말라"(21:2-3). 이스라엘이 가장 좋았던 때에도 예루살렘은 정의로운 사회로서의 모델이 되지 못했다. 그럼에도 불구하고 하나님은 예루살렘이 정의를 행해야 하는 그들의 소명을 상기시키기 위해 계속해서 선지자들을 보내셨다. 예루살렘이 불의와 압제의 중심이 되었을 때 하나님은 선지자들을 보내 그 소명을 상기시켰고 그 소명대로 살아가지 못함을 책망하셨다.

이사야와 동시대의 인물 미가 선지자도 같은 주제를 가지고 외쳤다. 여호와가 원하는 것은 공의롭게 행하는 것임을 강조하며(믹6:8, 10, 16), 그는 불의와 속임과 폭력으로 인해 부유하게 된 자들과 지도자들을 고발했다. 미가는 시온을 피로 적시고(믹3:9-10) 땅과 집을 탐하여 빼앗고(2:1-2), 훔치며(2:7-8) 뇌물로 정의를 왜곡한다(7:3)고 한탄했다. 종교적인 위선도 비난했다(6:6-8).

스바냐도 패역함과 더러움으로 가득 찼음을 고발했다(습3:1). 유다의 이방 정책의 결과로 인한 혼합주의를 비난했다(습1:4-5).

에스겔은 우상 숭배를 고발하면서 예루살렘이 폭력을 위한 성이 되었음을 비난했다(겔7:23). 이방인을 탈취하고 이자를 받으며 고아를 압제하고 혐오스런 성의 범죄를 비난했다(22:6). 에스겔은 더럽혀진 성전에 충격을 받았다(겔5:11). 환상을 통해 에스겔은 성전 뜰에서 백성들이 섬기는 질투의 우상을 보았다(겔8:3-6). 사랑하는 예루살렘 성이 여호와를 떠나 우상숭배에 빠져있었다. 예루살렘의 범죄는 사마리아보다 더 심했다(겔16장). 여호와를 떠나고 선지자의 말을 듣지 않고 바알과 하늘의 별들에게 제물을 드렸다(렘32:31; 33-34).

하나님은 예루살렘을 넘치도록 축복하셨다. 이스라엘 백성들은 하나님의 말씀에는 순종하지 않고 축복만 누리기를 원했다. 이스라엘 자체가 하나님이 거하시는 거룩한 하나님의 성이 되어야 하는 소명을 받아들이기를 거부했던 것이다.

3. 예루살렘의 멸망

예루살렘 성전은 이스라엘 왕국과 깊은 관련이 있었다. 하나님의 성 예루살렘은 이스라엘의 지도자들과 백성들에게 있어 이스라엘이 안전하고 부유하게 살 수 있는 요새임을 의미했다. 이스라엘 백성들은 하나님의 처소가 있는 예루살렘은 하나님께서 끝까지 보호하실 것이라고 믿었다. 그러므로 주전 734년에 예루살렘 성이 아람과 이스라엘의 동맹군에 의해 공격을 당했을 때 모두가 충격에 빠지게 되었다. 이스라엘 모두가 하나님이 계신 곳 예루살렘이 무너질 수도 있다는 생각에 두려워 떨었던 것이다(사7:1-9). 주전 713년과 701년에 유다는 더 심각한 앗수르의 공격의 위협에 처하게 되었고 그들은 다시 두려움의 상황에 처하게 되었다. 유다 왕 히스기야는 예루살렘을 보호하기 위해 하나님을 신뢰하는 것보다 애굽으로부터 보호받는 것을 선택했다(사30:3). 그 때 선지자들은 이스라엘이 기본적으로 하나님을 진실로 신뢰하지 않는다고 비난했다(사28:14-15; 30:1-2; 31:1). 이사야가 본 예루살렘의 죄의 핵심은 하나님에 대한 불신이었던 것이다.

미가, 스바냐, 예레미야, 에스겔 같은 선지자도 용감하게 죄의 결과로 인한 예루살렘의 멸망을 예언했다. 그들은 이스라엘 백성들을 여호와께 인도하라고 선택받은 예루살렘 성이 오히려 여호와를 버리고 반역하는 백성으로 만들었다고 외쳤다. 그러므로 하나님은 예루살렘에게 엄청난 심판을 하실 것임을 경고했다. 이 메시지를 들은 지도자들과 백성들은 충격을 받았지만 선지자들의 예언이 실제로 성취되리라고는 생각지 않았다. 하나님이 계신 예루살렘 성전은 영원히 안전한 곳이라고 생각했기 때문이다. 그러므로 주전 586년에 예루살렘 성전 이 파괴된 사건은 이스라엘의 역사에서 가장 비극적인 사건이 되었다. 예루살렘 성전의 멸망을 죽음으로 애도하고 있는 구약의 많은 본문들이 그것의 심각성을 보여주고 있다. 지금까지도 예루살렘 멸망의 날은 애도의 날로 기념되고 있다.

주전 586년에 있었던 예루살렘의 멸망으로 하나님의 임재의 상징이었던 예루살렘의 성전의 역사는 끝이 났다. 성전 가구들과 도구들 그리고 금과 보석들이 약탈을 당했으며 언약궤도 잃었다(렘3:16). 예루살렘이 자신의 소명을 다하지 못한 결과 바벨론에 의해 점령을 당했고 파괴되었던 것이다. 다윗의 왕좌에 앉았던 왕이 끌려갔고 예루살렘 성전이 파괴되면서 하나님과 함께 한 이스라엘의 역사는 완전히 끝났던 것처럼 보였다. 그동안 경고한 선지자들의 예언이 이루어졌던 것이다. 여호와는 예루살렘을 버렸고 이스라엘에게 더 이상의 소망은 보이지 않았다. 선택된 하나님의 백성으로서의 역사는 끝이 났기 때문이다. 그들은 꿈도 꿀 수 없는 민족이 되었던 것이다.

유배된 이스라엘 백성들을 가장 절망스럽게 했던 것은 예루살렘에게 닥친 재난과 관계된 질문이었다. 하나님께서는 왜 예루살렘을 죽음으로 내몰았을까? 그 질문에 대해 백성들은 여호와가 시온에게 화가 나셔서 그들을 죽음으로 내몰았다고 생각했다(시74:1; 79:5). 그들은 여호와가 불순종하는 이스라엘 백성들의 적이 되어 성을 파괴하고 그곳의 주민들을 죽이고 흩으셨다고 여기며 절망했다(애2:2,5,8,21,22). 그러나 그들에게 있어 가장 견디기 어려운 현실은 하나님이 거하셨던 예루살렘 성과 영원한 왕좌를 약속하신 왕, 그리고 하나님의 현현을 상징했던 성소가 버림받았다는 사실이었다(사49:14; 애2:7; 5:20). 어떻게 하나님은 그의 백성을 포기하실 수 있는가? 어떻게 시온을 잊으실 수 있는가?(애2:1; 시74:19). 이스라엘은 정말 이대로 끝나는 것일까?

유배 중에 있던 이스라엘의 공동체는 이러한 질문으로 인해 계속해서 갈등했다. 그러나 말씀의 황폐함 속에(애2:9; 시74:9)서 굶주림이 생기기 시작했다. 하나님의 말씀에 대한 굶주림이었다. 그 결과 선지자들이 과거에 외쳤던 말씀에 대한 관심을 갖게 되었다. 유배된 이스라엘의 신앙 공동체는 아모스, 호세아, 미가, 이사야, 예레미야, 스바냐가 외친 말씀을 연구하면서 여호와가 그 백성들을 잊으신 것이 아님을 깨달았다. 그리고 하나님은 과거에도 그랬듯이 지금도 여전히 선지자들을 통해 말씀하고 있음을 보기 시작했다. 그런 깨달음과 함께 말씀을 연구하는 회당이 생기면서 예배가 다시 살아나기 시작했다.

유배 시에 함께 모여서 드리는 예배는 아주 단순했다. 예루살렘 성전이 사라져서 전통적으로 드렸던 제사는 드릴 수 없었기에 믿는 자들은 함께 모여 하나님의 말씀, 즉 오경과 선지서를 읽기 시작했다. 이스라엘 백성들은 하나님의 말씀에 오랫동안 귀를 막았으나 유배지에서 그 말씀을 다시 듣기 시작했다. 백성들은 여전히 그들이 처한 현실에 대해 하나님께 대해 불평했다. 적들을 향한 증오도 있었다. 그러나 서서히 예루살렘의 재난에 대해 자신들도 책임이 있음을 깨닫기 시작했다. 여호와가 그들을 버리신 것이 아니라 오히려 이스라엘 공동체가 여호와를 소홀히 했고 믿음을 저버렸음을 알게 되었다. 그들의 죄악으로 인해 여호와가 침묵하시고 결국 얼굴을 숨기신 것은 그래도 여전히 그들을 사랑하시는 하나님의 신실하심 때문임을 깨닫게 되었던 것이다. 이스라엘의 하나님이 잠깐 동안 시온을 버린 것은(사54:7) 완전한 거절이 아닌 백성들에 대한 사랑과 배려였다. 이러한 깨달음은 유배된 공동체에게 혁명적인 변화를 가져왔다. 귀를 막고 듣지 않았던 선지자들의 메시지를 듣고 죄를 고백하는 정직하고 겸손한 회개가 시작되었던 것이다(애1:18; 2:14; 4:6). 드디어 유다의 남은 자들이 돌아왔고 주전 516년에 스룹바벨에 의해 황폐한 터 위에 새로운 성전이 세워졌다(에스라 3-6장).

4. 새 예루살렘

옛 예루살렘이 하나님의 말씀을 거역하고 하나님을 떠난 교만한 이스라엘을 상징한다면 새 예루살렘은 죽음에서 일어난 새롭고 완전한 공동체를 상징한다. 예루살렘이 유일하게 의지할 수 있는 힘은 기대치 않은 방법으로 구원을 성취하실 하나님께 있었다. 하나님은 예루살렘을 성전이 있는 성으로 다시 회복할 것임을 약속하셨기 때문이다.

고레스 왕은 주전 538년에 바벨론 포로들의 귀환을 허락하는 조서가 반포되었다. 귀환하는 포로들에게 성전기물을 돌려보내면서 성전을 건축할 것을 명령했다(에스라1:2). 고레스 왕의 명령대로 스룹바벨이 성전을 재건했고 성전의 회복은 이루어졌다. 그러나 이전에 솔로몬이 지어놓은 성전의 영광을 본 자들에게 있어 그 결과는 실망스러운 것이었다. 예루살렘의 처음 성전에 비해 두 번째 성전은 너무 초라했기 때문이었다. "여호와께서 자기 제단을 버리시며 자기 성소를 미워하셨다"는 사실에 괴로워했던(애2:7) 이스라엘 공동체는 새롭게 지은 이 초라한 성전에 여호와께서 거하시려고 하실까? 라고 생각하며 더욱 더 회의적인 반응을 보였다. 이런 반응을 하는 이스라엘 백성들을 향해 선지자들은 돌아온 하나님의 영광을 말하며 신실하신 하나님께서 그들이 지은 성전에 거하시기를 기뻐하실 것(학1:8)이라는 약속을 했다. 이 약속과 관련해서 가장 잘 알려진 예언은 에스겔의 환상이다(겔40-48장).

제사장이면서 선지자였던 에스겔은 예루살렘 성전이 파괴될 때 포로 중에 거하면서 이스라엘 백성들이 품고 있었던 의문을 다룬다. 유배 중에 있었던 백성들의 한결같은 질문은 성전에 거하셨던 하나님의 임재에 관한 것이었다. 에스겔은 성전에 있어서의 하나님의 임재와 관련해 현존하는 성전(1-3장, 8-11장)과 미래의 성전(40-48장)에 대한 환상을 말하고 있다. 에스겔 선지자는 환상 속에서 하나님은 예루살렘 성전에 거하시기를 기뻐하셨지만 그곳에 영원히 머물지 않으실 것임을 깨닫는다.

포로로 잡혀간 에스겔이 그발 강가에서 본 첫 번째 환상은 에스겔을 선지자로 부르시기 위해 부정한 땅 이방인의 나라로 오시는 모습이었다. 에스겔은 네 개의 체루빔을 동반하고 폭풍가운데 오시는 여호와의 영광을 보았다(겔1-3). 이것은 하나님의 영광이 예루살렘에 머무름에도 불구하고 그 영광은 하나님의 뜻대로 움직일 수 있음을 의미하는 것이었다.

두 번째 환상에서(8-11) 에스겔은 하나님의 심판이 하나님의 처소가 있는 거룩한 성에 임함을 보았다(겔9:6). 예루살렘 성전이 심판을 받을 때 여호와의 영광은 그룹에서 올라와 성전의 문지방으로 옮겨갔다(10:4). 그리고 성을 떠나 동쪽에 있는 감람산에 머물렀다(11:23).

세 번째 에스겔이 본 환상은 예루살렘 성전이 15년 동안 황폐해 있을 때 여호와의 영광이 동쪽으로부터 와서 성전으로 들어가는 것을 보았다(43:1-2). 그리고 그 영광은 성전을 가득 채웠고(43:4-5) 여호와가 이스라엘 백성 가운데 영원히 거할 것이라는 약속이 주어졌다(43:7).

선지자 학개도 그들에게 보이는 초라한 성전이 처음의 성전의 영광을 능가할 것이라고 예언했다(학2:7-9). 스가랴도 언젠가는 열국이 예루살렘에 있는 하나님의 집에 순례자로 올 것이며 심지어는 하나님의 백성의 일부가 될 것이라고 했다(슥2:10-11). 이사야는 "많은 백성이 가며 이르기를 오라 우리가 여호와의 산에 오르며 야곱의 하나님의 전에 이르자. 그가 그의 길을 우리에게 가르치실 것이라(사2:2-3)"고 할 것이다. 그리고 하나님은 기도의 집이 된 성전에서 이방인들에게 기쁨을 주실 것이고(사56:6-8) 영화롭게 할 것이라(사60:3-7)고 예언했다.

여호와의 임재와 연결되는 예루살렘의 회복에 관계된 예언들이 미가서 7:11과 이사야 44:26; 54:11-12에 계속해서 나타난다. 그들은 새로운 성벽이 회복을 보증하는 것이 아니라 하나님이 새 예루살렘을 다시 선택될 때에만 진정한 회복이 이루어질 것임을 예언했다. 하나님은 예루살렘을 다시 선택하셔서 회복시키시고 완전케 하실 것이다(사51:16; 62:4-5; 슥1:17). 그리고 그곳을 다시 하나님의 성으로 택하셔서 땅 위에 있는 하나님의 처소로 삼으실 것이다. 그곳은 다시 하나님의 백성들이 보호받고 안전하게 거할 곳이 될 것이다(사12:6; 습3:17; 사40:9-11). 그곳의 백성들은 하나님께서 부어주시는 축복을 경험할 것이다(사60:1-3). 그 성이 다시 피난처가 될 것이며(사54:14; 슥12:8; 엘3:16) 하나님의 동산과 같을 것이다(사51:30). 그곳의 주민들이 구원의 샘물에서 기쁨으로 물을 길을 뿐만 아니라(사12:3; 33:21; 겔47:1-2; 슥14:8) 인구도 늘어나며(슥8:4-6) 삶의 길이도 연장될 것이다(사33:24; 렘33:6). 거리에는 다시 기쁨의 소리로 채워질 것이다(렘33:9-11). 세상의 중심이 되었던 하나님의 성 예루살렘에서 이스라엘의 적이 되었던 이방의 국가들도 축복을 받을 것이다(슥14:16; 사56:6; 60:3-7; 66:18-21; 렘3:17; 사2:2-4; 미4:1-3). 이전에 예루살렘을 압제했던 자들이 시온을 섬길 것이다(사60:10; 61:6; 66:20). 그들은 이미 하나님의 백성으로 여호와께 신앙을 고백하고 자유롭게 하나님을 섬기기 위해 하나님의 성에 모인 자들이다. 새로운 성전에서 완전한 예배가 드려질 때 백성들은 거룩한 산 시온에 거하시는 하나님이 그들의 하나님 여호와이심을 알게 될 것이다(욜3:17). 그곳에서 백성들은 온 마음을 다해 기도하고 감사하고 제물을 드리며 절기를 지킬 것이고 여호와는 그들을 기뻐할 것이다(시51:18-19). 거룩한 백성, 여호와께서 구속하신 자가 진정한 하나님의 새로운 백성이 될 것이다(사62:12).

예루살렘 성의 회복은 다윗 성으로서의 위엄이 회복되는 것이다. 예루살렘 성의 멸망은 정의와 공의로 유지되는 사회를 세우는 데 있어 실패한 이야기로 끝을 냈지만 회복된 새 예루살렘 성에서 새로운 역사는 다시 시작될 것이다. 하나님이 역사를 다시 써 가시기 때문이다(사1;26; 33:5; 54:14; 60:17-18; 21-22; 암9:11-12; 믹4:7-8; 계21:2). 그러나 무너진 다윗 성 예루살렘이 회복되는 것은 다윗의 진정한 후손인 미래의 의로운 왕에게 달렸다. 이 의로운 왕의 역할이 새로운 왕국의 수도, 새로운 세상의 중심으로 예루살렘을 회복시킬 것이다(사9:5-7; 11:1; 렘23:5-6; 사16:1-5).

새 예루살렘의 영광은 이미지로 표현된다. 그 성 자체는 신부(사61:10)와 아이를 낳는 여인(사66:7), 옮겨지지 아니할 장막(사33:20)과 비교된다. 여호와의 전의 산이 모든 산꼭대기에 굳게 설 것이다(사2:2). 예루살렘은 금과 은과 귀중한 보석으로 세워질 것이다(사54:11-12). 여호와가 불로 둘러싼 성곽이 될 것이다(슥2:4-5). 해와 달이 거룩한 성에 비치는 여호와의 영광 앞에 빛을 잃을 것이다(사60:19-20). 예루살렘은 에덴과 같고(사51:3) 질서와 평화가 있는 곳이 될 것이다(사11:6; 35:9-10; 60:18). 그곳의 주민들은 건강할 것이며(사33:24) 수한이 다

차기까지 살 것이다(사65:20-23). 그곳에 죽음은 영원히 존재하지 않을 것이다(사25:8).

이러한 비유는 하나님께 선택받았지만 불순종으로 말미암아 버림받은 옛 예루살렘과 하나님이 다시 택하셔서 그 영광을 회복하시고 완전케 할 새로운 예루살렘을 이해해야 알 수 있다. 예루살렘 성은 거리와 성벽, 빌딩과 사람들과 가축들 그리고 수 천 년의 역사를 지닌 유다의 산 위에 있는 실제로 존재하는 성이다. 현재를 애도하며 미래를 바라보는 현실의 예루살렘 성인 것이다. 그러나 이 성이 새롭게 태어나고 영광으로 옷을 입을 때 예루살렘 성은 완벽한 새로운 성이 될 것이다. 하나님이 가져오실 완벽함은 인간의 이성으로는 생각할 수 없기에 상징으로만 묘사할 수 있는 것이다(사65:17-25). 옛 예루살렘은 여호와께서 왕으로 그리고 임마누엘로 오실 때만 새 것으로 변화가 시작될 것이다. 메시아의 오심으로 인간의 죄로 인해 혼돈과 무질서로 채워진 세상은 새 하늘과 새 땅으로 회복해 간다. 새 예루살렘, 새 땅, 새 사람, 하나님의 나라는 실체는 아직 완성되지 않았지만 하나님 안에서는 이미 현실이 되었다. 모든 것을 새롭게 하는 하나님의 임재 때문이다.

예루살렘의 미래의 영광은 약속의 문제이다. 약속과 관계된 예언들은 주로 미래 시제이다. 그 성취는 가까운 미래 혹은 먼 미래에 이루어질 것이다: 그 때에(렘3:17), 그 날에(사11:10), 그 날에는(믹7:11), 오게 할 그 때에(욜3:1), 말일에(사2:2). 그 미래가 정확하게 언제인지는 분명치 않다. 그러나 여호와가 오실 때, 즉 여호와께서 그의 영광을 드러낼 때 그 약속은 성취될 것이다(사2:2-4; 24:34; 27:13; 렘3:17; 겔43:1; 욜

3:16-17; 습3:15-17; 슥1:16; 시102:16 등). 이렇게 예루살렘의 미래는 여호와의 임재와 연관된다. 하나님께서 왕으로, 보호자로 예루살렘에 와서 거하기를 기뻐하실 그 때에 예루살렘 성은 회복되고 완성될 것이다. 완성된 새 예루살렘은 여호와가 거기에 계실 때만 성취될 수 있다. 그러므로 이스라엘은 하나님의 약속의 성취를 기대해야 한다. 현재에도 회복은 이루어졌지만 그 현재는 최후로 나타날 하나님이 친히 지으실 새로운 예루살렘을 보기 위한 것이어야 한다(시127:1-2; 사49:18; 60:4). 완전한 새 예루살렘은 아직도 오고 있으며 그 완전함은 여호와 하나님 자신이시다. 여호와께서 그 일을 완성하실 것이기 때문이다(시121:1; 123:1-2). 하나님은 약속된 성으로 가는 도중에 있는 순례자들에게 구속에 대한 믿음과 소망을 가지도록 위로하시며 용기를 주신다(사40:1-2; 49:13; 52:9; 66:13-14; 슥1:17).

제9장

체험을 통해 증거되는 하나님

제9장

체험을 통해 증거되는 하나님

시가서는 하나님을 찬양하는 노래들로 구성된 시편과 아가서 그리고 지혜 문학에 속하는 욥기, 잠언, 전도서가 있다. 시가서는 이스라엘이 전통적으로 믿고 있는 신학적인 교리들을 통해 삶을 들여다보는 것이 아니라 실제적인 삶의 경험을 통해 발견되는 하나님에 대한 기록이다. 그러므로 시가서는 세상에서 살아가면서 부딪치는 현실적인 삶의 문제 속에서 어떻게 사는 것이 지혜로운 삶인가를 고백하는 인간의 물음에 대한 해답을 제시해 준다.

1. 시서 속에서 고백되는 하나님

시서로 분류되는 시편과 아가는 시보다는 노래로서의 성격이 더 강하다. 시편은 '찬양노래' 라는 의미를, 아가는 '노래 중의 노래' 라는 의미를 가지고 있다.

◆ 시편

시편 '테힐림' 은 '찬양의 노래들' 이라는 뜻을 가진 모음집이다. 시편은 다섯 권으로 구분되는 데 이것은 오경을 염두에 둔 배열이라 할 수 있다. 시편 1-2편이 시편 전체의 서론이라면 시편146-150편은 시편 전체의 결론이 된다. 시편 각 권에서의 서론의 역할을 하는 것은 처음에 나오는 시이다. 그리고 마지막 시는 항상 송영으로 끝을 맺으며 동시에 결론의 역할을 한다. 제 1권은 1-41편으로 1-2편에만 표제가 없다. 42-72편은 다양한 시인들의 찬양과 노래이다. 73-89편은 아삽과 고라 자손이 쓴 것이다. 90-106편은 하나님의 사람 모세의 기도로 시작된다. 여호와에 대한 찬양과 하나님의 통치를 도래하는 찬양들이 있다. 107-150편은 기원이 아주 다양하며 공통점은 할렐루야 시 모음이다.

시편에는 제목이 붙는다. 제목이란 시편의 본문이 시작되기 전에 붙여진 짤막한 머리글이다. 150편 중 33권을 제외한 모든 시편이 제목을 가지고 있지만 그 의미나 용도는 정확히 알려지지 않고 있다. 제목에는 시인의 이름이 나온다(다윗, 모세, 솔로몬, 아삽, 고라 등). 그리고 그 시에 대한 노래 혹은 시를 의미하는 "미즈모르", 기도를 뜻하는 "테필라", 뜻이 분명하지 않은 "마스킬", "식가욘", "믹담" 등과 같은 문학적 특성이 언급된다. 뿐만 아니라 음악적 표기도 나온다. "아앨렛 샤할"(사슴이란 곡조), "소산님"(백합화 곡조), "알다스헷"(멸망시키지 마소서) 등이다. 시편의 주제는 하나님을 찬양하는 찬송, 탄원과 간구, 애가, 감사, 메시아의 도래와 관련된 시 등으로 분류된다.

시편의 대부분은 하나님의 행하심과 말씀에 대한 응답으로 가득 차있다. 그러기에 시편은 기도인 동시에 노래가 된다. 시편은 하나님과 인간 사이에서 이루어진 대화이다. 이 대화에는 극심한 고통으로 인한 탄식이 있다. 이 탄식은 찬양으로 바뀌고 그 뒤에는 대적의 소리들이 들리기도 한다. 탄원시의 대부분은 시인이 하나님의 부재를 느낄 때의 고통으로 시작된다. 대적하는 자들의 조롱 소리의 고통을 하나님께 고백하면서 시인은 하나님의 현존을 깨닫게 되고 이것은 찬양으로 이어진다. 하나님의 부재는 늘 시온에 계신 하나님을 기억함으로 해결되었다. 하나님은 시온 산에서 특별한 방법으로 나타나셨고 솔로몬은 그 산위에 성전을 건축했다. 시온은 하나님이 계시는 곳이었고 하나님의 축복이 흘러나오는 거룩한 곳이었다. 예루살렘은 하나님의 얼굴을 구할 수 있는 곳이었고 하나님을 찬양할 수 있는 곳이었다.

시편에는 경건한 기도만 있는 것은 아니다. 원수들을 반대하고 저주하는 기도들도 있다. 고대 근동의 세계에서 복수는 많은 경우 말에 의해 이루어졌다. 그러므로 저주는 하나님의 언어가 아니기에 기도를 통해서 하지 않고 직접 원수를 향해 행해졌다. 저주는 그 말 자체에 힘이 있었다고 믿었다. 구약에서 저주는 강한 적에 대항하는 약한 자들의 무기로 사용되고 있다. 그러나 구약에서 행해진 저주의 시편이 다른 것은 상대방을 향한 저주의 말을 포기하는 것을 전제로 하고 있다는 것이다. 왜냐하면 복수하는 것은 여호와께 속한 것이므로 여호와가 반드시 보복할 것이라는 믿음 때문이었다(109편).

기도를 통한 하나님과의 대화에는 인간의 습성에 따른 반역적이고 투쟁적이고 회의적인 것 모두가 포함된다. 그런 대화 속에서 하나님은 세계의 모든 역사 가운데서 활동하시는 분으로 포착된다. 그리고 창조는 하나님의 역사 자체가 된다(19편). 하나님은 창조된 모든 것의 생명을 보존하기 위해 질서를 세우셨다(104편). 하나님의 능력은 하나님이 통치하시는 자연의 힘에서 나타난다. 하나님은 택하신 백성들의 번영을 위해 역사의 모든 과정을 명령하신다. 그러므로 이스라엘은 자신들의 역사를 돌아봄으로써 창조주 하나님이 이스라엘에 행하신 구속의 역사를 확인할 수 있는 것이다. 시온에 존재하시는 분은 하늘과 땅 그리고 그 안에 존재하는 모든 것을 만드신 창조주이시다. 창조주 하나님이 그 모든 것 안에 계시고, 모든 것을 주관하신다. 모든 피조물들은 하나님을 찬양하도록 부름 받았다. 그리고 하나님의 율법은 공의롭고 정의로운 세상을 보존하기 위한 것이다. 그러므로 하나님의 대리자가 된 왕들은 하나님의 법으로 공동체의 삶과 세계의 사건을 해석해야 한다(89편, 2편).

기본적으로 시편은 찬양과 탄식으로 규정된다. 하나님의 심판과 은혜의 틀에 상응하는 것이다. 심판에 대해서는 탄식으로, 은혜에 대해서는 찬양으로 응답한다. 이것은 고요함과 폭풍우, 밀물과 썰물, 낮과 밤, 삶과 죽음이라는 주제로 아주 다양하게 전개된다. 중요한 것은 이러한 시들이 개인적인 것이 아니라 개인이 포함된 공동체와 하나님과의 대화에서 나왔다는 것이다. 죽음 가운데도 하나님을 신뢰하는 행위, 하나님의 한계를 본 것 같은 상황 속에서도 굴복하지 않고 하나님이 행하실 것이라는 확신이 있다. 이러한 확신은 죽음의 한계도 극복하는 신앙의 길이 된다.

◆ 아가서

아가서는 일종의 사랑의 노래 모음집으로 사랑에 빠진 한 여인의 노래로써 사랑의 속성을 잘 나타내고 있는 노래이다. 한 여인의 노래를 통해 사랑하는 이의 현존과 부재의 상황을 잘 표현하고 있기에 아가서는 여러 차원에서 이해될 수 있다. 아가서의 특징은 하나님에 대한 용어나 이스라엘의 신앙에 대한 언급이 없다는 것이다. 대신 남자와 여자 그리고 코러스가 등장하고 남.녀의 사랑은 대화의 형식으로 표현된다. 그러므로 아가서 이해에 있어서 누가 화자인가를 규정하는 것이 중요한 관건이 된다. 전통적으로 아가서는 "인간의 사랑을 노래한 것" 혹은 "하나님의 사랑을 노래한 것"으로 이해했다. 유대인들은 유대공동체와 하나님과의 관계를 묘사하는 것으로 여겼다. 그래서 유대인들은 유월절 축제 때 아가서를 낭독함으로 하나님과의 사랑을 기억한다. 반면에 기독교에서는 교회를 향한 그리스도의 사랑을 표현하는 것으로 보았다.

아가서는 인간이 사랑을 추구하고 사랑하는 사람을 만나는 과정이 하나님과 인간이 만나는 과정과 비슷함을 암시한다. 어떤 사랑의 관계든 그 안에는 절실함, 갈급함, 희망, 절망이 존재한다. 사랑하는 사람을 애타게 찾는 여주인공의 이야기는 우리가 하나님을 찾아가는 이야기일 수도 있다. 아가는 사랑하는 남녀를 노래하며 그들의 대화 안에 우리의 삶을 반사시킨다. 은유적 표현을 통해 신부의 아름다움같이 하나님께 우리의 존재도 그렇게 아름다운 것임을 보여주기도 한다. 반면 신랑을 맞이하지 못하는 신부의 안타까운 모습도 있다(5장). 신랑이 밤에 찾아와 아무리 문을 두드려도 깨지 못한다. 신부가 다시 신랑을 찾아 나서고 그들의 길이 서로 엇갈린다. 그러나 헤어짐과 찾음을 통해 사랑하는 사람의 관계가 깊어진다. 아가서는 신부와 신랑이 다시 만나고 결합하는 것, 그것이 사랑임을 강조한다. 이러한 사랑하는 이의 과정은 우리가 신앙생활을 하면서 체험하게 되는 하나님과의 관계와 다르지 않다. 헤어짐과 갈등, 다시 찾음의 과정들을 통해 나와 하나님과의 관계가 깊어지고 하나님의 사랑으로 인해 우리는 깊은 연합 속에 들어가게 된다. 아가서의 이러한 사랑의 힘에 대한 주제는 8:6-7을 통해 가장 잘 표현된다.

"너는 나를 도장 같이 마음에 품고 도장 같이 팔에 두라 사랑은 죽음같이 강하고 질투는 스올 같이 잔인하며 불길 같이 일어나니 그 기세가 여호와의 불과 같으니라. 많은 물도 이 사랑을 끄지 못하겠고 홍수라도 삼키지 못하나니..."

2. 지혜서에서 체험되는 하나님

지혜서는 고대 근동의 문화에서 많은 영향을 받아서 발전되었다. 지혜서는 현실의 삶에서 부딪치는 실제적인 문제들에 대한 답을 신학적으로 제공하고 있다.

◆ 욥기

욥의 친구들을 통해 보여 주는 권선징악의 신학적 사상은 인간이 선하게 살아야 하는 이유를 제시하지만 선하게 살아도 복을 받지 못하고 고통을 받는 사실에 대한 것은 설명되지 못한다. 고난을 죄의 결과라고 보는 이런 사상으로 현실에서 체험되는 삶에서는 이해될 수 없는 것들이 너무 많기 때문이다. 가장 좋은 예가 이스라엘 자신이 겪은 역사적인 사건들이었다. 악행을 통해 이웃을 짓밟는 나라들은 당연히 벌을 받아야 하지만 실제적으로는 그들보다 선한 삶을 살았던 이스라엘이 심판을 받았던 것이다. 뿐만 아니라 개인적으로도 악인들이 선인들보다 더 많은 번영을 누리며 오래 살았던 것이다. 이런 세상의 복잡한 현실 속에서 인과응보의 신명기적인 사상은 도전을 받게 되고 욥은 하나님은 이유 없는 고통도 주실 수 있는 분임을 항변한다.

극심한 고난의 상황을 배경으로 하고 있는 욥기는 역사적으로 언제 쓰였는지는 정확하지 않다. 욥기의 저자는 의인이 고난 받는 문제를 신학적으로 다루면서 이스라엘이 고통에 대해 가지고 있던 전통적인 신학에 도전하고 있다. 이스라엘의 전통적인 사상은 신명기적인 보상 및 징벌 개념이다. 하나님은 의로운 재판관이시며 따라서 항상 악을 징벌하신다(8:3). 그러므로 인간의 고난이나 고통은 그 사람의 죄로 인한 심판이다. 그러나 욥의 경우는 이런 사고의 틀에 맞지 않았다.

욥기는 서론(1-2), 본론(3-42:6), 결론(42:7-17)으로 구성되어 있다. 서론과 결론은 의인 욥이 고난을 받게 되는 이유와 그가 다시 회복되고 축복받는 모습을 담고 있다.

1-2장에서 존재하는 사탄은 고통의 원인을 제공하는 자이다. 하나님의 보좌 앞에 사탄이 동석해 욥을 향한 사탄적인 발언을 한다. 욥이 하나님을 경외하는 것은 현재 누리고 있는 복 때문이라는 것이다. 사탄은 자신이 옳음을 증명하기 위해 욥이 소유한 모든 것들을 빼앗을 것을 제시하면서 만약 욥이 모든 소유를 잃음에도 하나님을 원망하지 않고 찬양한다면 그는 하나님 말대로 순전한 신앙으로 하나님을 사랑하는 것이 될 것이라 도전한다. 사탄의 이 제안은 하나님에 의해 받아들여지고 욥에게는 갑작스런 시련들이 들이닥친다.

2:7-37:24은 사람이 당하는 고난은 그 사람의 죄로 인한 것이라고 보는 이스라엘의 전통적인 신학 사상을 가진 욥의 세 친구의 주장을 담고 있다. 그들은 고난을 인과응보의 신학적인 틀로 규정하면서 모든 것을 잃고 폐허 가운데 앉아 있는 욥에게 고난을 벗어나기를 원한다면 욥이 죄를 고백하고 하나님께 용서를 구해야 한다고 주장한다. 그들에게 있어 죄 없이 망한 자는 없고 정직한 자가 끊어짐은 없기 때문이다(4:7). 이런 친구들의 주장에 욥은 자신의 결백을 주장하면서 자신에게는 인과응보의 틀이 합당치 않다고 주장한다. 그리고 하나님께서 그의 질문에 직접 응답하시기를 탄원하며 그의 변론을 끝낸다. 욥의 세 친구들과 욥의 변론을 말없이 듣고 있던 엘리후는 화를 내며 그들의 한계를 지적한다. 그리고 욥에게 고통으로 인해 하나님께 죄를 짓지 말라고 경고한다(33:29-32; 34:35-37).

하나님은 이런 교리적인 갈등들이 최고조에 달했을 때 직접 나타나셔서 욥에게 물으신다(38:1-42:6). 하나님은 대답이 필요 없는 천지창조에 관한 질문을 반복적으로 하시면서 하나님이 우주의 주인이심을 상기시킨다(38-39장). 이런 하나님의 질문으로 인해 욥은 자신의 이해를 뛰어넘는 하나님을 인식하게 된다(42:3). 이제껏 하나님을 알고 이해했다고 생각했는데 천지를 창조하시고 피조물들을 다스리시는 하나님과의 만남은 자신이 그동안 알고 이해하고 있었던 하나님에 대한 지식을 능가하는 것이었다(40:3-5; 42:1-6). 우주의 주인이신 하나님은 인과응보의 교리로 설명될 수 없는 분이셨다. 욥은 하나님 앞에서 무죄한 인간은 하나도 없고 자신도 피조물에 불과함을 깨달았던 것이다(시 53:1). 하나님은 예외가 없이 상과 벌을 주실 수 있는 분이셨다. 따라서 욥은 하나님을 두려워하게 되고 자신이 무죄함을 주장했던 것이 얼마나 교만한 것이었고 인간중심적인 것이었는가를 깨우친다. 이런 깨달음은 곧 회개로 이어지고 지식으로만 안 하나님을 이제는 친히 경험하므로 세상을 새로운 시각으로 보게 되는 변화까지 나아간다. 결국 처절한 고난의 시간은 하나님을 직접 만나기 위한 은혜의 과정이었던 것이다(42:3-5). 이러한 과정을 통해 고백된 욥의 고백에는 하나님에 대한 신뢰가 들어있다. 친히 오셔서 대답하시는 하나님을 통해 욥은 하나님의 사랑을 인식하게 된다. 그리고 욥의 고난이 하나님의 사랑 때문이었음을 보는 눈을 갖게 된 것이다.

◆ 잠언

잠언은 삶을 어떻게 살아야 하는가를 말해주는 일종의 안내서라고 할 수 있는 책이다. 잠언은 크게 두 부분으로 나뉜다. 1-9장은 일정한 주제를 따라 배열된 솔로몬의 잠언에 해당된다. 이곳에서의 지혜의 시작은 주님을 경외하는 것이고 참된 지혜는 하나님을 따르는 것이다. 10장 이후부터는 많은 현인들의 지혜를 모은 모음집이다. 여러 가지 도덕적인 교훈들이 담겨있다.

잠언에서 가장 중심 되는 주제는 지혜이다. 잠언에서 의미하는 지혜는 삶의 기술이다. 일상생활의 삶에서 이로운 것과 해로운 것을 분별할 줄 아는 기술인 것이다. 지혜로운 삶에서 가장 중요한 것은 하나님에 대한 경외이다(1:7). 지혜는 종종 여인으로 비교가 된다(1:20; 7:4). 지혜는 태초부터 여호와와 함께 있었다(8:22,30). 이 여인은 옳은 행동을 하라고 권유한다. 여호와를 아는 자만 삶에서 올바른 태도를 가질 수 있다. 여호와를 알지 못하는 자는 지혜로운 삶을 살 수가 없다. 지혜는 길거리에서 소년들로 하여금 자기를 따르라고 외친다(1:20; 8:1). 지혜의 대조자로 등장하는 것은 음녀이다(2:16-19; 5장; 6:24; 7:5). 음녀도 소년들에게 자기 집으로 들어오라고 초청한다(7장). 음녀에게 빠지지 않는 길은 젊은 시절의 아내에 대한 사랑을 기억하고(5:15-23) 누이가 되는 지혜를 간직하는 것이다(7:4-5). 누구와 함께 할 것인지를 선택함에 따라 생명의 길과 죽음의 길로 갈라지는 것이다. 지혜를 선택한 삶은 축복으로 음녀를 선택한 삶은 죽음으로 인도함을 받는다. 각각의 길의 동반자가 누구인지에 따라 각자의 운명이 달라진다(1:33; 7:27). 결국 지혜는 악의 길을 버리고 의의 길을 택하는 것인 것이다.

잠언서는 삶의 지혜를 다룬다. 누구에게나 요구되는 삶을 잘 사는 기술을 가르쳐 준다. 그러므로 지혜가 있는 자는 권세자들에게 어떻게 대할 줄을 안다. 주님을 신뢰하고 마음을 잘 지키기 때문에 인간에 대한 두려움을 가지지 않는다. 모든 일을 주님께 맡기기 때문에 하루 사이에 일어날지 모르는 사건들 속에서도 자유롭다. 지혜로운 행동은 분노를 잘 다스리고 짜증을 내지 않는 것이다. 소소한 일에 화를 내지 않고 여유를 가질 수 있는 것은 모든 일의 결과는 주님께 달려있기 때문이다(16:33). 생활에서 지혜는 말과 관계가 된다. 지혜자는 이웃을 해하는 거짓말을 하지 않는다.(10:11). 그는 말을 잘하고 절제할 줄 알고 인내하는 사람이다(19:11). 자녀들을 엄하면서도 책임 있게 양육한다(13:24). 삶이 늘 긍정적이다.

잠언에서 체험되는 여호와는 보상과 징벌의 하나님이다. 선한 행위를 하는 사람에게는 보상을 악한 행위를 하는 사람은 벌을 받을 것이다. 그리고 그 보상과 벌은 죽은 후가 아닌 현 세상에서 이루어지는 것이다(8:18; 10:3,6). 이 땅에서 물질적인 풍요로움을 누리며 장수한 삶으로 축복을 받는다(8:35; 9:11).

◆ 전도서

전도서는 히브리어로는 코헬렛이다. 카할의 분사형으로 '설교자'라는 의미를 지닌다. 1:1은 저자를 다윗의 아들로서 예루살렘의 왕인 코헬렛의 말임을 밝힌다. 전도서는 삶의 의미와 성취감을 발견하기 위한 인간의 갈등에 대한 기록으로 하나님과 올바른 관계를 맺지 않은 삶은 공허하고 의미가 없다는 결론을 맺는다. 전도서는 서론(1:1-11), 본론(1:12-12:8), 결론(12:9-14)의 구조를 가지고 있다. 인간의 삶이 헛되다는 표현으로 전반부가 시작되지만 후반부로 나아가면서 삶이 좀 더 긍정적으로 표현되고 있다.

전도서의 설교자는 처음부터 사람들이 행복하고 만족한 삶을 살기 위해서는 하나님과 올바른 관계를 가져야 한다고 말하지 않는다. 대신에 설교자는 세속적인 방법으로 부, 권력, 지식, 물질의 풍요로움, 심지어는 힘든 노동조차도 삶에 계속된 만족을 줄 수 없는 것으로 시작을 한다. 그가 "헛되다"라는 단어를 사용해 하나님이 없는 세상의 삶이 얼마나 헛된 것임을 잘 보여주고 있다. "헛되다"로 쓰인 '헤벨'이라는 단어는 원래 '입김', '호흡'과 같이 금방 없어지는 것, 순간의 것, 오래 붙잡을 수 없는 것

등을 의미한다. 설교자는 헛됨과 관련된 단어들을 반복적으로 사용함을 통해 삶을 이해하고 그 삶의 실체를 변화시키는 데 있어 인간의 무능력과 무력함을 암시하고 있다. 인간에게 있어 부나 명예, 쾌락 등과 같은 것들이 인간에게 있어서 호흡처럼 필요하지만 그것에 집착해 소유하려고 할 때 그것은 바람을 잡는 것과 같은 무상하고 무의미한 것임을 지적한다.

설교자는 해 아래서의 삶이 의미가 있는가? 하는 질문으로 시작을 한다(1:3-11). 해 아래 있는 모든 것, 건강, 지식, 쾌락, 부, 물질적인 소유, 힘든 노동, 권력 등은 공허하고 의미가 없다고 단언한다(1:13-2:26). 이러한 것들이 삶에 의미나 만족, 평화를 주지는 않았기 때문이다. 얼마만큼 소유했는가 하는 것과는 상관없이 항상 더 원하는 것이 인간이다. 삶의 의미나 만족을 주지 못하는 가치 없는 것들을 성취하기 위해 애쓸 필요가 없는 것이다. 어쨌든 인간은 결국 죽을 것인데 더 원해서 가진 것들이 무슨 소용이 있겠는가? 그러므로 설교자는 의미도 없고 자아성취감도 가져다주지 않는 그런 일들에 대한 최상의 선택은 그만 두는 것이라고 한다. 대신 하나님이 중심 되는 삶을 추구하라고 권한다. 인간이 먹고 마시며 일해서 소유할 수 있는 것 그 모든 것은 하나님으로부터 온 선물이다. 해아래서 추구하는 모든 것이 성취를 증명해주고 의미를 주지 않지만 하나님이 주신 선물로써 삶을 즐길 수는 있기 때문이다.

하나님이 선물로 주신 삶을 마음으로 기뻐하며 살아야 하는 것은 하나님의 계획에 의해 인간의 삶이 제한을 받고 있기 때문이다. 시간을 창조하신 시간의 주인이신 하나님은 인간 역사의 주인이시기도 하다(3장). 그러므로 인간은 하나님의 때를 기다릴 수밖에 없는 운명이다. 인간은 과

거, 현재의 역사를 변화시킬 능력도 없고 미래도 통제할 수 없다. 인간의 공통적인 운명인 죽음도 스스로 결정할 수 없다. 그러므로 인간에게 있어 최선의 삶은 현실을 충실하게 사는 것이다. 자신의 현실을 인정하고 하나님의 선물로 받아들이며 살 때 행복한 삶을 영위할 수 있다(2:24; 3:13).

설교자는 인생을 성공적으로 살기 위해 모든 것을 해 본 사람이었다. 완전한 지식과 지혜, 부와 명예, 최고의 권력을 모두 가져본 후 인간의 삶의 한계를 인정하며 하나님께서 하시는 일은 사람이 알 수 없다는 결론을 내린다(2:12-17). 그러므로 그는 젊은 사람들에게 인생에서 일찍이 하나님을 찾아 하나님 없는 삶의 공허함을 피하라고 충고한다. 사람의 허무함을 극복할 수 있는 것은 하나님을 찾아 하나님과 관계를 맺는 삶이다. 하나님과의 진실 된 관계가 이루어질 때 삶에는 기쁨과 만족이 있다. 하나님이 현재 주신 모든 것을 그대로 받아들이고 하나님이 허락하신 범주 안에서 매일을 소중히 여기는 마음을 갖고 기쁘게 사는 것이 인간 모두가 행복해질 수 있는 비결이라고 한다. 그러므로 사람은 하나님을 경외하고 하나님께 자신을 의탁해야 하는 삶을 살아야 한다. 은혜 안에서 모든 것을 주신 하나님을 경외하고 그 계명을 지킬 때 하나님의 선물을 진정으로 기쁘게 받을 수 있기 때문이다.

이와 같이 전도서는 모든 것이 헛되고 헛된 것이 아닌 "하나님을 경외하고 그의 명령들을 지킬지어다. 이것이 모든 사람의 본분이니라. 하나님은 모든 행위와 모든 은밀한 일을 선악 간에 심판하시리라"(12:13-14)는 말씀으로 끝을 맺으며 진리가 무엇인지를 보여준다.

제10장

선지자, 하나님의 대언자들

제10장

선지자: 하나님의 대언자들

히브리어에서 선지자를 가리키는 용어로는 '나비', '로에', '호제', '이쉬 엘로힘' 이란 표현이 있다. 로에와 호제는 일반적으로 선견자라고 번역하기도 하지만 상황에 따라 상호적인 해석이 이루어짐을 볼 수 있다(삼상 9:9; 암7:12-14). 사실 구약에는 선지자들을 가리키는 통일된 용어가 없다. 동일한 인물에 대해 다양한 칭호들이 사용되었음이 이것을 증명한다(왕상20:13, 22, 28, 35, 38, 41).

선지자와 관련된 용어로는 동사 "보내다"를 의미하는 '샬라흐' 가 있다. 하나님은 모세를 바로에게(출3:10; 12; 15; 행7:34-35) 보내셨다. 그리고 사사 기드온(삿6:14), 입다, 사무엘(삼상12:11) 그리고 선지자 나단(삼하12:1), 갓(24:13), 아히야(왕상14:6), 이사야(6:8), 예레미야(1:7), 에스겔(2:3) 등을 이스라엘 백성들에게 보내셨다.

사자를 의미하는 말라크도 선지자와 관련된다. 구약에서 이 단어는 하나님의 사자를 위해 사용했지만 하나님이 보내신 인간의 사자(messenger)를 위해서도 사용되었다. 선지자는 보냄을 받은 사자이다(말1:1; 3:1). 신약은 후에 세례 요한에게 사용했고 이 용어는 "사도"의 배경이 된다. 두 용어 "보내다"와 "사자"는 선지자의 특성이 하나님의 보내심과 관계가 있음을 보여준다. 선지자에게 있어 메시지를 전달하고 영향을 줄 수 있는 능력도 있어야 하고 개인적인 확신과 헌신도 있어야 한다. 그러나 인간의 재능이나 느낌 혹은 감정보다 더욱 중요한 것은 하나님에 의한 부르심이다. 부르심과 보내심을 결정하는 것은 하나님이시다. 그러므로 하나님의 위대한 역사 중의 하나는 선지자들을 보내시는 것이다.

1. 선지자들을 보내시는 하나님

하나님이 선지자를 불러서 보내시는 행동은 그의 전능하심과 연관된다. 하나님은 모세를 바로에게 보내셨고 애굽의 속박으로부터 이스라엘의 백성들을 구원해 내셨다. 파멸을 직면하고 절박하게 부르짖는 이스라엘 백성들에게 사사들을 보내 그들을 구원하셨다. 하나님은 사무엘과 선지자들을 보내셨고 그들을 통해 이스라엘을 계속해서 구원하심으로 하나님의 신실하심을 증명하셨다. 하나님은 선지자를 보내심으로 구원 역사를 이루셨다. 그러므로 이스라엘에 여호와께서 보내신 선지자가 있다는 것은 이스라엘 백성을 향한 하나님의 사랑과 은혜가 있음을 의미했다(왕하3:11).

◆ 선지자들의 소명

하나님은 다양한 방법을 통해 자신을 계시하심으로 선지자들을 부르셨고 그들에게 말씀을 맡기셨다. 하나님이 자신을 계시하심에 있어 항상 주도권을 가지고 그 방법과 시간 그리고 장소의 선택을 자유롭게 하셨다(삼상3:10;삿6:11; 창12:7; 35:9; 출3:2; 34:6; 민22:20; 왕상3:5; 19:11; 사6:1-2). 하나님의 나타나심은 선지자의 삶의 시작이며 기준이 되는 놀라운 사건이 된다. 그러므로 선지자의 권위가 의심받을 때 선지자는 "하나님이 스스로를 내게 계시하셨다"고 대답한다. 누구도 하나님과의 만남의 경험이 없이는 선지자로서 행동하거나 말할 수 없었기 때문이다.

하나님과의 만남은 기대하지 않은 순간에 이루어졌고 한 사람의 생애를 변화시켰다. 모세는 장인의 양떼를 치고 있었다(출3:1). 기드온은 타작마당에 있었다(삿6:11). 사무엘은 잠자고 있었다(삼상3:3). 사울은 아버지의 당나귀를 찾고 있었다(삼상9:3). 아모스는 양떼를 치고 있었다(암7:15). 이사야는 성전의 성소에서 묵상을 했거나 예배를 드리고 있었다(사6:1). 에스겔은 그발 강가에 있었다(겔1:1). 이 중 어떤 사람도 하나님의 오심을 기다리고 있지 않았다. 그들은 선지자의 직위나 자질, 은사나 영성을 가지고 있지 않았지만 하나님은 자유롭게 그들을 만나셨고 모든 것을 결정하셨다.

하나님이 자신을 계시하시고 말씀을 하실 때는 인간의 악함이 하나님께서 세워놓으신 한계를 넘어갈 때이다. 악함으로 인한 고통으로 부르짖을 때 하나님은 행동을 취하시기 위해 찾아오시는 것이다. 하나님은 자신의 이름이 더럽혀 지는 것을 더 이상 비켜볼 수 없는 심판의 상황에서 먼저 선지자들을 보내신다. 백성들이 위기를 당할 때마다 하나님은 선지자들을 통해 신실하지 못한 백성들을 계속해서 돌보심을 보여주었다.

하나님이 선지자에게 말씀하실 때 환상이나 꿈을 사용하셨다. 하나님은 선지자들에게 말씀을 맡기실 때 환상이나 묵시 등을 통해 다양한 것들을 보여 주셨다. 선지자들은 환상에서 하나님을 보기도 했다(암9:1; 사6:1; 겔1:28). 움직이지 않는 물건이나 사람도 보았다. 아모스는 네 개의 뿔(암1:18)과, 다림줄(암7:8), 여름 과일 한 광주리(암8:2)를 보았다. 스가랴는 말을 탄 사람(슥1:8)과 측량줄을 가지고 있는 사람(슥2:1)을 보았다. 미가야 선지자는 모든 이스라엘이 흩어진 것을 보았다(왕상22:17). 엘리사는 엘리야가 회오리바람으로 올라가는 것을 보았다(왕하2:11-12). 예레미야는 형태가 없는 땅(렘4:23)을 보았고 나훔은 파괴된 니느웨를 보았다(나2:3-7). 에스겔은 예루살렘을 떠나는 여호와의 영광을 보았으며(겔10:1이하), 이사야는 멸망당하는 바벨론(사21:1이하)을 보았다. 다니엘은 바다에서 올라오는 네 짐승(단7:3)을 보기도 했다. 선지자들이 본 환상이나 꿈 자체로는 이해하기가 어렵다. 때로는 말씀과 환상이 동일시되기도 했다(사1:1; 2:1; 암1:1; 합1:1). 하나님은 말씀을 통해서 선지자들이 본 것들의 의미를 분명히 이해하도록 설명해 주셨다.

◆ 선지자들의 임무

선지자들은 하나님의 말씀을 맡은 자들이 되었다. 하나님께서 말씀을 맡기신다는 것은 하나님 스스로를 낮추심을 의미했다. 피조물인 인간에게 전능하신 하나님의 말씀을 맡긴다는 것은 일종의 모험이었다. 말씀이 사람에게 계시될 때 하나님의 말씀은 엄청난 변화를 겪기 때문이다. 들을 수 없고 볼 수 없는 하나님의 말씀이 사람들이 이해할 수 있는 인간의 언어로 번역된다. 영원한 세계에 거했던 하나님의 말씀이 영원하지 않는 세계로 옮겨 온다. 인간의 문화를 초월해 계시는 말씀이 인간의 언어와 장소 안에 갇히게 된다. 하늘의 언어가 인간의 언어로 하나님의 종들을 통해 선포되면서 놀라운 변화를 겪게 되는 것이다. 하나님은 선지자들이 그 말씀을 듣고 받아들이게 했다. 그리고 받은 것을 성실하게 전달하도록 능력과 은혜를 주셨다(신4:2).

선지자들의 임무는 하나님의 말씀을 전하는 것에만 국한되지 않았다. 하나님은 선지자들에게 하나님의 말씀을 전하고 기록하라는 명령도 하셨다. 이사야는 서판에 "마헬살랄하스바스"라는 이름을 써야 했다(사8:1). 이사야는 증거의 말씀을 싸매며 율법을 제자들 가운데서 봉함하라는 명령도 받았다(사8:16). 예레미야 선지자는 서기관 바룩을 시켜 두루마리에 하나님의 메시지를 기록하도록 했다(렘36:1-4). 여호야김 왕이 그 기록된 말씀을 불로 태웠을 때(렘36:23) 예레미야는 여호와의 명령에 따라 그 말씀을 다시 기록해야했다(렘36:32).

하나님은 말씀을 선지자들에게 맡김에 있어 그들에게 하나님의 능력을 부여하심으로 준비시키셨다. 하나님의 말씀을 전함에 있어 자신들이 부적당하다고 항의하는 선지자들의 외침을 무효화 시키시고 그들이 모든 장애물들을 극복할 수 있도록 도우셨다(모세, 이사야, 예레미야, 에스겔 등). 말이 어눌하다고 하는 선지자에게는 말씀의 권위를 주셨다. 자신이 너무 어리다고 생각하는 자를 성숙하게 하셨다. 너무 약해서 반대를 직면할 수 없다고 여기는 자에게는 힘을 주셔서 반대를 직면하게 했다. 듣지 못하는 자들에게는 귀를 열어주셨다. 주저하는 자들에게는 기꺼이 행할 수 있는 담대한 마음을 주셨다. 하나님은 실제로 능력이 없고 가치가 없는 피조물들에게 말씀의 사역을 맡기시면서 하나님의 영을 부어주심으로 그들을 준비시켜 주셨던 것이다.

하나님은 선지자들이 말씀을 전할 때 함께 하실 것을 약속하셨다(출3:12; 삿6:16; 렘1:8,19). "내가 너와 함께 있다"는 말씀은 하나님이 선지자들이 가시밭길을 감에 있어 그들을 돕고 축복하고 능력을 주실 것을 의미했다. 하나님이 함께 하심은 선지자들의 여러 사역을 통해서 나타났다. 선지자들이 기적을 행하고 비판을 받고 반대를 직면할 수 있는 용기와 내적인 힘, 연약함을 극복하기 위한 열정과 인내의 자질을 가질 수 있었던 것은 하나님의 임재 때문이었다(겔3:8-9). 그러나 선지자들에게 있어 하나님의 임재는 숨겨진 실체였다. 선지자들은 하나님의 임재를 알고 느꼈지만 볼 수는 없었다. 선지자들이 많은 싸움과 유혹을 견디고 하나님의 사자로서 끝까지 고난을 받을 수 있었던 것은 하나님 자신이 먼저 고난을 받으셨기 때문에 가능했다. 하나님은 선지자들만 보내시는 것이 아니라 그들과 함께 가셔서 그들을 통해 말씀하셨다. 그리고 그들이 질 수 없다고 여겼던 무거운 짐을 먼저 지셨다. 그러므로 선지자들이 졌던 짐은 그렇게 무거운 것은 아니었다. 여호와 하나님이 그들과 함께 짐을 졌기 때문이다. 하나님의 임재는 선지자들에게 있어 진정한 힘이었고 승리의 비결이었다.

2. 선지자들이 처한 시대적 배경

선지자들은 하나님의 말씀을 전함에 있어서 다양한 방법을 통해 백성들에게 다가갔다. 하나님 자신은 변하지 않았지만 세대가 바뀌면서 그 상황에 따라 말씀이 항상 새롭게 적용되어야 했기 때문이었다. 각각의 선지자들도 그 정치적인 상황에 따라 그들이 알아들을 수 있는 용어로 하나님의 말씀을 전해야 했다.

◆ 앗수르의 위협 아래서

이스라엘에서 예후 왕조가 멸망하고 있을 때 앗수르는 새 왕의 등장과 함께 침체시기에서 벗어나 부활하기 시작했다. 앗수르가 정치적으로 약해져 있던 이스라엘의 여로보암 왕 2세 때와 유다의 웃시야 왕 때에는 평화를 유지하면서 경제적인 번영을 즐길 수 있었다. 문제는 그들이 누리고 있던 경제적인 혜택이 사회전체로 돌아가지 않고 있는 자들에게만 주어진데 있었다. 그 결과 지도층에 속하는 사람들은 사치스러움과 편안함을 즐겼던 반면에 사회의 많은 사람들은 불의와 가난함 속에 살아야 했다. 그러나 여로보암 2세가 죽으면서 이스라엘은 다시 불안한 시기를 맞이하게 되었다. 유다는 웃시야 왕의 통치가 끝난 후에도 이스라엘보다 더 오랜 기간 안전을 유지할 수 있었지만 그들의 영적 상태와 사회적인 문제는 이스라엘과 비슷한 상황이었다.

앗수르의 새로운 세력으로 떠오른 디글랏 빌레셀 3세는 공격적인 왕이었다. 그가 통치권을 잡으면서 앗수르가 정치적 안정을 되찾자 그는 서쪽으로 관심을 두기 시작했고 이스라엘과 유다가 그 대상이 되었다. 그 후 이스라엘과 유다는 앗수르의 왕 디글랏 빌레셀 3세부터 산헤립까지 다섯 번이나 공격을 당했다. 왕하 15:19-20에 기록이 된 첫 번째 공격은 디글랏 빌레셀에 의해 주전 743-738년에 있었다. 당시 이스라엘 왕 므나헴은 앗수르에게 천달란트의 은을 조공으로 바쳐야 했다. 두 번째 공격은 앗수르에 대항하기 위해 아람과 이스라엘이 동맹을 맺었을 때 있었다(사7:1-2). 유다가 이스라엘 왕과 아람 왕의 동맹에 대한 제의를 거절하자 이 두 왕은 군사를 이끌고 유다를 침략해 강제로 협력을 얻으려 했다. 이런 상황 속에서 하나님은 이사야를 아하스 왕에게 보내셨다. 그러나 아하스 왕은 이사야의 말을 듣기를 거부하고 대신 선전과 왕궁 곳간에 있는 하나님께 드린 금과 은을 취해 앗수르 왕에게 보내며 도움을 요청했다(왕하16:8). 그 결과 유다는 구함을 받지만 결국 앗수르의 꼭두각시가 된다. 앗수르는 아람을 완전히 파괴해서 이스라엘의 북부에 합병시켰고 백성들은 앗수르로 이주시켰다(왕하 15:29; 16:9). 계속해서 조공을 받기 위해 백성들을 살려두었지만 그들을 멀리 앗수르에 옮겼다. 앗수르는 포로민들의 민족의식을 약화시키고 반란의 기회를 차단시키기 위해 이주를 시켰던 것이다. 사마리아는 살멘에셀 5세가 주전 725-722년 사이에 감행한 세 번째 공격으로 인해 722년에 멸망했다. 아모스, 호세아, 미가, 이사야 선지자는 이스라엘의 멸망을 예언했었다. 네 번째 공격은 사르곤 2세에 의해 있었고(사20장) 다섯 번째는 산헤립에 의해 701년에 있었다(사36-37; 왕하 18:13-19:37; 미 4:6-13).

◆ 바벨론의 위협 아래서

유다의 히스기야 왕은 하나님을 신뢰함으로 앗수르의 굴레에서 벗어나 번영과 안전을 누릴 수 있었다. 그러나 히스기야를 이은 아들 므낫세 왕의 변절로 말미암아 다시 앗수르에게 종속되었고 유다는 하나님 앞에서 저지를 수 있는 모든 악을 행했다. 그로 인해 유다는 하나님의 심판아래 놓일 수밖에 없었다. 므낫세의 통치가 끝날 무렵 아슈르바니팔의 죽음과 함께 앗수르도 세력이 약해졌고 결국 주전 612년 니느웨는 멸망하게 되었다. 앗수르의 몰락으로 고대근동에 힘의 공백 상태가 생기면서 바벨론이 신 세력으로 등장하게 되었다. 애굽 왕 바로는 국제적인 수송통로에 대한 통치권을 확보하기 위해 앗수르에게 빼앗겼던 영토를 확장하기 위해 출정을 감행했다. 이 출정을 제지하기 위해 므깃도에서 유다의 요시야 왕이 맞서 싸우다 609년에 죽음을 당했다. 요시야 왕이 죽자 애굽의 느고 왕은 유다의 섭정 왕으로 여호야김을 왕좌에 앉혔다. 국제무대에 새로운 세력으로 떠오르던 바벨론은 남아있던 앗수르의 세력을 전멸시키고 605년에는 애굽과의 갈그미스 전투에서 결정적인 승리를 거둔다. 그 결과 유다는 느부갓네살의 통치권으로 들어가게 된다. 이런 불안전한 국제 정치의 무대에서 유다는 애굽과 바벨론 사이를 오가면서 변덕스런 충성을 보이게 된다. 결국 예루살렘은 바벨론으로부터 605년, 597년, 586년 세 번의 공격을 받게 된다. 주전 605년의 처음 공격에서 느브갓네살 군대는 유다 예루살렘 성의 다른 귀족들과 함께 다니엘과 그 친구들을 포로로 잡아갔다. 주전 597년에 예루살렘이 다시 포위되었을 때는 3,023명의 유대인들이 잡혀갔고 그 중에 에스겔이 있었다. 바벨론은 주전587년에 예루살렘을 포위하기 시작해서(렘52:4) 586년에는 성을 함락시켰다. 솔로몬 성전은 파괴되고 수많은 보물이 약탈당했다. 그리고 법궤도 잃어버리게 되었고 백성은 바벨론으로 포로로 끌려갔다. 도망치려던 시드기야 왕은 여리고 평원에서 체포되어 아들이 처형되는 것을 마지막으로 보고 두 눈이 뽑혀 바벨론으로 끌려가 죽음을 당했다. 유다가 멸망한 것이었다. 새롭게 떠오른 별 바벨론은 고대근동의 새로운 세력이 되어 주전 540년 페르시아가 등장할 때까지 통치하게 된다.

유다의 멸망은 이스라엘 백성들의 존재의 이유를 철저히 짓밟은 사건이었다. 영원할 것이라고 믿었던 다윗 왕조가 끝이 났고 유다 왕 다윗의 자손은 유배를 당했다. 그들에게 안전을 보장했던 결코 망하지 않을 것이라 믿었던 예루살렘 성이 함락되었다. 하나님의 임재를 상징했던 예루살렘 성전이 파괴되었다. 기술자들과 지도자들이 죽거나 포로로 끌려갔다. 이스라엘 백성들에게 정체성을 부여해 주고 의미를 제공하고 안전을 보장해 주었던 모든 것들이 사라져 버렸던 것이다. 그러므로 포로가 되어 살아가는 이스라엘에게 있어 가장 견디기 힘든 것은 이스라엘의 하나님 여호와에 대한 신뢰였다. "이스라엘이 이런 고통을 당할 때 그들이 믿었던 하나님은 무엇을 하셨단 말인가? 아니 그들이 믿었던 이스라엘의 하나님이 강하고 믿을만한 분이었던가? 만일 강하고 믿을 만한 분이었다면 왜 이런 패배를 허락하셨는가? 포로가 된 이 상황에서 아직도 희망이 남아있는가? 어떻게 이 포로의 상황을 넘어서서 하나님의 선택받은 백성으로서 존재할 수 있는가?" 하는 질문들이 포로기를 살아가는 신앙공동체의 중요한 이슈가 되었다.

◆ 고레스 왕의 통치 밑에서

주전 562년에 느부갓네살 왕이 죽으면서 바벨론의 세력은 급격히 쇠퇴하기 시작했다. 쇠퇴해 가는 바벨론에게 가장 큰 도전이 되었던 것은 메데였다. 바벨론의 왕 니보니두스는 자신의 어머니가 섬기던 달 신을 섬겼다. 달 신에 대한 충성심으로 그는 하란에 있는 달 신의 신전을 복구하기 원했으나 그 지역을 지배했던 메데의 간섭으로 그 계획은 좌절된다. 그러자 니보니두스 왕은 메데의 지배아래 있었던 바사(페르시아)와 동맹을 맺고 도움을 요청한다. 당시 바사의 지도자는 고레스였다. 바벨론 왕의 요청에 따라 바사가 메데에서 문제를 일으키자 메데는 본국을 지키기 위해 결국 하란에서 철수한다. 그 후 바벨론이 바사와 맺었던 동맹을 먼저 깨뜨리자 바사는 원정을 감행해 메데뿐 아니라 근동의 대다수의 지역을 통치하기 시작한다. 결국 바벨론도 539년에 함락되고 바사의 고레스는 고대 근동의 새로운 통치자로 부상하게 된다. 538년에 고레스 왕이 등장하면서 포로로 살아가든 민족들에게 귀환할 수 있다는 칙령을 반포한다. 그 결과 바벨론에 유배되었던 유대인들이 예루살렘으로 돌아가게 되고 성전 재건도 허락을 받는다. 유다의 총독으로 세스바살이 임명되었고 성전의 터가 놓인다. 그러나 자연적인 재해와 정치적인 긴장은 성전 재건의 꿈을 안고 돌아온 포로민들의 열정을 사라지게 만든다. 결국 530년에 고레스 왕의 죽음과 함께 성전재건을 통한 시온의 회복 운동은 끝이 난다. 수년이 지나 성전재건에 대한 열망이 다시 시작된 것은 다리우스 1세가 왕위에 오르면서부터이다(주전 522년). 다리우스가 통치하면서 정치가 안정되자 중단되었던 성전재건에 대한 허락이 다시 이루어지고 주전 515년에 드디어 제 2성전이 완성된다.

3. 앗수르의 위협 아래서 심판을 선언한 선지자들

이스라엘과 유다의 선지자들은 하나님의 백성들이 이방 나라의 포로가 되기 전에 하나님의 심판의 메시지를 전했다. 앗수르의 위협 아래서 이스라엘과 유다의 멸망을 외친 선지자들은 아모스, 호세아, 이사야, 미가가 있다.

◆ 아모스

심판을 처음 선언한 아모스는 주전 760 년경에 활약한 선지자로 유다에서 이스라엘로 보냄을 받은 선지자였다. 아모스는 전형적인 선지자가 아닌 뽕나무를 재배하는 목자였다(1:1; 7:14). 아모스는 유다에 살았지만 위험한 상황을 맞이할지도 모르는 북 이스라엘로 보냄을 받았다. 아모스 선지자는 하나님의 이름으로 약자들을 압제하는 사회에 대해 큰 소리로 외치면서 심판을 선언하는 선지자들의 원형이 되었다.

아모스는 요아스의 아들 여로보암 왕이 이스라엘을 통치하고 있을 때(주전 787-747년)에 보냄을 받았다. 이 시기는 앗수르의 세력이 약해지면서 북 이스라엘이 정치. 경제적으로 안정을 누리고 있던 때였다. 북 이스라엘은 계속된 전쟁에서 승리를 거두어 영토를 확장했고 무역도 성공적이었다. 왕실은 부유했고 남 유다와도 평화로운 관계를 유지했으며 모든 것이 번영을 이루던 나가던 때였다. 그러나 그런 부유함 뒤에는 도덕적이고 윤리적인 부패가 만연했다. 사회에서 부의 분배가 공정하게 이루어지지 않으면서 부자들은 더 부자가 되고 가난한 사람들은 더 가난해 지는 상황이었다. 이 모든 불의는 성전을 중심으로 형성된 제사장과 지도자 계급이 조장하고 있었다. 아모스는 이런 불의와 폭력, 불법과 무질서가 횡행하는 사회를 향해 하나님의 심판을 전했다. 아모스는 형식적으로 예배를 드리기 위해 사마리아에 있는 귀족과, 벧엘과 길갈의 제사장 그리고 산당에 제사를 드리기 위해 모여든 사람들 앞에 서야만 했다. 메시지의 내용은 여로보암 2세와 북 이스라엘 왕국에 대한 하나님의 심판에 관한 것이었다. 하나님은 백성들을 벌하기를 원치 않으셨지만 그들이 잘못된 행위에서 돌이키지 않는 한 심판을 거둘 수 없었다.

1장과 2장에 아모스의 심판의 메시지가 담겨있다. 아모스는 연례적으로 행하는 절기 중에 벧엘에 있었던 것 같다. 이 절기는 아마도 여로보암 1세가 자기 마음대로 8월 15일에 벧엘에서 지키도록 만든 유다의 장막절과 비슷한 절기였을 것이다(왕상12:32-33). 이 연례 절기에 모인 군중들은 유다에서 온 선지자가 이방 나라에는 심판을, 이스라엘에는 축복의 메시지를 가져왔을 것으로 기대했다. 아모스 선지자는 그들이 기대하던 바대로 다메섹(1:3-5), 가사(1:6-8), 두로(1:9-10), 에돔(1:11-12), 암몬(1:13-15), 모압(2:1-3)과 같은 이웃 나라들의 죄를 열거하며 그들의 잔인함 때문에 하나님의 심판을 받을 것임을 선포했다. 이스라엘도 하나님께 그들보다 더 큰 은혜를 받았기에(2:9-10) 그 심판은 더욱 더 클 것임을 선포했다(2:13-16).

3장은 이스라엘을 사랑했던 하나님의 큰 실망에 대한 표현으로 시작된다(3:2). 아모스는 이스라엘 자손들에게 원인과 결과의 형식으로 질문하면서 하나님의 말씀을 설명한다(3:3-8). 모든 것은 그냥 일어나지 않는다. 자연과 역사가 그것을 증명한다. 아모스의 비난은 수사학적인 질문으로 절정에 이른다. "사자가 부르짖은즉 누가 두려워하지 아니하겠느냐 주 여호와께서 말씀하신즉 누가 예언하지 아니하겠느냐"(3:8).

아모스의 심판의 메시지는 왕의 성소가 있는 사마리아에서도 선포되었다(3:9-4:3; 6:1-14). 심판의 주제는 이스라엘 왕국의 멸망이다. 그들이 사모하는 여호와의 날은 빛의 날이 아니라 완전한 어두움과 압도하는 재난의 날이 될 것이다(5:18-20). 이스라엘은 공격을 당할 것이며(3:11; 6:14) 사마리아 성은 멸망할 것이다(3:11,12,15; 6:6,11). 지도자들은 죽거나 포로로 끌려갈 것이다(4:2-3; 5:27; 6:7). 하나님은 거룩한 장소들도 남겨두지 않을 것이다(3:14; 5:5: 7:9). 그러나 이스라엘 자손이 여호와를 다시 찾으면 살리라는 경고와 찬양도 섞여있다(4:13; 5:8-9; 9:5-6).

이스라엘을 향한 하나님의 심판은 이유가 분명했다. 선택받은 하나님의 백성들은 특권을 누리기도 했지만 거기에 따른 책임도 있었다. 하나님은 이스라엘이 진정으로 건강한 공동체, 누구나 조화롭고 평화롭게 살 수 있는 공동체가 될 것을 기대하셨다(암3:1-2; 출4:22; 출19:5-6). 주위의 이웃 나라들은 이스라엘이 정말 그런 부르심을 받은 공동체로 살아가는가? 를 지켜보는 증인이었다. 이스라엘이 하나님과 맺은 언약 백성으로서의 삶을 충실하게 살아간다면 모든 민족들이 따를 수 있는 공동체가 될 수 있었다. 그러나 언약 백성으로서의 삶을 거절했을 때 이스라엘은 죽음을 경험할 수밖에 없었다(암5:16-17). 아모스는 공동체를 향해 지도자들이 가난한 자를 압제하고 약한 자를 학대하기 때문에 신앙의 공동체가 죽어가고 있다고 비난했다(3:9-10; 4:1; 5:10-12). 아모스는 계속해서 부정과 불의가 만연한 사회 구조(5:7; 6:12), 사치스런 삶의 양식(4:1; 6:3-6), 힘에 대한 자만(6:13), 하나님의 보호하심에 대해 감사치 않음(4:6-13), 위선적인 신앙(4:4-5)을 공격했다. 벧엘과 길갈 성소에서의 예배가 더 이상은 이스라엘의 안전을 보장하지 못할 것이라고 외쳤다. 왜냐하면 그들의 예배는 하나님께서 일상의 삶을 통해 백성들에게 요구하시는 것을 전혀 고려하지 않았기 때문이다. 진정한 예배는 공동체에서 정의와 공의가 이루어지는 것이었다.

이스라엘의 재난이 임박했음을 알리는 다섯 개의 환상이 7-9장에 나온다: 메뚜기(7:1-3); 불(7:4-6); 다림줄(7:7-8); 과일 한 광주리(8:1-3); 제단 곁에 서신 여호와(9:1-4). 그러나 그 일이 일어나는 시점과 방법은 알리지 않는다. 환상을 본 아모스는 하나님께 그 재앙을 거두어주실 것을 요청한다(7:2,5). 그러나 세 번째 환상부터는 아모스는 더 이상 중보기도를 하지 않는다. 이스라엘의 멸망이 확정된 것임을 알았기 때문이다(8:8-9). 아모스는 왕의 성소와 여로보암의 집을 대적하는 자라고(7:9) 벧엘에서 쫓겨난다(7:10-17). 이곳에서 볼 수 있는 한 가닥 빛은 심판을 통해 하나님은 그의 백성을 구원하실 것이라는 약속이다(9:8-10). 하나님은 은혜와 심판의 하나님이시며 하나님의 최후의 목표는 구원이다(9:11-15).

◆ 호세아

아모스 이후에 하나님은 이스라엘에게 또 다른 선지자를 보내셨다.

이번에는 다른 곳이 아닌 이스라엘에 살고 있는 호세아였다. 브에리의 아들로 알려진 호세아 선지자는 주전 여로보암 2세가 통치하던 때부터(주전 750년경) 사마리아가 앗수르에 의해 멸망하던 때까지(주전 722년) 활동한 것으로 추정된다. 나라의 힘을 키우고 부강하게 했던 여로보암 2세가 죽자 북왕국 이스라엘은 왕위를 차지하려는 여러 번의 쿠데타로 인해 왕이 자주 바뀌게 되는 혼란한 상태가 지속된다. 설상가상으로 잠시 약해져 있던 앗수르가 디글랏빌레셀의 등장으로 이스라엘이 다시 위험한 상황이 된다. 이런 불안한 국제적인 상황을 극복하기 위해 이스라엘 백성들은 가나안의 신들을 더 열렬히 섬기게 된다. 이런 상황에서 호세아는 하나님을 배신하고 매춘을 행하는 이스라엘처럼 호세아도 매춘부와 결혼을 하라는 명령을 받으면서 그의 사역이 시작된다.

"브에리의 아들"(1:1)로 소개된 선지자 호세아의 이전의 삶이나 배경에 대한 정보는 주어지지 않지만 그가 사용하는 방대한 지식(8:1, 12; 9:10; 12:3-4, 14; 13:5)으로 보아 최고의 지식층에 속한 것으로 추정된다. 호세아 선지자는 하나님의 명령에 따라 음란한 여인 고멜과 결혼에서 세 자녀를 낳았다(1:2). 선지자로서의 호세아의 삶과 예언은 이스라엘에게 부정적인 것이었기에 그는 어리석고 미친 자라고 조소를 당한다(9:7-8).

아모스처럼 호세아도 이스라엘에게 하나님의 심판의 메시지를 사마리아와 왕의 성소에서 왕족과 제사장들과 귀족들에게 전했다. 그는 말씀을 전함에 있어 이스라엘의 존재의 기본이 되는 선조들의 선택, 출애굽, 광야, 비옥한 땅에 대한 선물과 같은 이스라엘 신앙의 역사적 전통을 인용하고 있다. 그들이 심판을 받는 것은 여호와 하나님을 거절했기 때문이었다. 호세아는 여호와를 거절한 이스라엘을 부정한 아내에 비교했다. 호세아 선지자는 때때로 유다를 언급하기도 했지만(5:10) 직접적으로 유다를 심판하지는 않았다.

처음 1-3장의 주제는 불성실한 아내로서의 이스라엘을 강조한다. 호세아는 자신이 전하는 메시지의 내용대로 살아야 했다. 호세아는 처음에 고멜의 자질이 부족함에도 불구하고 그녀를 아내로 맞이했다. 마치 하나님이 모든 것이 부족한 이스라엘을 선택하신 것과 같았다. 하나님은 고멜에게 주신 세 자녀들에게 "이스르엘"1), "로루함마"2), "로암미"3)라는 이상한 이름을 지어주심으로(1:2-9) 이스라엘에 대한 심판을 알리셨다. 호세아는 하나님과 이스라엘 백성과의 관계를 보여주기 위해 고멜이 간음을 했을 때 고멜을 사와야 했다. 고멜에게는 더러웠던 삶을 포기하고 호세아에게만 속해 있을 것을 요구했다(3:1-5).

호세아 1-3장에는 세 가지 말씀이 담겨있다. 첫 번째의 말씀(1:10-2:1)에서 하나님은 유다를 포함한 하나님의 백성이 회복될 것임을 보여준다. "로암미"가 "암미"가 될 것이다. 두 번째 말씀(2:2-13)에서 하나님은 남편으로서 불성실한 아내를 고발하고 선고를 내린다. 그러나 세 번째 말씀(2:14-23)에서는 이스라엘에 대한 하나님의 사랑 때문에 이스라엘을 회복시킬 것을 약속하신다. 여호와는 이스라엘을 광야로 불러내어 다시 구애할 것이다(2:24-25). 심판이 임박하지만 하나님은 그의 사랑을 포기하지 않는다. 매춘부가 된 아내를 책망해야 하는 남편의 실망은 가혹한 것이지만 처음 관계를 회복시키기 위해 투쟁하는 그 사랑은 너무나 강한 것이다(2:18-19). 호세아는 하나님께서 이스라엘을 사랑하시듯 고멜을 사랑해야만 하는 투쟁에 스스로 참여하고 있는 것이다.

호세아 4-14장은 고발, 선고, 희망과 관계된 동일한 문제들을 좀 더 다양하게 표현하고 있다. 하나님은 이스라엘 땅에 진실도 없고 인애도 없고 하나님을 아는 지식도 없다고 고발하신다(4:1-3). 이 고발은 제사장들이 백성들이 하나님을 버리고 음행하도록 만든 제사장들에 대한 선고이다(4:4-19). 5:1-7은 여호와를 알지 못하는 방자한 리더들에 대한 책망과 심판을 퍼붓는다. 5:8-15과 6:1-6에서 에브라임과 유다 사이의 전쟁에서 무질서가 강조된다. 이스라엘의 지배자들은 도움을 위해 헛되이 앗수르(5:13)에게 가고 그동안 섬기지 않았던 여호와(6:1-3)를 찾는다. 에브라임은 하나님을 배신했고 정치적으로도 신실하지 못했다고 비난을 당한다(6:7-10; 7:1-16). 비슷한 고발이 8:1-14에도 있다. 왕에 대한 공격은 아마도 그 당시의 정치적인 상황을 반영하는 것 같다.

호세아는 명절과 여호와의 절기의 날에 메시지를 전하지만(9:1-9) 백성들은 그 메시지를 듣지 않는다(9:7). 9:10-17은 과거의 이스라엘의 광야의 삶을 암시하며 에브라임의 심판을 알린다. 하나님은 사마리아의 제단과 우상을 허실 것이다(10:1-10:8). 에브라임이 심판을 당할 것이다(10:9-15). 이스라엘은 애굽에서부터 하나님의 선물을 거절했지만 여호와는 심판 중에도 그의 백성들에게 자비를 베푸실 것을 약속하신다(11:1-11). 이스라엘이 야곱과 비교되고 있다(11:12-12:14). 에브라임의 죄의 깊이 때문에 용서는 기대할 수 없지만(13:1-14:1) 그래도 회개하면(14:2-9) 회복이 있을 것이다(14:5-9).

호세아는 완전한 이스라엘의 죽음을 전한다(8:13; 9:3; 11:5). 땅이 황폐하게 될 것이고 성은 파괴될 것이다. 가난한 자나 부자, 늙은이나 젊은이 모두 죽을 것이다. 백성들은 이제 나의 백성이 아니고 나의 아내도 아니다. 이스라엘이 이렇게 된 것은 그들이 여호와를 거절했기 때문이다. 에브라임은 간음을 했고 속이고 반역했다. 배신이 일상의 삶이 되었고 모든 관계는 정직하지 못하다. 하나님과 바알이 함께 예배의 대상이 되고 있다. 학대와 압제가 만연하고 에브라임은 유다나 이웃의 다른 백성들보다 더 악했다. 하나님이 원하는 것은 희생제물이 아닌 인애이며 하나님을 아는 것이었지만 모두 하나님을 잊었다. 그러므로 그들은 현재의 모든 것을 다 빼앗길 것이다(8:13; 11:5). 그래야 처음 출발했던 그 곳으로 다시 돌아갈 수 있기 때문이다.

호세아는 이스라엘 백성 모두가 회개하고 원점으로 돌아와 하나님을 기다릴 것을 요청했다(12:6). 하나님이 원하시는 것은 절대적인 충성이다(6:6). 백성들이 그들의 고난에서(5:15) 하나님을 진지하게 찾기 위해서는 먼저 마음에 있는 단을 헐어야 한다(10:2). 호세아는 하나님의 심판을 받고 회개하는 자들에게 약속의 말씀을 주었다. 하나님의 긍휼하심은 이스라엘이 다시 새롭게 시작하고 미래를 꿈꿀 수 있게 할 것이다(1:10; 2:21-23; 11:9-11; 14:5). 그들의 미래를 위해 여호와를 아는 지식(6:6)은 필수불가결한 것이다(2:20). 하나님의 은총은 이스라엘이 하나님을 처음 경험했던 장소인 광야로 그들을 다시 데려가 새로이 하나님의 아내로 맞아들이실 것이다(2:14-16).

◆ 이사야

하나님은 유다에게도 이사야라는 선지자를 보내셨다. 이사야는 호세아가 이스라엘에서 사역을 하고 있을 때 예루살렘에서 하나님의 말씀을 선포하기 시작했다(주전 740년). 이사야는 요담(주전 740-733년)왕과 아하스(주전733-714년) 왕 그리고 히스기야(주전714-696년) 왕의 통치 밑에서 약 40년을 활동했다. 이사야가 지배 계급과 친밀한 관계를 가지고 있었던 것으로 보아 아마도 그 가족은 예루살렘에서 큰 영향력을 가지고 있었던 것 같다. 이사야 선지자는 아하스 왕과는 긴장의 관계 속에 있었지만 히스기야 왕에게는 인정받는 조언자였다. 이사야의 메시지 속에는 이스라엘과의 전쟁(주전 733년), 사마리아의 멸망(주전 722년), 그리고 점점 커가는 앗수르의 확장에 대한 압력으로 인한 결과(주전 701년)들의 흔적이 남아있다. 이러한 위기들이 1-39장에 그대로 반영되어 있다.

1-39장은 유다와 예루살렘에 대한 예언(1-12), 열국에 대한 신탁(13-23), 마지막 날에 대한 신탁과 찬송(24-27), 유다와 예루살렘에 관계된 예언(28-35), 열왕기하 18장과 비슷한 역사적인 사건(36-39)을 담고 있다.

이사야의 소명은 웃시아 왕이 죽던 해(주전 742년)에 왔다(6:1). 웃시야와 요담이 다스리던 때 유다는 정치적으로 안정된 시기를 보냈다. 경제적으로도 비교적 풍요로운 삶을 살면서 지도층들의 부정부패가 난무하게 되고 가난한 자들은 불의를 당하게 된다. 이사야는 북 이스라엘에서 아모스와 호세아가 그러했듯이 지도층의 교만과 탐욕을 고발하고 심판을 선언한다(1-12장).

1장은 주전 701년의 산헤립의 침략으로 인해 유다가 황폐하게 된 사건과 관계가 된다(왕하18:13-19:36). 선지자는 여호와께 반역하는 백성들에 대한 고발로 시작을 하며(1:2-3) 전쟁으로 인해 예루살렘을 제외한 나머지 유다 땅의 황폐함을 탄식하고 있다(1:4-9). 위선적인 제사가 정죄를 당하고(1:10-17) 더럽혀진 여호와의 성읍을 깨끗하게 하실 것을 선언하고 있다(1:18-26). 하나님의 요구에 순종한 자들은 구원을 약속 받지만 불순종하는 자들에게 심판은 불가피한 것이 될 것이다(1:27-31).

2:6-4:6의 초점은 임박한 여호와의 날이다. 말일에 여호와 전의 회복에 대한 약속이 첨가된다(2:2-5). 시온은 모든 민족을 끌어들이는 산이며 하나님의 말씀이 있는 왕국이 되게 하는 곳이다. 하나님의 통치가 살아있는 곳이 시온이다. 교만과 거만과 자고함(2:12)은 여호와가 전 우주를 통치하심을 반대하는 것이다. 유다의 교만은 하나님의 뜻을 고려하지 않는 인간적인 계획을 세우는데 있다. 유다가 의지하는 모든 사회적인 기반이 제거될 것이다(3:1-12). 하나님은 가난한 자들을 변론하는 자가 되어 법을 악용해 탈취를 행하는 지도자들을 심문하러 오신다(3:13-15). 그리고 사치스런 삶을 사는 시온의 여인들(3:16)을 심판하시지만 회복의 약속도 하신다(4:2-6).

이사야의 고발이 5장에 담겨있다. 이사야는 가난한 자들의 땅을 부정한 방법으로 탈취해 자신의 소유를 늘린 지주들과 향연과 술취함 뒤에 있는 백성의 교만에 대해 고발했다. 자신이 최고인줄 알았던 그들의 결과는 사로잡힘이다(사 5:21; 13).

6:1-9:7에서 이사야는 북 이스라엘과 아람이 동맹을 맺어 유다를 공격할 때(주전 733년)의 자신의 경험을 묘사하고 있다. 6장에 이사야의

소명이 기록된다. 이사야는 세상 안에 완전하게 거하시는 하나님을 경험하고 거룩한 부르심에 응답했다.

7장에는 아하스와의 만남과 임마누엘 탄생이 약속되고 있다(7:1-25). 이 당시의 위기는 아하스가 앗수르에 대항하기 위한 군사 동맹에 가입하기를 거부하자 동맹을 맺은 아람과 북 이스라엘이 유다를 공격한 것이다(7:2). 이사야는 앗수르에게 조공을 바침으로 사태를 수습하려는 아하스에게 앗수르 밑에 들어가지 않아도 앗수르는 어차피 북 왕국을 처벌할 것임을 선포한다. 이것을 위해 아하스가 증표를 구할 것을 요청했지만 아하스는 믿기를 꺼려함으로 하나님께서 증표구하는 것을 거절했다(7:11-12). 이사야는 임마누엘의 신탁과 함께 하나님의 계획은 아하스가 무슨 짓을 하든 상관없이 성취될 것이라고 선포한다(7:14-25). 여호와께서 모든 역사를 지배하시기에 하나님을 신뢰하지 않고 세운 인간의 계획은 쓸데없는 것이 될 것이다.

8장에서 앗수르에 의한 북 이스라엘의 완전한 멸망이 예언되고 마헬살랄하스바스라고 이름을 지은 이사야의 아들이 그 증표가 된다(8:1-4). 기묘사, 묘사, 영존하시는 아버지, 평강의 왕의 오심은 백성의 삶을 어둠에서 빛으로 변화시킬 것이다(9:1-7).

9:8-11:16은 "그럴지라도 여호와의 진노가 돌아서지 아니하며 그의 손이 여전히 펴져 있으리라"는 반복되는 후렴과 함께 이스라엘을 심판하실 것을 선언하신다(9:8-10:4). 하나님의 도구가 되었지만 정의를 행하지 않은 앗수르 사람의 잔인성과 교만함도 심판받을 것이다(10:5-9,

13-15). 그러나 이새의 그루터기에서 나온 미래의 왕이 공의와 정의를 행할 것이다. 하나님을 경외하는 이 왕으로 인해 인간뿐만 아니라 자연 세계에도 평화가 오게 될 것이다. 그리고 이스라엘의 남은 자도 사방에서 몰려오게 될 것이다(10:20-27; 11;11-16).

13-23장에는 이방민족을 향한 신탁들이 여러 개 나온다. 스스로 신이라 주장하는 계명성이라 불리는 바벨론 왕이 심판을 받을 것이다(13-14장). 미래에 바벨론이 멸망한다면 현재의 앗수르의 멸망은 그리 멀지 않았다(14:24-27). 블레셋과, 모압도 심판의 대상이었다(14:28-16:14). 아람과 이스라엘도 앗수르에 의해 망하게 될 것이다(17:1-14). 앗수르를 대항할 음모에 유다가 가입할 것을 권유하기 위해 온 구스의 사신에게 하신 말씀이다(18:1-7). 이사야는 애굽의 멸망과 앗수르에 대항하기 위해 유다가 애굽과 동맹을 맺는 것을 반대하는 예표를 몸으로 보여준다(19-20장). 예루살렘에 대한 심판(22:1-14)과 왕궁을 맡은 유다의 관리들에 대한 심판(22:15-25)이 선언된다.

24-27장은 종말론적인 심판과 구원을 찬양하는 노래로 구성된다. 여호와께서 모든 민족을 가리운 죽음의 면박을 거두실 날을 찬양한다(25:7-8). 하나님은 이스라엘의 죄를 제거하시고 이스라엘 백성들은 하나님을 그들의 하나님으로 인정할 것이다(25:8-9). 하나님께서 그의 백성들에게 승리를 주시고 모압은 이스라엘이 새로운 약속의 땅으로 가는 길에 더 이상의 장애물이 되지 않을 것이다(25;10-120. 26장은 이스라엘을 위해 준비된 견고한 성을 찬양하는 또 다른 구원의 찬양이다. 다시 살아난 백성들이 과거에 성에서 역사했던 죽음으로 인해 쫓겨

났던 것과 같은 일은 없을 것이다(26:14, 19). 그러므로 여호와의 백성들은 하나님의 분노가 지나기까지 기다려야 한다(26:20-21).

28-35장은 앗수르로 인한 위기가 배경이다. 죄의 주제가 "화 있을진저"의 반복으로 강조되고 있다(28:1; 29:1; 30:1; 31:1). 사마리아와 에브라임에 대한 신탁(28:1-4) 후에 예루살렘에 대한 위협이 있다(28:7). 주춧돌(28:16), 하나님의 심판에 대한 지혜에 관한 명령(28:23)이 포함된다. 그리고 아리엘(예루살렘)이 침략당할 것(29:1)이 예언된다. 보지 못하고 듣지 못하는 하나님의 백성들에 대한 책망이 있다(29:9-10). 이들은 입으로는 하나님을 공경하나 마음은 멀고(29:13-14) 자신들이 하나님보다 더 영리하다고 생각한다(29:15-16).

이사야는 앗수르를 거역하기 위해 애굽을 도움을 요청하는 히스기야의 정책에 대해 비판한다. 라합(애굽)은 도울 수 없음에도(30:6-7) 백성들은 어리석어서 하나님의 말씀을 듣지 않고(30:8-11) 악을 행하는 것에 의지한다(30:12-14). 그들에게 있어 아무 것도 하지 않고 여호와를 신뢰하라는 하나님의 외침은 들리지 않는다(30:15-17). 그래도 여호와는 간섭하실 것이다. 예루살렘이 공격을 당하도록 허락하시지만 멸망하게 하지는 않으실 것이다(31:4). 마지막 심판(32:9-14)은 암울하지만 회복에 대한 위로와 약속의 말씀이 따른다. 34장과 35장은 28-33장의 절정이다.

36-39장은 왕하 18:13-20:19의 기록과 평행을 이룬다. 36-37장은 주전 701년에 산헤립이 예루살렘 성을 공격하지만 실패로 돌아간 것에 관한 것이다. 38장은 병든 히스기야의 회복을, 39장은 므로닥발라단이

보낸 바벨론의 사신들과 관련해 바벨론으로 유배를 당할 것을 예언한다.

이사야 40-55장은 포로기 생활에 대한 구체적인 언급은 없지만 바벨론 땅에서 포로로 살아가는 자들에게 다가오고 있는 구원에 대한 메시지이다. 선지자는 예루살렘을 위로하기 위한 특별한 소명을 받는다(40:1이하). 하늘의 목소리가 구원의 메시지를 선지자에게 위탁한 것이다. 이사야는 백성들에게 두려워하지 말라고 외치면서 바벨론에 유배되어 자신들의 믿음을 이방의 것과 타협하면서 살아가고 있는 백성들에게 다가올 구원을 설명한다. 하나님은 그들이 당한 곤경에서 구원하실 수 있는 능력을 가지신 분이시다(40:21-23; 27-28). 하나님이 분노를 돌이키셨고 백성들의 죄를 용서하셨다(사42:18-20,24). 포로 된 자들은 이제 그들의 땅으로 돌아갈 수 있을 것이고(54:7-8) 예루살렘은 세계의 중심으로 다시 회복될 것이다(44:26-28). 하나님은 모든 적들의 저항에도 불구하고 그의 백성들을 귀환하게 할 것이다(40:6-8).

이사야를 통해 보여준 포로들의 상황은 너무 절망적이다. 그들은 버러지 같은 야곱과 기생충 같은 가난한 이스라엘이라고 불렸다(사41:14). 그들은 남은 자들로(46:3) 실제적으로 불쌍했고 가난했다(41:17). 그들은 죄수로 잡혀온 자들이었고 어둠 속에 있는 자들이었다(49:9). 그들은 노동으로 인해 더위와 볕에 상했고(49:10) 버려진 아내와 같았다(54:6). 그들은 아직도 고집스럽고 구원으로부터는 멀리 떨어져 있다(46:13). 그러나 하나님은 그들을 이름으로 부르셨다. 그들은 나의 백성(51:16), 내가 택한 나의 종(41:8-9)이라고 선언하셨다. 내가 그들을 만들었기에 나의 소유가 되었다(43:1-2)고 선포하셨다. 하나님은 자신을 만군의 여호와(54:5), 야곱의 전능한 자(49:26), 이스라엘의 거룩하신 이(41:14), 창조자(43:1), 구속자(41:14), 구원자(43:3)라고 밝히신다. 처음부터 하나님은 신실하셨고(49:7) 이스라엘을 사랑했다(43:4)고 고백하신다.

예언의 핵심은 하나님의 구원에 대한 약속이다. 구원의 확신은 맹세의 형태로 이루어진다(41:10,13,14; 43:1,5; 44:2; 51:12; 54:4). "이전 일을 기억하지 말라"는 부르심은 아마도 두려워하지 말라는 권고일 것이다(43:18). 백성들은 이미 가버린 날들에 머물지 말아야 한다. 여호와는 애굽으로부터 백성들을 해방시키셔서 광야를 거쳐 가나안으로 인도하셨고 하나님의 처소로 예루살렘을 선택하셨다. 그러나 이스라엘 백성에게 예루살렘은 멸망했고 여호와는 패배한 신이 되었다. 이러한 우울한 상황에서 이스라엘 백성들에게 필요한 것은 출애굽의 재현이었다(43:5, 19; 42:16; 46:13). 바벨론의 신들이 여호와보다 더 강해서 패배했다고 생각하는 포로들에게 이사야는 새로운 출애굽을 선언했다(사 43:16-19). 이 새로운 출애굽은 옛 출애굽을 무색케 할 것이다(사 51:9-11). 이 새로운 출애굽으로 말미암아 하나님의 이름은 하나님의 백성들에 의해서만 찬양받을 뿐만 아니라 그를 알지 못하는 열국과 심지어는 하늘과 땅에 의해서도 찬양받을 것이다(49:13;50:2). 그리고 여호와가 하늘과 땅의 진정한 주인이시며 그 누구와도 비교할 수 없는 분임을 알 것이다(사45:5,18). 그 증거로 여호와 한분만 앞일을 미리 말할 수 있다(44:24; 41:21-24). 증거가 필요하면 눈을 들어 하늘을 보고 그 안에 있는 모든 것을 창조하신 분이 누구인가를 생각해 보라(40:26). 여호와는 이스라엘을 창조하셨고 구원하셨다. 하나님이 과거에 출애굽을 시키셨다면 왜 또 다시 하시지 않겠는가? 그러나 바벨론의 신들은 인간의 손으로 만든 우상 들이다(40:18-20; 41:6-7). 미련한 사람들만이 그들을 구원할 수 없는(45:20) 형상을 믿는다(42:17). 여호와는 다함이 없는 사랑으로 이스라엘을 구원할 것이다(54:8). 그들에게 현재의 재난이 임한 것은 그들이 악했기 때문이다. 여호와는 고난의 용광로를 통해 그 백성들을 정화시키고 계신 것이다(48:10). 그러나 가장 힘든 시간들 가운데서도 여호와의 사랑은 변하지 않을 것이고 평화의 언약은 흔들림이 없을 것이다(54:10).

여호와는 믿기를 주저하는 포로들에게 믿을 수 없던 과거의 예언도 성취되었음을 상기시킨다(42:9). "나의 생각은 너희 생각이 아니고 너희 길도 나의 길이 아니다(55:8-9). 현재 포로들을 압제하는 그 권력은 잠시뿐이다. 왕국은 일어나고 멸망한다(40:15-17, 23-24). 주전 538년에 등극한 고레스가 그 증거가 되고 있다. 고레스는 하나님의 종으로 하나님의 백성을 회복시키고 새롭게 하기 위해 택함 받은 하나님의 도구였다(41:2-3; 42:25; 44:28; 45:1, 13). 그는 여호와의 기름부음 받은 자이고(45:1), 하나님의 목자다(44:28). 여호와는 고레스의 오른손을 붙들고 계시며(45:1), 여호와의 목적을 수행하기 위해 그를 선택하셨고(44:28) 지명하여 부르셨다(45:4). 실제적으로 고레스는 바벨론을 정복한 후 포로들을 그들의 고향으로 돌아가도록 허락했고 예루살렘 재건을 명령했다.

이사야에는 "여호와의 고난받는 종의 노래"라 불리는 네 개의 시가 있다(42:1-4; 49:1-6; 50:4-9; 52:13-53:12). 이사야 40-55장에 종이라는 단어는 19번이나 사용되고 있다. 전통적으로 종의 사명을 이해하기 위해서는 종이 누구인가를 알아야 한다고 주장하지만 이곳에서 의도된 것은 하나님이 종을 통해 성취하시고자 하는 것에 있다.

42:1-4에서 여호와의 종이 이방에 대표자로 소개된다. 그의 임무는 정의를 세우는 것이다.

49:1-6과 50:4-9의 본문에서 종은 일인칭 단수로 선지자 자신을 언급한 것으로 여겨진다. 49:1은 여호와가 그를 계시의 도구로 부르셨음을 인정한다. 이방 민족을 비취는 빛으로 부름을 받은 것이다(사49:6).

50:4-9에서 여호와는 그의 종을 날마다 인도하시고 그를 반대하는 자들에 대해 어떻게 굳건히 설 수 있는가를 가르치신다. 여호와를 신뢰하지 못한 결과로 당하는 고통이 묘사된다(50:4-6). 그러나 고통으로 인한 탄원은 새로운 생명에 대한 확신의 말로 이어진다(50:7-9).

52:13-53:12에서는 종의 죽음과 부활을 말하고 있다. 종과 관련된 논쟁들 즉 종이 한 개인일까? 혹은 이스라엘일까? 에 대한 많은 견해들이 있다. 본문에서 개인을 지칭하는 표현으로 인해 이스라엘이라는 한 집단으로 해석되는 것은 가능하지 않다. 그러나 공동체로서의 이스라엘이 한 개인으로 표현될 수 있다는 주장도 있다. 개인으로 이해함에 있어 저자이거나 이름이 알려지지 않은 선지자를 가리키는 것이라고 주장되기도 했다. 이곳에서 종은 이스라엘 백성에 대해 하나님의 고통을 투사시키고 있는 개인이다. 하나님은 하나님의 백성의 죄악을 이 신실한 종에게 지우셨다. 그는 백성의 죄악을 대신해 기꺼이 자신의 고난을 받아들였고(50:5-6) 자신을 대속물로 드렸다(53:10). 그러한 고통은

죽음 그 자체로 이어졌지만(53:8-9) 패배로 보인 죽음은 승리로 전환되었다(53:10-12). 죽음을 초월한 생명으로 이어졌기 때문이다. 종이 당한 고통으로 인해 백성들은 고침 받고 용서를 받았음을 알게 될 것이다. 신약 성경은 예수 안에서 진정한 여호와의 종의 모습을 찾아내고 있다. 하나님의 대리인으로서의 예수의 수난, 죽음과 부활로 종의 임무를 성취했다(행3:13,26; 4:27,30; 8:27; 벧전2:21).

이사야 55-66장은 긍휼에 대한 메시지이다. 바벨론의 포로로 살아가는 이스라엘 백성들에게 이사야 40-55장은 소망을 일으켜 주었고 약속의 성취를 기대하게 했다. 그러나 예루살렘으로의 귀환과 성전 재건에 대한 예언은 성취되었지만 모두가 완전히 성취된 것은 아니었다. 유배에서 돌아온 자들은 하나님을 즉시 예배했지만 이웃 나라들의 영적인 상태에 관해서는 관심이 없었다. 어떤 사람들은 여전히 바벨론에서 했던 것처럼 다른 신들과 함께 여호와를 섬겼다. 예루살렘에 돌아온 사람들 중 소수의 사람들만 풍요롭게 살았고 대부분의 사람들이 가난에 허덕였다. 이러한 슬픈 상황의 배경이 이사야 56-66장이다.

이사야 43장에서 했던 것과 같이 선지자는 이곳에서도 자신이 종의 사역을 가졌음을 선포한다. "여호와의 영이 내게 내리셨으니 여호와께서 내게 기름을 부으사 가난한 자에게 아름다운 소식을 전하게 하려 하심이라 나를 보내사 마음이 상한 자를 고치며 포로된 자에게 자유를 갇힌 자에게 놓임을 선포하며 여호와의 은혜의 해와 우리 하나님의 보복의 날을 선포하여..."(사61:1-3).

여호와는 종을 보내서 빚이 탕감되고 땅이 회복될 것(레25:25; 렘34:8이하)이라는 희년의 법규를 선포한다. 희년의 선포는 회복된 공동체를 향한 하나님의 의도가 무엇인지를 보여준다. 이 선언은 합법적인 결정이므로 여호와는 정의를 사랑할 것을 강조한다(사42:1이하; 시37:8). 이 결정으로 가난한 자의 권리가 보증된다. 그는 억압당한 자의 편에 서심으로 공의로운 사회적 관계를 촉진시키신다(사57:15). 하나님은 보통 사람들에게 기회를 주신다(65:21, 23). 하나님은 그의 백성들을 고치시고 그들에게 위로를 주신다(57:18). 하나님은 그들을 물 댄 동산 같이, 물이 끊어지지 않는 샘 같이 만드신다(사58:11).

58장 전체의 메시지는 56:1의 울림이었다. "너희는 정의를 지키며 의를 행하라. 이는 나의 구원이 가까이 왔고 나의 공의가 나타날 것임이라." 하나님은 공동체의 지도자들이 궁핍한 자들을 돌보실 것을 요구하신다. 하나님은 압제당한 자를 해방시키고 동족들의 기본적인 필요를 보고 나누는 것이 하나님을 섬기는 것이라고 하신다(사58:6-7). 그것이 하나님을 향한 올바른 신앙임을 깨우치신다. 하나님의 정의를 행하고 그를 예배하며, 안식일을 더럽히지 아니한 자, 언약을 굳게 잡은 자는 비록 그가 이방인이며 고자임에도 구원을 받는다(56:6). 그들은 여호와의 집에서 기념물과 이름이 주어진다(56:5). 은혜의 해는 또한 보상의 해이다. 여호와는 정의와 불의, 정직이 없을 때 그것을 기뻐하지 아니하셨다(사59:15-20). 하나님이 에돔을 심판하실 수밖에 없었던 이유는 에돔은 예루살렘이 무너질 때 기회를 삼아 이웃을 욕보이고 압제했기 때문이다(사63:1-6).

기쁜 소식은 처음에는 예루살렘에 전해졌다. 그곳의 주민들은 오랫동안 어둠 속에 있었기 때문이었다(사59:10; 9:2). 어둠 속에 갇혀있었던 자들이 지금은 일어날 수 있다(사60:1). 여호와의 오심이 미지의 가능성을 열었기 때문이다(사60:19). 이방 국가들은 유대인들이 돌아오는 것을 돕고 그들을 섬길 것이다(사61:5). 유대인들은 "여호와의 제사장", "거룩한 백성들", "여호와의 찾은바 된 자"가 될 것이다(사61:6; 62:12). 그래서 그들을 보는 모든 자들은 그들이 여호와가 축복하신 자손임을 인정하게 될 것이다(사61:9).

이러한 구원은 이스라엘에게만 제한되지 않는다(사61:11). 하나님은 압제당하는 모든 자를 해방시키실 것이다. 그러므로 하나님이 예루살렘을 땅 위의 끊임없는 찬양의 주제로 만들기까지 지속적으로 기대해야 한다(사62:6-7). 신약 성경에서 보여 주듯이 이 마지막 소망은 예수 그리스도 안에서 성취될 것이다. 하나님의 왕국에 대한 좋은 소식은 주의 은혜의 해에 대한 선포이다(눅4:18-19). 예수는 오셔서 상한 자 가운데 거하시면서 포로 된 자에게 자유를, 눈먼 자에게 다시 보게 함을 전파하며 눌린 자를 자유롭게 하신다.

◆ 미가

미가는 주전 742-687년경에 활동했던 선지자로 남 왕국 유다의 멸망을 예고했다. 미가 선지자는 요담, 아하스, 히스기야의 통치시기에 활동한 이사야와 거의 동시대를 산 사람이다. 그는 주전 735년경에 예루살렘이 시리아-에브라임 동맹군에 의해 공격당하는 것(왕하 16:5-9; 사7장)과 주전 722년에 앗수르에 의한 사마리아의 멸망(1:6) 그리고 주전 701년에 산헤립의 앗수르 군대에 의해 예루살렘이 위협당하는 것을 지켜보았다. 미가 선지자도 이사야 선지자처럼 반대에 부딪치고 거절을 당했다. 미가 선지자에 대해서는 블레셋 도시와 가까운 유다의 산악 지역에 있는 조그만 마을 모레셋에서 왔다는 것 외에는 알려진 것이 거의 없다. 미가의 아버지의 이름도 모르고 결혼 여부도 알지 못하며 어떻게 소명을 받았는지도 모른다.

미가의 예언은 사마리아에 대한 심판의 선언으로 시작한다(1:6-7). 유다도 심판을 피해갈 수 없을 것이다(1:8-9). 미가 선지자는 유다의 내부적 상태가 이스라엘의 것과 다르지 않음을 발견하면서 불의, 탐욕, 그리고 압제가 하나님께서 진노하시는 이유라고 고발한다(2:1-2, 8-9; 3:1, 9-12). 미가는 예루살렘의 완전한 파괴(미3:12)를 예언하면서도 위로(4:9; 5:6)의 메시지도 잊지 않는다. 미가서에서 자주 사용되는 선지자의 양식은 원인과 결과이다(1:5-7; 2:1-5; 3:1-4, 5-8, 9-12; 6:9-16).

미가의 메시지의 핵심은 1-3장에 있다. 선지자는 사마리아의 멸망을 보면서 유다 역시 동일하게 앗수르로부터 위협을 받고 있음을 보았다. 북 왕국이 비난을 받은 모든 죄의 실상이 남 왕국에서도 그대로 행해지고 있었던 것이다. 예루살렘은 불의가 가득했고 지도자들은 공의대신 모든 재판을 뇌물을 받고 행했던 것이다. 미가는 시온을 멸망시킬 폭풍이 다가오고 있으며 예루살렘의 성전도 더 이상 안전을 보장해 주지 못할 것이다. 그리고 백성들은 죽음을 당하든지 포로가 될 것이라는 멸망의 말씀을 전했다. 미가는 아모스와 이사야 선지자처럼 예루살렘의 심판에 대한 책임을 지도자들에게 돌렸다. 그들은 백성들을 원수들에게 내어줌으로 여호와를 실망시켰다. 통치자들은 정의를 실행하라고 부름을 받았으나 불의와 학대를 사랑했다. 그들의 입술은 거룩했으나 마음은 부정과 부패로 가득 차 있었다(3장).

미가 선지자는 심판을 선언하면서 스스로 고난을 당했고 백성들을 위해 애도했다. 백성의 성문인 예루살렘에 미친 타격 때문에 심지어는 벌거벗은 몸으로 행하기도 했다(1:8-9). 여호와가 백성들을 위해 애통하듯이 미가도 그들을 위해 애통했다. 미가의 애통은 약자와 가난한 자가 압제를 받을 뿐만 아니라 이로 인해 유다의 멸망이 확정되었기 때문이었다. 비록 이 백성들이 죄악을 범했지만 하나님께 이들은 아직도 "나의 백성"이고 "여호와의 택한 백성"이었다(2:4,9; 3:3).

4-5장은 미래에 대한 신탁이다. 포로로부터의 구원과 시온의 회복에 대한 약속으로 희망과 위로의 메시지이다. 다윗 가문에서 나올 메시아 탄생이 예고된다(5:1-2). 오실 메시아는 오직 능력과 하나님의 이름의 위엄으로 백성에게 평화와 번영을 가져올 것임을 강조한다.

6-7장은 언약 소송의 형식으로 시작한다. 여호와께서 쟁변하시고 변론하시며 백성들에게 왜 불평하는가?를 물으신다(6:1-3). 하나님은 과거에 행하신 구원의 역사를 말씀하시고(6:4-5) 심판을 선고한다. 하나

---

5) 이스르엘이라는 이름은 예후가 요람과 이세벨을 죽였던 장소인 이스라엘의 골짜기에서 유래했다(왕하9장).

6) "긍휼히 여기지 않는다"는 의미로 하나님이 긍휼이 여기지 않음은 언약관계의 종말을 고하는 것이다.

7) "내 백성이 아니다"라는 의미로 언약공식으로 알려진 출6:7을 전면적으로 부정하는 것이다.

님과의 재판은 곧장 선고로 이어지지 않고 대신에 제사 의식으로 이어진다(6:6-8). 이스라엘 백성들에게 진정한 예배는 의로운 삶임을, 그리고 이 의로운 삶이며 말로 여호와께 나아가기 위한 필수조건임을 이해하지 못하고 있었다. 그러므로 이스라엘의 상업상의 사기 행각(6:10-12), 우상숭배(6:16), 인간성 파괴(7:2), 부정한 재판과 음모(7:3)가 집중적으로 고발을 당하고 있다. 미가는 이와 같은 사회적 안정의 철저한 붕괴를 애도하면서도 하나님의 구원과 은혜를 바란다(7:7-8). 하나님은 분노를 영원히 품지 않으시는 분이기에 그들을 가엾이 여기실 것이다. 그리고 그들의 허물을 모르는 체 하실 것이라 고백하며 이스라엘의 구원을 노래하고 하나님의 신실하심을 찬양한다.

미가의 메시지는 하나님의 백성들이 된 자들이 그들의 소명을 지속적으로 자각하며 살아갈 필요가 있음을 보여주고 있다. 하나님은 여전히 불의와 학대를 당하는 희생자들의 편이시기에 죄악된 세상 속에서 오로지 하나님과 동행하는 삶으로 의의 열매를 맺는 것이 소명자로 살아가는 것임을 시사하고 있다.

4. 바벨론의 위협 아래서 심판을 선언한 선지자들

나훔, 하박국, 스바냐, 예레미야, 에스겔 선지자는 바벨론이 국제적으로 강자가 되어 유다가 위기에 몰렸을 때, 그리고 결국은 바벨론의 포로가 되어 살아갈 때 심판을 선언했다.

◆ 나훔

나훔은 주전 633년에서 612년 사이에 유대인의 산지에서 와서 앗수르의 멸망을 예언했다. 주전 633년에 아슈르바니팔의 군대는 애굽을 쳤고 더베(노아몬)를 점령해서(3:8) 영토를 확장했다. 그러나 아슈르바니팔이 죽은 후 앗수르의 세력이 쇠퇴해지기 시작했고 결국 주전 612년에 바벨론의 나보폴라살에 의해 니느웨가 함락되고 말았다.

나훔의 메시지는 "니느웨가 황폐하였도다 누가 그것을 위하여 애곡하며 위로할까?"하는 앗수르의 멸망에 대한 것이다(3:7). 이스라엘과 유다의 죄악에 대해서는 어떤 언급도 하지 않는다. 오히려 오랫동안 앗수르에 의한 고통으로 하나님은 더 이상 무엇인가를 행하지 않으실 것이라고 생각하는 유다의 백성들에게(1:9) 나훔 선지자는 하나님이 더 이상은 기다리지 않을 것임을 선포한다. 여호와가 노하시기를 더디하심으로 앗수르를 오래 참아주셨지만 이제는 더 이상 참지 않으실 것이다. 왜냐하면 여호와는 질투하시며 보복하시는 하나님이시기 때문이다(1:14-2:7). 하나님은 백성들의 압제를 보시고 분노하시고 그들을 구원하시기 위해 전사같이 오실 것이다. 많은 동맹들이 있을지라도 앗수르는 멸망을 당할 것이었다(1:12). 유다는 오랜 시간동안 앗수르의 지배아래 있었기에 니느웨는 여호와의 대적이 되었다(2:13). 하나님은 앗수르를 사랑하는 백성들을 위한 심판의 도구로 사용하셨지만 앗수르의 잔인함과 교만은 용납하실 수 없었다. 그러므로 여호와께서는 그들이 다른 사람들에게 행했던 것과 같은 심판을 행하실 것이다. 그러나 하나님의 보호하심을 구하는 사람들은 안전한 곳으로 데려오실 것이다(1:7).

나훔은 앗수르를 먹을 것을 빼앗아 새끼 사자를 먹이는 수사자와 암사자에게 비교했다(2:11-13). 니느웨는 피의 성, 거짓이 가득하고 포악이 가득한 곳이었다(3:1). 많은 간첩들과 비밀 첩자들을 가지고 있었던 앗수르를 느치와 메뚜기에 비유하기도 했다(3:16-17). 그들은 고대 근동에서 권력이 절정에 올랐던 약 2세기 동안 가장 잔인하게 정복민들을 다루었다. 그리고 자신들이 섬기던 여신을 여러 나라와 민족도 강제로 섬기게 했다. 이것이 하나님께서 니느웨를 멸하신 결정적 이유였다.

◆ 하박국

하박국은 주전 612-598년경에 활동했다. 하박국 선지자는 "과연 하나님의 의로우신 뜻을 이루기 위한 도구로 사용된 침략자들의 행위가 정당한 것인가? 폭력을 해결하기 위한 폭력이 어떻게 정당화 될 수 있는가? 라는 질문으로 고통의 문제와 하나님의 공의에 대한 것을 다루고 있다. 하박국의 질문은 여호야김의 통치시기(주전 608-598)에 유다에서 벌어진 학대와 느부갓네살과 그의 군대가 나타난 사건에 대한 반응이다(왕하 23:34-24:6).

하박국은 이사야와 비슷한 배경을 가졌을 것이라고 추측하며 이사야에게 영향을 받았을 가능성도 있다. 하박국은 예레미야와 동시대를 살았던 선지자였다(1:2-4, 12-17). 하박국은 두 부분으로 나눌 수 있다. 첫 부분이 되는 1-2장은 공의로운 사회를 위한 투쟁을 다루고 둘째 부분인 3장은 하나님을 찬양하는 시로 구성된다.

하박국은 하나님과의 대화로 시작한다(1:2-17). 하나님의 대답은 하박국 선지자를 충격에 빠트렸다(1:12-17). 하나님이 갈데아 사람을 일으키셨다(1:6)고 말하셨기 때문이다. 하박국은 악인이 그들보다 더 의로운 사람들을 삼키는 데도 하나님은 왜 잠잠 하신지를 물었다(1:13). 심지어는 자연에게까지 강포가 행해졌다(2:17). 이런 강포함 속에서도 하나님께서는 의인들을 위해 하는 것이 아무것도 보이지 않았기에 하박국은 자신이 만족할 만한 대답을 얻기까지 기다렸다(2:1).

하박국이 받은 응답은 두 가지이다(2:1-5). 하나는 인내하라는 요청이었다(2:4). 의인을 위한 도움이 전혀 없는 상황 앞에서도 믿음을 지키라고 요구하신 것이었다. 왜냐하면 하나님이 다른 사람들의 희생으로 부자가 된 나라들과 불의로 세운 도시들, 자연에게 강포를 행한 나라들과 자신이 만든 것을 섬긴 자들을 심판할 것이기 때문이었다(2:6-19). 그러므로 인내는 그 시대의 의인들에게 꼭 필요한 것이었던 것이다. 하박국은 기도에 대한 응답으로 실제적으로 거룩하신 분을 경험한다(2:20; 1:12). 하나님의 계시를 본다는 것은 기도에 대한 또 다른 부르심이기도 하다. 하나님의 계시는 신의 현현의 언어로 묘사된다(3:3-4). 거룩하신 하나님 앞에서 선지자뿐 아니라 여러 나라도 떨며 땅도 진동하고 산이 무너지고 바다도 소리를 지르며 손을 높이 든다(3:5-10). 하박국은 하나님의 행함을 들었고 그의 역사하심을 보았다(3:2).

하박국은 자신의 전 생애를 바꾼 여호와의 임재를 느꼈다(3:16). 인간이 저항할 수 없는 힘으로 다가오시는 하나님의 임재는 하박국의 삶을 바꾸어 놓았다. 개인이 처한 상황 속에서 개인의 결정이 얼마나 중요한

가를 배웠다. 그리고 믿음으로 행한 의로운 결정은 즉각적으로 보상되지 않지만 죽음의 가능성조차 태연하게 맞설 수 있게 하는 것임을 경험했다(3:17-18). 하나님과의 인격적인 만남은 죽어가는 사람을 생존하게 하는 동시에 생존 그 이상의 것들도 가져다 줄 것임을 보았다. 그러므로 하박국은 어떤 상황이 닥치더라도 맞설 수 있고 또 그 이상의 반응을 보일 수 있게 되었던 것이다(3:18).

◆ 스바냐

스바냐 선지자는 열왕기하 22-23장의 배경이 되는 시기에 활동했다. 요시야가 미성년자로서 왕 위에 앉았을 때였고 유다는 앗수르의 지배를 받고 있었을 때인 주전 630년경이었다. 요시야의 아버지 아몬 왕은 자신의 신복들에 의해 죽음을 당했다. 그래서 요시야가 미성년인 동안에는 권력 획득 경쟁이 심했다(왕하21:23-24). 외부적으로 이 시기는 사마리아가 멸망한지 한 세기가 지난 후였으며 앗수르가 멸망하고 있던 국제적으로는 매우 혼란스런 상황이었다. 앗수르의 권력이 쇠퇴하자 주위 나라들은 독립을 하려고 했다. 애굽은 팔레스타인의 도시들을 차지하기 위해 올라오고 있었고 북쪽의 부족들도 니느웨를 향해 움직이고 있었다. 요시야도 앗수르의 개입에서 벗어나 종교적으로 대대적인 개혁을 시도했다. 당시의 유다는 므낫세의 통치 밑에서 혼합적인 제사가 만연했던 이사야가 외쳤던 시대보다 더 악해져 있었다. 그러므로 유다의 지도자들은 요시야의 종교개혁을 지지하며 다윗 왕정의 이상을 꿈꾸었다.

스바냐는 세계 전체의 파멸에 대한 심판으로 시작하면서(1:1-2) 유다와 예루살렘의 심판에 초점을 맞춘다(1:4). 심판의 첫 번째 대상은 자신들의 이익만을 구하는 예루살렘의 주민들이다(1:4). 그들은 바알과 하늘의 별과 밀곰에게 경배하는 자들(1:4-6)이 되었다. 하나님의 심판은 방백들, 왕자들, 이방인의 옷을 입은 자들, 포악과 거짓을 주인의 집에 채운 자들에게도 미친다(1:7-10). 그들은 하나님이 무엇인가를 행할 수 있다는 사실을 부인했다(1:12).여호와가 심판하러 오시는 날은 곡성과 부르짖음의 날이 될 것이다(1:15-16).

스바냐는 가까운 이웃 나라들이 되는 모압과 암몬 그리고 옛 원수였던 앗수르를 향해 심판을 선언한다. 독립을 갈망하던 모압과 암몬이 고발당한 이유는 유다의 영역을 공격해서 자신들의 경계로 삼은 것에 대해 스스로 자랑했다는 것이었다(2:8-11). 앗수르도 교만 때문에 고발을 당한다(2:15). 그들은 하나님께서 허락하신 것 이상을 넘는 잔인함을 행함으로 하나님의 방식을 경멸하고 제멋대로 권력을 휘둘렀다.

하나님을 배반하고 성소를 더럽히고 율법을 범한 자들은 지배계급이든 그렇지 않든 모두 다 심판을 받을 것이다(3:1-5). 이런 심판의 말씀 중에도 하나님은 소망과 구원에 대한 말씀을 잊지 않으신다. 하나님은 하나님의 말씀대로 살고 의를 구하며 사는 겸손한 하나님의 백성들을 회복시킬 것이다. 하나님은 미래의 어느 날에 스스로 겸손하며 비천하다는 사실을 알고 있는 자들을 의롭다 하실 것이다. 이곳에서 겸손한 자들은 여호와의 규례를 지키는 모든 자들이다(2:12-13; 3:18). 우주적인 심판이 있은 후 모든 국가들도 깨끗한 입술로 다 여호와의 이름을 부르게 될 것이다(3:9-10).

◆ 예레미야

예레미야는 요시야 왕이 종교개혁을 한지 1년 후에 선지자로 부르심을 받았다. 요시야 왕의 종교개혁 초기는 백성들에게 희망을 주었고 성전에서 두루마리를 발견한 후 그 희망은 더욱 강화되었다(역하 34-35; 왕하 22-23). 예레미야는 주전 627년경부터 예루살렘이 함락되기까지 활동했다. 예레미야는 예루살렘 북쪽에서 5km도 떨어지지 않은 작은 베냐민 성읍의 아나돗 출신으로 아버지는 제사장이었다(1:1). 예레미야의 가족은 그가 선지자가 되었을 때 예레미야에 대해 아주 비판적이었다(12:6). 예레미야는 예루살렘에서 활동했으나 많은 어려움을 당했다. 이상한 증표만 보여주고(18:1이하) 가혹하고 인기 없는 메시지만 가져오는 영향력 있는 관계를 갖지 못한 사람으로서 사역을 했기 때문이다. 예레미야는 추방, 고문, 감금을 당했으며 마지막에는 유다의 혼란을 피해 애굽으로 피난을 가야 했다.

그가 활동한 시기(주전7-6세기)의 근동에는 국제적인 큰 변화들이 있었다. 잔인함으로 명성을 떨쳤던 앗수르가 패배했기 때문이었다. 앗수르의 지배아래 있던 주위의 작은 왕국들에게 독립의 기회가 주어졌지만 그 독립의 기쁨은 오래가지 않았다. 바벨론이 힘을 확장하면서 앗수르의 권력을 이어나갔기 때문이다. 바벨론을 맞서기 위해 아람이나 블레셋 같은 작은 왕국들이 동맹을 맺고 애굽의 도움을 구했지만 바벨론에 의해 하나씩 제거되었고 유다도 예외는 아니었다. 그 모든 재앙을 미리 예견한 예레미야는 예루살렘의 멸망(주전 586년)과 바벨론 유배의 시작을 증거하고 있다.

예레미야 선지자의 사역은 요시야(627-609)와 여호야김(608-598) 그리고 시드기야(597-586) 왕의 통치시기로 나눌 수 있다. 요시야 왕 때 앗수르의 세력이 약해지자 요시야는 빼앗겼던 이스라엘의 많은 지역까지 지배할 수 있었다. 그러나 여호야김 때에는 바벨론의 세력이 강해지면서 왕궁에는 애굽과 바벨론을 지지하는 사람들로 나누이게 되고 유다는 혼란에 빠지게 되었다. 시드기야 때는 바벨론이 그 영역을 확장해 가면서 예루살렘을 공격해서 함락시켰고 반역하고 도망가는 시드기야를 잡아서 죽였다.

1:1-12는 예레미야의 소명을 포함한 유다에 대한 서론적 예언이다. 예레미야는 환상 속에서 북에서부터 기울여진 끓는 가마를 보았다(1:13-15). “북방에서 일어나 이 땅의 모든 주민들에게 부어지리라”는 유다를 향한 심판의 메시지였다(1:13-16).

예레미야가 전한 이 메시지의 배경에는 주전 609년의 요사야 왕의 죽음과 느부갓네살의 승리가 있다. 유다의 요시야 왕은 남은 앗수르 세력을 돕기 위해 올라오는 애굽의 느고 왕을 므깃도에서 저지하려다 죽음을 맞이했다. 그 결과 유다가 꿈꾸던 이스라엘의 회복에 대한 희망이 사라지게 되었다. 느부갓네살은 주전 605년 갈그미스의 전투에서 애굽을 물리치며 근동의 새로운 통치자가 되었다. 당대의 이 두 사건은 유다와 하나님의 백성들을 큰 위험에 몰아넣었다. 예레미야는 북으로부터 오는 바벨론의 위협적인 세력으로 인해 다가오는 재난을 이스라엘 백성들에게 경고해야 했다. 이스라엘의 하나님이 북에서 이 재난을 가져오고 있었다(4:6,11-12; 5:15-17). 예레미야는 무엇보다도 백성들이 처하고 있는 이 상황이 얼마나 위험한 것인가를 인식시켜야 했다. 예레미야는 그들의 공격은 너무 심해서 어떤 저항도 소용이 없을 것이며 완전한 멸망만 있을 것이라고 했다. 거룩한 땅이 혼돈하고 공허한 상태가 될 것이었다(4:23).

예레미야는 이스라엘의 배신과 변절을 상기시켰다(2:5-8). 예레미야를 특별히 분개시킨 것은 바알 숭배가 유다에 확산된 것이었다(2:8). 하나님께서 영원히 유지하시고자 했던 하나님과 백성 사이의 언약의 관계가 깨어짐으로 인해 예레미야는 슬퍼했던 것이다. 이스라엘 백성들은 아버지를 부인하는 자녀들과 같이 행동했다(2:27). 그들은 마치 멍에를 꺽은 소(2:20)와 쓸모가 없게 된 귀한 포도나무(2:21), 생수의 근원되는 우물보다 터진 웅덩이를 선호하는 미련한 농부같이(2:13) 행동했다. 그들이 심판받는 이유였다(2:17-19). 예레미야는 돌이킬 능력도 없는 백성들과 이제는 눈앞에 다가오는 심판을 피할 수 없게 된 사실을 알고 애통해 했다(1:14-15; 2:20-37). 그러나 남은 자들이 여호와께 돌아올 수 있는 것은 하나님께서 친히 그들을 초청하시기 때문이다(3:12-13). 그 소리를 들은 이스라엘의 자손들은 자비를 위해 간구했다(3:21). 그리고 "네 울음소리와 네 눈물을 멈추어라...너의 장래에 소망이 있을 것이라"는 기쁜 소식이 선포되었다(31:3, 16). 이러한 기쁜 소식은 앗수르에 의해 땅을 빼앗기고 유배당했던 이스라엘인들에게 희망을 주었다.

북으로부터 오고 있는 이스라엘을 향한 재난의 원인에 대한 책임은 백성들에게 있었다. 예레미야는 백성들이 여호와를 버렸고 그에게 충성하지 못했음을 강조했다(5:7,11). 사기, 거짓, 배신했다고 비난했다

(5:31; 6:13; 7:4 등). 백성들은 거짓 맹세와 간음과 착취를 하는 사람들이 해를 입는 것을 보지 못했다. 개종의 여지가 없었다(8:5; 9:5). 악은 백성들의 본성이 되었다. 여호와가 어떻게 제사와 금식 혹은 예배를 받으실 수 있을까?(6:20; 7:21). 여호와를 잊은 그들은 더 이상 하나님의 백성이 아니었다(13:25). 유다인들이 벌을 받고(5:9), 경멸을 당하고(6:30) 버림받으며(7:29) 원수에게 넘겨지는 순간(12:7)이 다가오고 있었다. 유다는 다가오고 있는 재앙을 알아야만 했다. 선지자의 목표는 백성들이 그런 상황을 인식하고 회개케 하고 구원을 얻게 하려는 것이었다(4:14; 13:15-17; 21:12).

예레미야는 오는 재난을 상징행위를 통해 메시지를 전했다. 자신의 머리카락을 잘라 버리며 애도했다(7:29). 허리에 두르는 천이 썩게 되었듯이 하나님은 유다와 예루살렘의 교만을 무너뜨리실 것임을 알리기 위해 베띠를 사서 허리에 띠고 후에 그것을 바위틈에 감추어 썩어서 못쓰게 만들어야 했다(13:1-11). 예레미야에게는 결혼을 하는 것도 자녀를 갖는 것도 금지되었다(16:1-4). 그 이유는 다른 사람들이 자녀를 잃게 될 것이기에 자신도 자녀가 없어야 했다. 또한 장례식이나 결혼식에 참여하는 것도 금지되었다(16:5,8). 죽은 자들을 위한 예식이 더 이상 가능하지 않게 될 것이고 결혼식 잔치에서 누리게 될 기쁨의 기회도 없게 될 날이 곧 다가올 것이기 때문이었다. 예레미야는 토기장이의 오지병이 깨어졌듯이 그렇게 백성과 도시가 깨어져서 회복되지 못할 것임을 전하기 위해 토기장이의 옹기를 사서 공개적으로 그 옹기를 깨뜨려야 했다(19:1-11). 유다의 시드기야 왕과 예루살렘의 백성들이 느부갓네살의 멍에를 기꺼이 받아들여야 할 것임을 알리기 위해(27-28장) 예레미야는 멍에를 만들어 어깨에 짊어져야했다(27:2). 이러한 이상한 행동을 통해 예레미야는 멀게만 느껴졌던 심판이 예루살렘에 이미 실제적으로 다가옴을 백성들이 볼 수 있게 만들었다. 하나님께 대한 백성들의 배신으로 인한 심판의 깊이가 어느 정도인가를 실제적으로 보여준 것이었다.

예레미야는 사역을 하는 동안 그의 독특한 소명으로 인해 늘 갈등했다. 그 갈등이 얼마나 고통스러운 것이었는가는 예레미야의 개인적인 고백을 통해 볼 수 있다(12:1-6; 11:18-23; 4:19 이하; 6:10-11). 하나님 앞에서의 예레미야의 기도와 경험 그리고 불평은 매우 개인적인 것이지만 그것들을 통해 예레미야의 삶이 어떤 것이었는가를 알 수 있다.

예레미야는 백성들과 운명을 함께 하는 삶을 살았다. 그는 하나님과 백성 사이에서 늘 눈물을 흘리며 괴로워했다. 그는 하나님의 말씀이 그를 짓밟음에도 하나님을 섬기기를 원한다.예레미야에게도 하나님의 말씀이 기쁨이었던 적이 있었다. 그러나 기쁨을 주었던 그 말씀은 다가올 백성들의 운명 앞에서 이제는 쓴 것이 되고 있었다. 그는 상처받을 백성을 보며 상처를 받았고 그들이 겪어야 할 고통을 보며 고통을 받았다(4:19). 그는 백성들을 위해 용감히 일어서서 중보 기도를 하지만(15:11; 18:20) 그것도 금지를 당한다. 그에게는 백성을 위한 중보기도도 허락되지 않았던 것이다(7:16; 14:11-12).

예레미야는 백성들로부터 거절을 당함으로 고통을 경험한다. 백성들은 심판을 전하는 예레미야를 가두고 비방하고 조롱하고 모욕을 주었다(20:1-10). 심지어는 친척들이나 친구들도 그를 모욕했고 죽이려 했다(11:19,21; 15:15; 18:18-20; 20:10). 예레미야에게 도움의 근원은 오직 하나님뿐이었다(12:3; 17:14). 그러나 예레미야는 옥에 갇혀서도 시드기야 왕에게 바벨론에게 항복해야 한다는 동일한 메시지를 전했다. 그것만이 완전한 심판을 피하는 길이었기 때문이다(38:17-23). 예루살렘은 멸망하지 않는다고 굳게 믿었던 사람들은 바벨론에 항복할 것을 주장하는 예레미야를 진흙 구덩이에 던져 죽이려고 하였다(38:1-13). 그들에게 있어 예레미야는 바벨론의 앞잡이였고 반역자였던 것이다(37:11-15).

예레미야는 백성과 갈등관계에 있었을 뿐만 아니라 하나님과의 관계에 있어서도 끊임없이 갈등했다. 하나님은 예레미야의 불평을 무시하지 않으시고 예레미야에게 하신 처음 약속을 새롭게 하신다(1:18-19; 11:21-23; 15:20-21). 하나님은 성공할 때까지 투쟁하라고 선지자를 격려하시지만(12:5-6) 예레미야의 기도를 항상 들어주시지는 않았다(15:18). 사람들에게 버림받고 웃음거리가 된 예레미야는 자신의 생일도 저주하며(20:14) 더 이상 하나님의 이름으로 말하지 않을 것(20:9)을 다짐했다. 그러나 그는 절망으로 주저앉을 수 없었다. 하나님께서 지속적으로 말씀을 주셨고 힘을 주셨기 때문이다(20:13). 예레미야는 불가능하고 감사할 수 없는 사역을 주신 하나님과 계속된 투쟁을 했다.

예루살렘에 대한 예레미야의 예언의 말씀이 성취되었다. 하나님은 이방 국가를 심판의 대리자로 사용하셨다(렘 25:9; 27:7; 43:10). 느부갓세살은 여호와의 종이라 불렸다. 여호와는 당분간 열방을 바벨론 왕의 지배하에 넘겨주기로 작정하셨다(27:6-7). 예레미야는 시드기야 왕에게 반역을 꾀하지 말고 느부갓네살에게 항복을 해서 완전한 멸망을 피하라고 했다(27:12-14). 하나님은 당분간 느부갓네살의 지배하에 열방을 넘겨주셔서 하나님의 뜻을 실행할 것이기 때문이었다.

예레미야가 24장에서 본 두 개의 무화과 광주리는 주전 597년에 바벨론으로 잡혀간 포로들과 유다에 남아 있는 사람들의 미래와 연관된다. 당시에 백성들은 일반적으로 포로로 잡혀간 사람들은 나쁜 무화과로, 유다에 남아 있는 자기들은 좋은 무화과로 인식하였다. 그러나 하나님은 그들의 생각을 뒤집으신다(24:5-7). 주전 597년에 잡혀간 유다 포로들은 좋은 무화과이고 유다에 남아 있는 자들이 썩은 무화과라고 말씀하신다. 하나님께서 좋은 의도를 가지시고 포로들을 유다 땅에서 옮기셨다는 것이다(24:6). 하나님은 이스라엘의 하나님이 여호와인줄을 아는 마음을 포로민들에게 줄 것을 약속하실 뿐만 아니라 그들이 돌아올 것을 말씀하셨다. 여호와를 인정하므로 내면적인 변화가 일어날 때 땅의 실제적인 회복도 일어날 것을 약속하셨던 것이다(24:7).

29장은 주전 597년에 포로로 끌려가서 유배생활을 하는 유다인들에게 전한 예레미야의 편지이다. 예레미야는 포로들에게 그들의 생애에 유다로 돌아올 수 있을 것을 기대하지 말고 그곳에 살면서 번성하는 것이 여호와의 뜻이라고 했다(29:4-7). 바벨론에서 70년이 차야 돌아올 수 있기 때문이었다. 예레미야 선지자는 포로들에게 있어 70년의 시간은 실제로 돌아올 수 없음을 암시하는 것이었음을 알았다. 그러므로 그들이 바벨론에서 정착해서 살 것을 조언했다. 그것은 바벨론을 더 이상 부정적인 장소로 여기지 말라는 것을 암시하는 것이기도 한다. 바벨론은 고통의 장소이기도 했지만 이스라엘에게 새로운 미래를 가져다 줄 곳이 될 것이기 때문이었다(29:11-4).

예루살렘은 무너지고 성전은 파괴되었다. 유다는 국가로서 더 이상 존재하지 못했고 백성들은 죽임을 당했거나 유배를 당했다. 예레미야도 강제로 애굽으로 끌려갔다.

예레미야의 이러한 메시지는 주전 586년의 재난 후에 이스라엘의 미래의 문제를 직시하던 사람들에게 깊은 영향을 주었다(29:4-7). 그들은 과연 여호와의 백성에게 남아있는 미래가 있는가?를 물으며 절망했다. 이들의 이런 질문에 대해 예레미야는 여호와가 뽑은 이스라엘을 다시 세우실 것임을 선포했다(12:14-15). 그러나 재건은 급격한 영적인 갱신이 있은 후에나 시작될 수 있었다(31:3, 31-34). 백성들은 영광스러운 그들의 꿈을 포기해야 했고 여호와의 백성들로서 유배지이건 그들 자신의 땅이건 간에 상관없이 겸손하게 살 준비를 해야 했다(7:1-15; 22:1; 42:10-17). 그들은 불의와 잔인함과 압박 때문에 심판을 받을 강력한 민족들에게 증인이 되어야 하는 삶을 살아야 했다. 백성의 내면에 변화가 있게 될 때 그들은 다시 하나님의 백성이 될 것이며 하나님은 그들의 하나님이 될 것이었다(31;33). 그리고 하나님은 다시 죄를 짓지 않도록 이스라엘 자체를 변화시킬 것이다(50:20).

◆ 에스겔

에스겔은 주전 597년에 여호야긴 왕과 수 천 명의 상위층이 포로로 바벨론에 끌려갈 때 함께 유배를 당했던 것 같다. 에스겔은 제사장이었거나 제사장의 아들이었다(1:3). 선지자로서의 소명은 주전 593년에 그

발 강가에서 이루어진다(1:1,3). 예레미야와 동시대의 사람이었지만 그는 다른 배경 가운데 사역했었다. 에스겔은 결혼을 했지만 예루살렘이 멸망할 때 아내를 잃었다. 에스겔은 아마도 571년 이후에 약속된 회복이 있기 오래 전에 유배 중에 죽었을 것으로 추정된다(29:17).

에스겔서는 유다와 예루살렘에 대한 심판(1-24장); 열국에 대한 신탁(25-32장); 갱신과 회복에 대한 예언(33-48)으로 구분된다. 에스겔서의 구별된 특징은 하나님의 말씀이 선지자에게 직접 임했고(1:3; 3:6), 결정적인 순간에 환상을 보았고(1-3; 8-11; 40-48), 선지자가 하나님의 아들로 불린 것이다(2:1; 3:8 등). 이곳에서 하나님의 지식과 영광은 하나님의 행동의 목적을 선포한다(6:13; 7:9; 36:9).

에스겔은 바벨론에 끌려간 후 4년이 지난 593년에 사역을 시작했다(왕하24:10-16). 주전 605년의 경우처럼 예루살렘은 보존되었고 유다의 상황은 다시 정상이 된 듯했다. 유배를 당해 바벨론에 있던 포로들은 그들이 곧 집에 돌아갈 수 있을 것이라는 기대를 가졌다. 그들은 예루살렘은 망하지 않는다고 확신을 했기에 바벨론에서의 체류도 곧 끝날 것이라고 희망했던 것이다. 그러므로 그들에게 있어 주전 597년의 사건은 회개하라는 하나님의 엄격한 경고가 아닌 단순한 역사의 한 사건이다. 하나님께 파송 받은 에스겔은 포로 된 자들이 갖고 있던 이런 낙관주의를 깨야 했다.

에스겔의 소명 이야기(1:1-3:15)에서 에스겔은 세상과 분리되는 경험을 하며 하늘이 열리고 하늘 보좌에 앉으신 여호와에 대한 이상을 보게 된다(1:22,26). 하나님은 에스겔을 인자라고 부르면서 오셨다. 하나님이 약속의 땅에서 쫓아낸 백성들을 방문하기 위해 부정한 이국땅으로 친히 오셨던 것이다. 에스겔은 하나님의 자유로우심을 경험한다. 이스라엘의 하나님은 예루살렘 성전이나 이스라엘 땅에만 제한되지 않으시는 분이심을 깨닫게 된다. 이러한 경험은 에스겔을 땅에 엎드러지게 한다. 하나님의 영의 도움 없이는 일어서는 것조차 가능치 않았다(2:2). 하나님은 처음부터 이스라엘 자손들을 패역한 백성으로 간주하시고 (2:3) 에스겔에게 그들이 듣든지 안 듣든지 상관하지 말고 말씀을 전하라고 명령하신다(2:5,7; 311). 백성들의 유익을 위해 다양한 방법으로 그들이 희망하는 것이 헛된 것임을 알려야 했다.

백성들이 가장 먼저 깨달아야 하는 것은 여호와의 날과 관련된 것이었다. 전통적으로 이스라엘은 여호와의 날은 그들의 적이 심판을 받을 날이라고 여겼다(사13:6). 포로 전의 아모스와 이사야 선지자가 이미 여호와의 날은 하나님이 자신의 백성들을 심판하는 날이 될 것임을 보여 주었음에도(암5:18-20; 사2:12-17) 불구하고 이스라엘은 여전히 여호와의 날은 이스라엘이 구원을 받는 날로 기대했던 것이다. 그런 백성들에게 에스겔은 여호와의 날에 대해 다시 설명하고 있다(7장). 여호와의 날이 실제로 이스라엘을 위한 마지막 날이 될 것이다. 모든 백성들은 지금 하나님의 심판을 마주보고 있다. 심판은 더 이상 피할 수 없는 것이 되었다. 그러므로 그들은 낙관적인 꿈 대신에 무서운 실체를 직면해야만 했다.

에스겔도 주위 사람들을 놀라게 하는 상징적인 행동으로 그의 메시지를 설명했다. 4장에서 에스겔은 예루살렘 성의 모델을 만들고 그 주위에 공성을 쌓고 도시를 공격할 수 있도록 공격용 무기의 모형을 만들었다. 에스겔은 390년의 이스라엘의 처벌 연수대로 390일 동안 왼쪽으로 누워있어야 했다. 그리고 유다를 위해 40년과 동일시되는 40일 동안 오른쪽으로 누워있어야 했다(4:4-8). 그리고 실제로 성이 포위된 것처럼 다른 종류의 밀가루로 빵을 굽고 기근 시처럼 매일 정량을 먹었다(4:9). 머리를 밀고 수염을 길렀다(5:1-2). 이스라엘의 멸망을 상징하기 위해 먼지를 날리며 성을 급히 떠났다(12:1). 모든 것을 묶어서 등에 졌다. 그리고 마치 여행하는 것처럼 행장을 꾸린 채 손으로 벽에 구멍을 파서 그 안을 기어서 통과했다(12:1-7). 그는 공포로 떨면서 빵을 먹고 물을 마셔야 했다. 그리고 백성들 앞에서 허리가 끊어질 듯 탄식해야 했고(21:6-7) 바벨론 왕이 예루살렘으로 가는 길을 추적해야 했다(21:18-23). 예루살렘이 멸망하는 날에 백성들의 반응을 보여주기 위함이었다(12:10-19). 그의 아내가 죽었어도 우는 것이 금지되었다(24:15-18). 에스겔이 기뻐하던 아내가 죽은 것처럼 그들의 기쁨이었던 예루살렘도 곧 죽을 것임을 알리기 위함이었다. 예루살렘이 멸망할 때는 그 어느 누구도 죽은 자들을 위해 울지 않을 것이기 때문에 하나님의 선지자도 죽은 자를 위해 울 수 없었다. 대부분의 사람들이 그를 미쳤다고 여겼다. 그러나 에스겔은 부르심을 받은 자로 하나님의 백성이 당하는 고통을 어디에 있든 상관없이 공유해야 했다. 이것은 하나님도 당신의 사랑하는 백성들이 고통 받을 때 스스로 그 고통을 함께 경험하고 계심을 알려주기 위함이었다.

부름이 있은 후 주전 592년에 에스겔은 또 다시 이상을 보았다. 하나님의 영이 그를 성전이 있는 예루살렘으로 데려갔다. 그곳에서 그가 본 것은 불충실한 제사장들과 백성들이었고 급기야 성전을 떠나는 여호와의 영광을 보면서 성전 자체에 심판이 시작될 것임을 알았다(10-11장). 이스라엘에게 있어 가장 큰 재앙은 하나님이 그의 백성들을 버리는 것이었다. 이스라엘의 죄, 배신, 반역의 행위 등이 이런 심판을 자초한 것이었다. 에스겔은 어느 선지자보다 다가오는 두려운 종말의 의미를 좀 더 온전하게 이해한 선지자였다.

이스라엘의 여호와에 대한 배반은 예배에서부터 시작되었다. 백성들은 산당을 세우고 우상들에게 제사들 드렸다(6장). 그들은 성전 안에서도 가증스런 일을 행했다(8:13). 그들은 질투의 우상을 섬겼고(8:3) 각양 곤충과 가증한 짐승과 모든 우상을 사방 벽에 그렸고 그것들을 섬겼다(8:10-11). 여인들은 담무스를 위하여 애곡했고(8:14) 태양신에게 엎드렸다(8:16). 유다인들은 공공연히 여호와를 자극시켰다. 그들은 부정한 백성들이 되었다. 온 땅이 더러워졌고 여호와의 거룩한 이름이 더럽혀졌다. 영적으로 이스라엘은 매춘부가 되었던 것이다(16장, 23장). 그것도 자신들이 돈을 주고 남자를 끌어들여야 하는 매춘부였던 것이다.

16장에서도 이스라엘을 대표하는 예루살렘이 매춘부와 비교된다. 여호와는 이 거만한 성을 자비로 받아들였지만(16:6-14) 그녀의 부끄러움을 모르는 교활함이 심판을 가져왔다(16:35). 그럼에도 하나님은 여전히 그의 백성들을 사랑하고 있었다.

에스겔은 예루살렘을 다른 나무보다 나을 것 없는 열매를 맺지 못하는 포도나무에 비교했다(15:1). 불에 태우는 것 외에 아무 소용이 없었다. 이

것이 선지자가 직면해야 했던 쓴 현실이었다. 백성들의 거만한 자기기만이 깨져야 했다. 심판이 있은 후에야 새로운 시작이 있을 것이었다.

반역은 예배에만 국한된 것이 아니었다. 에스겔은 하나님께 대한 배교의 결과로 인한 불의와 불법을 신랄하게 비판했다. 그들의 불순종과 하나님의 인내는 이스라엘의 조상 때부터 시작된 것이었다(20:1-31). 왕, 귀족들, 제사장들 그리고 선지자들 모두가 하나님을 반역했다. 그들의 죄(22:6-12)는 하나님에 대한 범죄(22:8-9)와 인간의 존엄성을 무시하는 압제의 행위와 가까운 관계가 있음을 보여주었다. 그들은 백성들의 복지를 보장하기 위해 만들어진 하나님의 법을 짓밟았다. 예루살렘의 죄악은 사마리아의 것보다 더욱 심했다.

그들의 반역은 종교적이고 사회적인 것에 국한되지 않고 정치적인 영역까지 나아갔다. 에스겔서 17장, 19장, 23장은 이스라엘과 유다의 왕들이 행하려고 했던 현실 정치가 얼마나 미련하고 허무한 것인지를 보여준다. 17:1-10의 수수께끼와 비유는 만일 백향목의 높은 가지가 되는 여호야긴이 실패했다면 낮은 곳의 포도나무로서 곧 크게 자란 포도나무가 된 시드기야 역시 멸망당할 것이다. 현실 정치의 문제는 매춘하는 두 자매 오홀라와 오홀리바의 비전에서도 문제가 되었다(23장). 이스라엘이 이미 심판을 받았지만 유다는 계속해서 고집스럽게 악을 행했고 또한 심판을 받을 것이다. 이 경우 매춘은 하나님 한분만을 신뢰하는 대신에 이방 사람 특히 애굽과 동맹을 맺으려고 하는 것이다. 19:1의 애가는 여호아하스와 여호야긴의 운명을 상기시키고 시드기야도 같은 덫에 빠지지 말라고 경고한다.

우상숭배, 불의, 무력 정치는 여호와에 대한 반역 행위의 다른 면들이다. 백성들의 진정한 남편이며 통치자이고 보호자는 여호와이시다. 모든 이스라엘 백성들은 반역자들이었다.

이스라엘과 그 역사에 대한 부정적인 면의 가장 좋은 예가 20장에 나온다. 어떤 장로들이 빠른 귀환의 약속을 들을 것을 바라며 에스겔을 찾아왔다. 그러나 에스겔은 오직 하나님의 책망의 말씀만 했을 뿐이다(20:4). 모든 사람들이 하나님과의 언약을 어겼다.

예루살렘의 멸망에 이르기까지 에스겔의 메시지는 지속적으로 책망과 심판이었다. 그러나 성이 무너지는 순간 그의 메시지는 변했다. 에스겔이 이스라엘에 대한 구원의 메시지를 선언하기 전에 바벨론에 의해 유다가 멸망할 때 이들이 어떻게 유다를 다루었는지를 지적하면서 열국에 대한 심판을 선언한다(25-32장). 유다와 예루살렘이 심판을 받은 것처럼 이웃나라들인 암몬, 모압, 에돔과 블레셋도 심판을 받을 것이라 외친다. 성위에 있어 13년 동안이나 바벨론에게 저항했던 두로(26-28)도 하나님의 심판의 대상이 되었다. 유다가 의지하는 애굽(29-32)도 심판을 받을 것이다. 애굽을 악어로 비교함으로 괴물과 동일시하고 있다. 이방 국가들이 더 이상 하나님의 백성들을 비웃어 하나님의 평판을 떨어뜨리지 못하도록 심판하실 것이다(28:24).

에스겔은 파수꾼이라는 주제로 두 번째 사역을 열어나간다(3:17; 33:7). 파수꾼으로서 다가오는 위험을 경고하는 역할을 맡았던 에스겔은 이제 좋은 것과 악한 것이 다가오는 것을 감시하는 일을 해야 했다. 즉 다가오는 운명에 대해 백성들을 준비시켜야 함이 에스겔의 사역이 되었던 것이다. 왜 우리가 조상들의 죄로 인해 고통을 받아야 하는가?를 묻는 새로운 세대에게(18:2, 25) 에스겔은 비극에 대한 책임은 개인들한테 있음을 알렸다(33:30-33). 이전 세대의 죄 때문이 아닌 그들 자신의 죄 때문에 고난을 당하는 것이었다(33:10-20). 그러므로 옛 세대가 회개함으로 심판을 피할 수 있었던 것처럼 새로운 세대도 악한 길에서 돌이키면 하나님의 용서를 받을 수 있었다. 이스라엘을 위한 하나님의 궁극적인 뜻은 소망이었다(18:32; 33:11)

예루살렘 멸망 이후의 이스라엘의 미래는 포로들에게 있어서는 꿈을 꿀 수 없는 것이었다(37:11). 그들에게 있어서 유일한 희망이었던 예루살렘이 함락되었기에 이제 이스라엘은 죽었다고 믿었다. 그런 포로들에게 하나님은 에스겔에게 사망을 대신하는(8-11장) 생명에 대한 비전을 주셨다(37:1-14). 당시 바벨론에 유배된 포로들은 하나님께서 죽은 자를 살리실 의도가 있기는 한 것일까? 하는 의문을 품었던 것 같다(37:3). 에스겔은 마른 뼈들로 가득 찬 골짜기를 보았고 (37:1) 하나님의 명령대로 그 뼈들에게 예언을 해야만 한다. 에스겔이 여호와의 명령을 따라 대언했을 때 뼈들이 서로 붙고 살이 오르고 가죽이 덮였지만 생명은 없었다(37:4-8). 하나님의 명령을 따라 에스겔은 또 다시 죽은 뼈들이 살아나도록 죽은 자들에게 생기를 불어넣어 살아나도록 했다(37:9-10). 여호와는 같은 방법으로 포로로 살아가는 죽은 자와 같은 백성들에게 일으키셔서 생명을 주실 것이고 그들의 땅으로 돌아오게 할 것이다(37:11-14).

에스겔은 이스라엘의 회복이 이스라엘을 위한 것이 아니라 하나님의 거룩한 이름을 위한 것임을 분명히 했다(36:22,32). 그동안 하나님의 이름이 여러 나라에서 여러 모양으로 악용됨으로 하나님은 고통을 당하셨다(36:22-23). 하나님의 거룩한 이름이 더럽혀짐은 하나님을 자극시켰고 하나님을 위해 자신의 백성들을 다시 창조하도록 부추겼다((26:23-28). 새롭게 창조함을 받은 백성들은 새 마음으로 하나님의 율례를 지킬 것이다. 그들은 여호와의 이름의 거룩함을 고백하는 공동체가 될 것이다. 그들로 인해 다른 나라들도 여호와께 인도함을 받고 거룩하신 이름을 고백할 것이다. 이러한 이스라엘에 대한 새로운 창조와 새 출애굽이 되는 출바벨론, 그리고 약속의 땅으로의 인도는 전적으로 하나님의 자유의지에 속한 것이었다. 그러므로 에스겔은 이스라엘의 새로운 시작을 말함에 있어 하나님의 법에 대한 철저한 순종을 주장했다. 그러면 남과 북이 연합될 것이며 그들 위에 한 목자가 세워질 것이고 그들은 다시 언약의 백성이 될 것이다. 그 중 성과 성전 건축이 가장 먼저 세워져야 했던 것은 백성들 가운데의 하나님의 임재가 회복의 시작이었기 때문이다(43:1-12).

47:1-12에서 에스겔은 성전의 문지방에서 흘러나오는 물줄기를 본다. 그 물줄기는 동으로 가는 동안 점점 깊이를 더해간다. 사람이 능히 건너지 못할 강이 된 물줄기는 유다의 광야를 거쳐 바다에 이르고 사해바다에 생명을 준다. 하나님의 전에서 나온 물이 이르는 곳마다 모든 생물이 살게 되고 바닷물이 되살아난다. 하나님의 임재로 인해 죽었던 것들이 다시 생명을 찾는다. 하나님이 살리신 땅은 다시 이스라엘 지파에게 분배되고 "여호와 삼마"(48:35)라는 이름이 새롭게 붙여진다. 하나님이 회복하신 거룩한 성에 친히 계실 것을 뜻하는 이름이다.

5. 바벨론 포로 후의 선지자들의 메시지

하나님은 심판 후 남은 자들에게 새로운 희망을 주기위해 선지자들을 보내셨다. 포로가 되어 유배지에서 살아가던 이스라엘에게 회복과 궁극적인 구원에 대한 메시지를 전한 선지자는 다니엘, 학개, 스가랴, 요엘, 말라기이다. 이들은 모두 임박한 구원과 자유 그리고 하나님의 긍휼과 회복을 선언했다.

◆ 다니엘

다니엘은 주전 6세기경에 바벨론의 궁전에서 살았다. 느부갓세낫, 벨사살, 메데의 다리우스 그리고 고레스 왕을 섬겼다. 다니엘은 참고 견디라는 하나님이 하나님의 왕국을 세울 것이라는 예레미야의 조언을 따랐다(렘29:7). 그에게 주어진 공적인 임무를 수행하면서 신실하게 하나님을 섬기는 삶을 살았다. 다니엘은 특별히 선지자로 불리지는 않았다. 그는 선지자들에게 일반적으로 쓰이는 "여호와께서 말씀하시기를"이라는 양식을 사용하지 않았다. 그러므로 유대인들은 다니엘서를 선지서에 넣지 않고 성문서에 포함시켰다.

다니엘서는 두 개의 언어로 기록되었다. 1:1-2:3과 8:1-12:13은 히브리어로 그리고 2:4-7:28은 아람어로 기록되었다.
1-6장은 다니엘을 믿음의 사람으로 소개한다. 다니엘은 귀족 출신으로 주전 605년에 바벨론에 포로로 끌려와서 바벨론 궁중을 위한 일을 하도록 뽑혀서 훈련을 받는 네 명의 젊은이 중 하나였다. 그들에게 바

벨론의 정부 요인으로서 일하면서 성공할 수 있는 기회가 주어졌던 것이다. 그러나 다니엘과 친구들 사드락, 메삭, 아벳느고는 하나님의 백성으로서의 정체성을 지키기 위해 부정한 음식을 거절했다. 개인적으로 선택할 수 없는 상황에서 그들은 이방 신에게 드려진 음식대신 채소와 물을 먹을 수 있도록 부탁했다. 하나님의 백성들로서 정체성을 포기하지 않고 이방 땅에서 공적인 책임을 수행한 이들의 삶을 하나님은 건강과 지혜로 축복을 하셨다. 그 결과 다니엘의 친구들은 왕 앞에서 섬기게 된다.

느부갓네살이 나라를 다스린 지 2년이 되는 해에 첫 번째 꿈을 꾼다. 그 꿈은 왕을 심하게 괴롭힌다. 문제는 왕 자신이 그 꿈의 내용을 모르면서 꿈에 대한 해석을 원함으로 발생한다. 왕의 꿈을 말해줄 수 있는 자가 하나도 없는 상황에서 하나님은 다니엘에게 느부갓네살의 꿈을 보여주셨다(단2:19, 28). 다니엘은 환상에서 금과 은과 놋 그리고 쇠와 진흙으로 된 네 개의 왕국을 상징하는 거대한 상을 보게 된다(2:31-45). 바벨론을 상징하는 머리의 금, 페르시아를 뜻하는 가슴의 은, 메대의 배와 넓적다리의 놋, 프톨레미와 셀류코스를 가리키는 발의 쇠와 진흙을 상징하는 우상이었다. 이 환상에서 절정은 인간의 손으로가 아닌 산에서 날아와서 그 형상을 쳐서 산산이 부서뜨린 돌이었다(2:34). 이 돌은 세상에 임할 하나님의 왕국을 상징했다(2:44; 7:18; 눅20:17-18). 다니엘은 느부갓네살 왕에게 하나님 한 분에게 세상의 모든 권력이 속했음을 보여주고 그것이 하나님께만 찬양을 드려야 하는 이유임을 밝힌다. 하나님의 나라는 인간의 손으로 세워지는 것이 아니다. 하나님께서는 억눌린 자들에게 자유를 주기 위해 친히 하나님의 나라를 세우신다.

4장은 두 번째 꿈과 관련된 내용이다. 하나님의 파수꾼이 높은 나무를 자르고 그루터기만 남겨둔다. 그러자 왕은 전능하신 자의 주권을 인정하고 그 왕국을 그가 원하는 자에게 주심을 인정할 때까지 고난을 당한다(4:25). 자신의 한계를 인정하지 않는 권력자가 더 큰 권력을 추구하기 위해 자신의 한계를 인정하지 않음으로 인해 육체적으로도 낮아지고 정신적으로도 미치게 된 것이다. 권력의 부패는 더 큰 부패를 가져옴을 보여주는 사건이 되었다.

이러한 권력의 문제는 3장과 6장의 주제가 된다. 다원적인 사회에서 하나의 상징을 세워 그것만을 섬길 것이 요구되었다. 개인의 선택이 배제된 국가가 세운 상징에게만 기도해야 했다(6:7). 한 분 하나님만 섬겨왔던 이스라엘의 젊은이들은 이 상황을 받아들일 수 없었다(3:12; 6:10). 다니엘과 세 친구 사드락, 메삭, 아벳느고는 죽을 것을 알면서도 그들을 구원하실 수 있는 하나님께 자신들의 삶을 의탁했다(3:17). 3장에서 왕은 크게 분노하지만(3:19) 6장에서는 자신의 가장 귀한 조언자를 잃게 될 상황을 맞이하게 된다. 설사 나라에 큰 해가 있다할지라도 변경할 수 없는 법 때문이었다(6:8). 다니엘의 친구들은 불에 던져졌지만 신과 같은 한 사람이 그들과 함께 했다(3:24). 다니엘은 사자굴 속에 던져졌지만 하나님은 천사를 보내 사자들의 입을 봉하셨다(6:22). 다니엘의 하나님이 다니엘을 구하려고 했던 왕의 믿음을 확신시켜 주셨다(6:16).

7장에서 다니엘이 밤에 본 환상은 2장의 느부갓네살의 꿈과 관련된 것이다. 네 개의 짐승이 바다에서 나온다. 사자는 바벨론, 곰은 페르시아, 표범은 메디아, 뿔은 헬라왕국을 뜻하는 것들이다. 그들에게 권력이 주어졌지만 그것은 여호와에 의해 제한된 것이다. 하나님이 권력자들을 심판하시기 위해 오신다. 왕좌가 놓이고 옛적부터 항상 계신이가 타오르는 불 속에서 나타난다. 그의 옷은 희기가 눈 같고 그의 머리털은 깨끗한 양의 털 같다. 천천히 하나님의 심판이 시작된다. 하늘의 구름을 타고 온 인자 같은 이에게 권세가 주어진다(7:13-14). 첫 사람이 잘못 사용한 권세가 인자에게 주어진다. 인자는 하나님의 대리인으로 하나님의 땅을 다스리고 통치할 것이다. "가장 높으신 이의 성도들"에게 나라가 주어지지만 짐승으로부터 위협을 당하고 옛적부터 항상 계신이가 와서 그들을 돕는다(7:18,22,27).

다니엘은 8장에서 또 다른 환상을 보았다. 다니엘은 거대한 힘을 보여주었던 숫양과 숫염소의 뿔을 짓밟고 하늘의 군대처럼 크게 되어 "진리를 땅에 던지며 자의로 행하여 형통하는 환상을 보았다(8:3-14). 8:16에서 다니엘은 가브리엘이 그가 환상을 이해하도록 보냄을 받았다는 음성을 들었다. 가브리엘은 마지막 때에 "권세 주인"은 "만왕의 왕"을 대적할 것이지만 사람의 손으로 말미암지 아니한 것에 의해 깨질 것(8:23-25)임을 다니엘에게 알려주었다. 인간과 함께 한 하나님의 역사의 목표는 짐승의 왕국이 아니라 하나님을 신뢰하는 자의 왕국이며 하나님과 함께 사는 사람의 왕국임을 보여주신 것이다.

11장에서 성소를 더럽히고 가증한 것을 세워 자기 마음대로 한 왕이 종말을 맞는다. 그러나 그를 도와줄 자가 아무도 없다(11:45). 그 때에 책에 기록된 모든 사람에게 구원이 올 것이다(12:1). 영생이 땅의 티끌

가운데 자는 자에게 주어질 것이다(12:2). 여호와는 의로우시기 때문에 그를 의뢰하고 충성하는 자들은 부활해서 하나님의 승리에 참여하게 될 것이다. 악한 자도 일어나지만 영원히 부끄러움을 당할 것이다(12:2). 그러나 지혜로운 자들은 하늘의 빛과 같이 빛날 것이며 하늘의 별과 같이 영원토록 빛이 날 것이다(12:3). 구원의 역사가 완성될 날은 아무도 모른다. 그 날의 선택은 오로지 하나님만이 결정하실 수 있다. 하나님의 길은 인간으로서는 알 수 없기에 인간은 날마다 그 길을 새롭게 하시는 하나님께 영광을 돌릴 뿐이다. 하나님의 오심을 아는 사람들은 하나님이 심판하시는 권력의 구조를 저항하면서 이미 왔고 또한 다가오고 있는 샬롬의 관점에서 살아야 한다. 이것이 소명을 받은 자들의 삶이다.

◆ 학개

고레스 왕은 주전 538년에 바벨론 포로들의 귀환을 허락하는 조서를 반포하였다(스1:1-4; 6:3-5). 성전재건을 허락했으며 성전기물도 돌려보냈다(스1:5-11). 1차 그룹이 세스바살의 인도 하에 예루살렘으로 돌아갔다. 그들은 폐허가 된 예루살렘 성을 복구하고 성전을 재건해서 예배를 드리는 데 힘썼다. 그 결과 성전 지대를 놓을 수 있었다(스5:16). 그러나 가뭄으로 인해 새로운 정착민들의 삶은 어렵게 된다. 설상가상으로 유다 땅에 남아있던 자들과 사마리아인들 간의 긴장이 고조되면서(스4:4-5) 성전 재건은 중단된다. 두 그룹 간의 이러한 갈등은 스룹바벨과 대제사장 여호수아의 리더십 아래 귀환한 다음 그룹의 사람들에 의해 중단된 성전 재건을 시도할 때 더 심화되었다(스5:1-6:22). 두 번째 그룹은 새로운 왕 다리우스가 왕좌에 올랐을 때 귀환했던 것 같다(주전 520년). 학개 선지자는 이때부터 약 4개월 동안 유배 생활에서 돌아온 자들에게 말씀을 전했던 것으로 추정된다.

학개는 폐허가 된 성을 보고도 예루살렘 성전을 지을 때가 아니라고 말하는 이스라엘 백성들에게 외친다. "너희는 산에 올라가서 나무를 가져다가 성전을 건축하라 그리하면 내가 그것으로 말미암아 기뻐하고 또 영광을 얻으리라 여호와가 말하였느니라"(학1:8). 돌아온 귀향민들의 공동체가 가난과 고통을 겪는 이유는 자신들의 살 집에만 관심이 있고 성전재건의 문제는 소홀히 하기 때문이라고 질책한다(1:9-10). 하나님의 현존을 상징하는 성전이 지어지면 평화와 번영은 자연히 따를 것이라고 외친다. 이런 학개의 말씀은 사람들의 마음을 움직였고(1:13-14) 스룹바벨과 여호수아의 주도에 의해 성전 재건이 시작되며 성전 터가 청소되었다(슥4:7). 주전 520년 9월 중순에 주춧돌이 놓이고 급기야 주전 515년에는 제 2의 예루살렘 성전이 완성된다.

성전이 재건된 뒤 한 달 후 솔로몬의 영광스러운 성전을 보았던 백성들은 그들이 새로 지은 초라한 성전을 비교하며 한탄에 잠긴다(스3:12-13). 그런 백성들에게 학개는 하나님이 그들과 함께 하심을 상기시킴으로 그들을 격려했다(2:4). 인간의 관점에서 재건된 성전이 하찮아 보이지만 하나님은 새 성전을 이전 성전의 영광을 능가하는 것으로 보신다는 것이다(2:8-9). 학개는 하나님의 축복은 여호와의 집을 재건하는 데 있어 거룩한 노력이 있을 때 올 것임을 약속했다(2:18-19). 이 축복의 약속은 다윗의 후손인 스룹바벨을 통해 이루어진다. 스룹바벨은 여호와의 종으로 인정을 받는 잃어버린 여호야긴 왕의 인장반지를 돌려받는(렘22:24). 다시 같은 자리에 재건된 성전과 다윗 왕조의 회복이 그 축복의 증거가 된다.

◆ 스가랴

이전 선지자들이 예언한 새로운 세대에 맞는 새로운 공동체를 만들어야 하는 사명을 받은 스가랴는 제사장 잇도의 손자였다(에5:1). 스가랴의 사역은 학개의 선지자의 외침이 끝난 직후가 되는 520년 10월부터 시작되었다. 스가랴서의 역사적인 배경은 학개서와 같다.

스가랴서는 크게 1-8장과 9-14장 두 부분으로 나누인다. 성전재건과 관계되는 1-8장은 다시 두 부분으로 나뉘어 첫 부분은 하나님의 구원계획을 담고 있는 8개의 환상으로 채워지고(1-6장) 둘째 부분은 성전 상실에 대해 금식하고 애곡하는 것에 대한 여부와 관계된다(7-8장). 9-14장도 다시 둘로 나뉘어 9-11장은 거짓 목자들에 대한 심판을 12-14장은 전세계가 여호와의 주권을 인정하게 될 것을 말한다.

학개와 같이 스가랴도 여호와가 재건한 성전에 다시 돌아오실 것임을 선언했다(슥1:16). 시온은 다시 선택된 성이 되었기에 그것에 손을 대는 것은 하나님의 눈동자에 손을 대는 것이다(2:8). 왜냐하면 하나님이 그곳에 자신의 거처를 만드셨기 때문이었다(2:10). 유배는 백성들이 하나님을 무시한 것에 대한 심판이었다(7:11-14). 그러나 만일 백성들이 하나님께 돌아오면 하나님도 돌아올 것이다(1:3; 8:14). 그러나 백성들은 서로에게 진리를 말해야 하고 법정에서는 진실과 정의가 이루어져야 한다(8:16).

첫 환상에서 스가랴는 전 세계를 방문한 하나님의 말을 탄자들을 보았고 온 세상이 평안하고 조용하다는 보고를 들었다(슥1:11). 비록 예루살렘과 유다 성읍들이 회복되지 못해 실망했지만 여호와께서 택한 성에 대한 사랑으로 인해 그 성이 다시 회복될 것이라는 확신이 주어졌다(1:7-17). 둘째 환상은 하나님의 백성들을 괴롭힌 네 뿔과 그 뿔들을 파괴하는 네 명의 대장장이에 관한 것이다(1:18-21). 세 번째 환상은 예루살렘의 재건과 관계되는 것이다. 예루살렘을 측량하는 자가 줄로 새로운 성의 길이와 넓이를 측량하려 할 때 한 천사는 예루살렘은 성곽이 없는 성이 될 것이라고 알리며 그를 중지시킬 것을 요청한다. 여호와가 불로 둘러싼 성곽이 될 것이고 그 가운데서 영광이 될 것(2:1-5)이기 때문이셨다. 여호와께서 친히 그곳에 다시 거처를 정하셨기에 그것에 손을 대는 것은 하나님의 눈동자에 손을 대는 것과 같은 것이었다(2:8-10). 다음은 여호사닥의 아들 여호수아가 대제사장으로 임명받는 환상이다(3:1-10). 여호수아가 더러운 옷을 입고 사탄에게 비난을 받으며 여호와 앞에 서 있었다. 그리고 백성들의 죄가 제거되듯이 여호수아의 더러운 옷이 벗겨졌다. 여호수아가 대제사장으로서의 지위를 받는 것을 의미하는 깨끗한 옷과 아름다운 관이 수여된다(3:8).

다섯 번째 환상은 등잔대와 두 감람나무이다(4:1-5). 일곱 등잔이 있는 순금 등잔대가 있고 등잔을 위해 일곱 개의 관이 있다. 등잔대 곁에는 기름 부음을 받은 자 둘이 서있다(4:11-14). 새 성전의 기초를 놓은 스룹바벨이 그것을 완성할 것이다. 그러나 그것은 힘으로도 아니고 능력으로도 아닌 오직 하나님의 영으로 될 것이다(4:6). 여섯 번째 날아가는 두루마리의 환상은 도둑질 하는 자와 거짓 맹세하는 자로부터 성을 깨끗하게 할 것을 선언한다. 포로 된 가족들의 땅을 취한 자와 그것에 대해 맹세한 자들은 두루마리의 저주 밑에 서 있다(5:1-4). 여섯 번째의 에바 속의 여인의 환상에서 예루살렘의 악이 큰 통에 담겨져 무거운 뚜껑으로 덮였고 바벨론으로 운반되었다(5:5-11). 마지막 환상에서 하나님은 네 대의 병거를 세상의 네 곳으로 보내신다. 북쪽(바벨론)으로 간 것은 그곳에 안식을 가져다주었다(6:1-8).

7-8장은 벧엘 사람이 예루살렘의 멸망을 기억하며 금식할 것인가를 묻기 위해 제사장들과 선지자들에게 왔을 때 스가랴의 대답에 대한 기록이다. 여호와는 금식을 원하시지 않는다(7:4-7). 대신 하나님의 백성들의 정의로운 행동을 요구하신다(7:8-14). 정의로운 행동을 요구했던 과거의 선지자들의 메시지를 전하며(8:1-17) 여호와는 금식 대신에 기뻐하실 것을 요구하신다(8:18-23). 금식을 위한 시간이 지나갔고 진리와 화평의 사랑 속에서 유다 족속에게 기쁨과 즐거움과 희락의 절기들이 왔기 때문이다(8:18-19).

9-11장은 여호와께서는 역사로부터 물러나지 않으셨음을 보여준다. 예정된 날에 하나님은 나팔을 불고 하나님의 무기로서 유다와 에브라임과 함께 싸울 것이다. 심판은 하나님의 적들에게 축복은 양떼들에게 내려질 것이다. 젊은 여자와 남자들은 그 땅에서 즐거워할 것이다(9:11-17). 흩어진 자들의 소리가 들려올 것이며 그것은 처음 출애굽보

다 더욱 더 놀라운 해방을 기뻐할 것이다. 나일 강이 말랐고 앗수르와 애굽의 교만도 흩어졌다. 여호와는 백성들을 모으실 것이고 길르앗과 레바논에 미치게 하실 것이다(10:8-12).

의로운 왕이신 여호와께서 예루살렘에 와서 쓸모없는 목자들을 심판하실 것이다. 이 목자들은 자신의 유익에만 관심이 있었고 백성들은 팔려서 곧 도살될 가축과 같았다. 그러므로 하나님은 두 지팡이를 가진 목자를 일으키셨다. 한 지팡이는 모든 백성들과 세운 하나님의 언약을 상징하는 "은총"이라 불렀고 다른 하나는 유다와 이스라엘의 가까운 관계를 상징하는 "연합"이라고 불렀다(11:7). 그러나 하나님의 종은 거절당했고 지팡이는 부러졌으며 그의 삯은 지불되지 않았다. 그리고 양떼는 저주 아래 있던 악한 목자에게 넘겨졌다(11:14이하).

12-14장은 전쟁은 예루살렘에서부터 나갈 것이다. 처음에는 이스라엘이 패하고 그 후에는 열방이 패할 것이다. 그 날에 예루살렘은 마시고 취한 자들의 잔이 될 것이고 들어 올리려는 자들을 해할 바위가 될 것이다. 원수들은 놀라고 미치게 될 것이고 유다는 마치 그들을 삼키려는 불과 같을 것이다. 다윗의 승리보다 더 위대한 승리가 있을 것이다(12:1-7). 예루살렘이 먼저 무너졌지만 여호와가 오셔서 예루살렘 앞 동쪽 감람산에 서실 것이다. 감람산은 그 한 가운데가 동서로 갈라져 열국의 생존한 모든 사람들이 올 수 있도록 길을 낼 것이다(14:1-5). 에덴동산과 같이 새로워진 예루살렘에 그들이 와서 위대한 초막절을 그곳에서 지키며 온 땅의 왕이신 여호와를 찬양할 것이다(14:9, 16,17). 성전 재건을 기뻐해야 하는 이유가 여기에 있다.

◆ 요엘

브두엘의 아들 요엘의 삶에 대한 기록이 거의 없다. 요엘서가 호세아서와 아모스서 사이에 배치된 이유는 암7:1-3의 메뚜기 환상과 같다고 보기 때문이다. 요엘서의 역사적 배경에 대해서는 많은 의견들이 있다. 그러나 통치했던 임금에 대한 언급이 없고 이스라엘과 대립 관계에 있던 주위의 나라에 대한 것도 전혀 기록되어 있지 않기에 주전 9세기부터 주전 2세기까지의 추정도 가능하다. 주전 9세기경의 유다는 가장 큰 번영을 누렸던 때였지만 영적, 도덕적, 사회적으로는 가장 타락했던 시기였다. 하나님과의 관계는 형식적이었고 우상에게도 제사를 드리는 영적 감수성을 상실한 향락의 시대였다. 이런 시대를 향한 요엘의 메시지는 포로후의 공동체에게도 많은 도전이 되었다.

요엘은 메뚜기 재앙의 파괴적인 결과에 대한 묘사로 사역을 시작한다. "슬프다 그 날이여 여호와의 날이 가까왔나니 곧 멸망이 전능자에게로부터 이르리로다"(욜1:15). 요엘은 어둡고 빛이 없는 여호와의 날을 예언한 선지자들과 같은 주제를 택해서 외치고 있다. 메뚜기와 황충이 이미 그 땅을 황폐화 시켰고 북쪽으로부터의 군대는 그 황폐함을 더욱 더 가증시키고 있다(욜1:3-6; 2:11). "여호와이 날이 크고 심히 두렵도다 당할 자가 누구이랴." 여호와의 날은 본래 이스라엘을 위해 여호와께서 적과 싸우기 위해 구원자로 오시는 날로 이해했다. 그러나 요엘서 1,2장은 여호와의 날이 유다에게는 재난의 시간이 될 것임을 알렸다(1:15; 2:12). 이런 위협 아래서 요엘은 백성들에게 회개를 권했다(2:12, 15-17). 요엘은 비록 하나님이 정의와 사랑의 하나님이실지라도 그 궁극적인 의도는 백성에게 복 주시는 것이라 믿었다(2:13-14). 백성들은 진지한 기도와 금식으로 하나님 앞에 나아오며 반응했다. 그리고 하나님은 사랑과 인자하심으로 그들의 기도를 들으셨고 흉작을 풍작으로 바꾸셨다(2:18-19).

하나님의 행하심은 놀라운 일이다(2:21). 하나님은 풍요로움 가운데 생명을 주시기를 기뻐하신다. 요엘은 하나님은 그의 백성에게 복을 주려는 열정과 의도를 갖고 계시지만 하나님을 욕되게 할 때는 재앙을 가져다주기도 하심을 강조한다. 여호와께서 놀라운 일을 행하시는 것은 이스라엘이 그들 가운데 하나님이 있음을 알게 하려는 것이었다(2:27). 하나님을 안다는 것은 하나님과 깊은 관계를 맺고 자신의 일상 속에서 하나님께 직접 나아가는 삶을 의미했다(2:28-29).

요엘은 하나님과의 새로운 관계를 약속하며 모든 사람들은 말씀이나 꿈 혹은 환상으로 하나님의 계획과 요구를 알 것이라고 했다. 이제는 어느 누구도 하나님의 뜻을 알기위해 사용되었던 이러한 수단들에 의존하지 않아도 될 것이다. 하나님께서 그의 영을 모든 사람들에게 부어주실 것이다. 하나님이 영을 부어주심에는 성별도, 연령도, 신분의 차별도 없다. 누구도 다른 사람 위에 높지 않고 동등하기에 누구든지 여호와의 이름을 부르는 자는 구원을 받을 것이다(욜2:32). 차별도 계급제도도 없는 그러한 역동적인 공동체는 아직도 이 땅에 성취된 것은 아니지만 모든 백성들이 선지자가 되기를 원했던 요엘의 소망(욜2:28-32)이 바로 우리가 바라보는 공동체인 것이다. 사도행전의 공동체는 이 요엘서의 인용과 함께 이러한 사건이 오순절 사건에서 실현되었음을 전하고 있다(행2:1-21).

◆ 말라기

주전 5세기 중반의 이러한 상황 가운데 선지자는 "나의 사자(말라기)"라는 이름으로 나타났다. 그는 여호와 앞에서 길을 준비하기 위해 온 사자이다(3:1). 말라기 선지자는 지도자들과 백성을 향해 알고 믿는 것에 신실할 것을 요구했다.

포로 후의 어려운 상황에서 많은 유대인들은 하나님이 아직도 그의 백성들을 사랑하시는가?에 대한 의문을 갖기 시작했다(말1:2). 많은 사람들이 하나님을 섬기는 것은 소용이 없는 것이라고 했다. 악인들이 의인들보다 더욱 더 성공하기 때문이었다(3:14-15).

당시 유대의 사회적 상황은 왕이 없고 페르시아가 임명한 총독만 존재하는 상황이었기 제사장들이 사회적인 것들을 관리하게 되었다. 그러나 제사장들은 자신들의 의무를 무시했고 제사를 드림에 있어 무성의했다. 예배에 있어서도 하나님께 대한 경외심이나 사랑이 없이 그저 형식적으로만 마지못해 드렸다(1:6-14). 백성들에게 하나님의 뜻을 알려주어야 했지만(2:8) 그 의무도 소홀히 했다. 그들은 하나님께 영광을 돌리지도 않았고 백성들을 오히려 옳은 길에서 떠나게 만들었다. 그러므로 하나님은 그들의 축복을 저주로 돌렸고 그들을 금과 은 같이 정화시키고 단련시킴으로 백성들 앞에서 낮추셨다(2:2이하; 3:3-4).

제사장만 아니라 모든 백성이 하나님이 택한 백성들을 아무 것도 하지 않는다는 생각과 함께 낙담과 환멸에 빠져 서로에게 거짓을 행함으로 언약을 파괴했다(2:10). 당연히 하나님의 백성으로 구별되는 삶을 살아야 했지만 언약 백성임을 알려주는 삶의 특징들이 삶 속에서 모두 무시되었다. 그들은 또한 젊었을 때 취한 아내를 져버리고 이방신을 섬기는 이방 아내들과 결혼했다(2:10). 그들이 가지고 온 땅과 재물 때문이었다. 백성들은 점치고 품 군의 삯에 대해 억울하게 했으며 과부와 고아 그리고 나그네를 속였고 하나님을 두려워하지도 않았다(3:5). 그들은 고의적으로 하나님을 속였다(3:8-9; 행5:1이하).

하나님은 언약에 대한 모든 위반을 증언하기 위해 언약의 사자를 보낼 것이다. 그러면 누가 그의 오시는 날을 견딜 수가 있을까(2:17-33). 다가오는 심판은 모든 거만한 자와 악을 행하는 자들을 여호와의 이름을 경외하고 그 언약을 지키는 자들로부터 구별할 것이다(4:1-2). 이 심판은 인간 역사의 마지막 행위가 될 것이다. 그러므로 하나님은 그들에게 다시 돌아오라고 부르신다(3:7; 슥1:4). 만일 그들이 하나님의 부르심에 반응한다면 그들의 땅은 아름답고 복된 땅이 될 것이다(3:6-12). 그리고 역사의 주인이 되시는 하나님께서는 지금은 아니지만 언젠가는 악의 세력을 심판할 것임을 선언한다(4:1).

나가는 말

구약 성경은 불투명한 이스라엘의 미래와 함께 끝이 난다. 고레스의 칙령 아래 이스라엘 백성들이 바벨론으로부터 귀환했지만 모두가 다 함께 돌아온 것은 아니었다. 하나님이 선지자들을 통해 약속하신 예루살렘의 재건은 이루어졌다. 그러나 이스라엘은 여전히 왕이 존재하지 않는 속국으로 남아있었다. 선지자들이 예언한 이스라엘의 미래는 여전히 불투명했다.

200여년간 유다를 통치했던 페르시아 제국은 주전 4세기에 알렉산더 대왕의 등장으로 막을 내리게 된다. 비록 페르시아 제국에서 해방되었지만 곧 이어지는 헬라인들의 통치로 말미암아 이스라엘의 독립은 여전히 꿈으로 남아있게 된다. 이러한 현실은 이스라엘에게 더 많은 질문을 던지게 했다. 기원전 586년부터 땅을 빼앗기고 왕을 잃고 성전을 잃은 백성으로 이방인이 통치하는 환경에서 살면서 유대인들은 하나님께서 왜 그런 고통을 허락하셨는지를 묻게 되었다. 그 물음에 대한 대답은 하나님이 주신 법을 지키지 못하고 늘 타협하고 살았기 때문임으로 이해되었다. 유대인들은 그러한 비극을 또 다시 반복하지 않기 위해 하나님이 주신 법을 문서로 만들어 보존하고 철저히 지켜나갈 것을 맹세했다.

셀류코스 가문의 통치 밑에서 모든 백성들에게 헬라화를 강요하는 정책이 시행되면서 종교 박해가 일어나자 율법을 중시하는 보수적인 유대주의자들이 이를 대항해 일어났다. 이것이 마카비 전쟁의 시초가 되었다. 이 싸움은 기원전 167년에 마카기 형제들이 헬레화 시키려는 안티오쿠스 4세의 종교 박해에 대한 저항으로 일어났다. 마카비가는 헬라의 셀류코스 왕조가 정치적으로 약해진 상황에 힘입어 예루살렘 성전을 탈환했다. 그리고 주전 164년에 예루살렘 성전을 성결하게 한 후 8일 동안이나 지속된 성전 성결식인 수전절(하누카)을 지켰다. 율법을 향한 열정이 가능케 한 결과였다. 그 중심에 바리새적인 유대주의가 서 있었다.

예루살렘을 재봉헌 한 후 수년간 정치적 독립을 위해 싸운 결과 하스모니아 왕조가 세워지고 이스라엘은 잠시나마 정치적 종교적인 자유를 누리게 된다. 그러나 이 왕조 역시 헬레화의 주도적인 역할을 담당하게 되자 이것을 믿음의 포기로 이어질 것을 염려한 유대인들은 경건 운동을 일으켰다. 이런 운동 가운데 묵시사상이 등장하게 되고 유대교의 분파의 특색을 결정짓는 기초가 되었다(에세네파, 바리새파, 사두개파 등). 그 후 하스모니아 왕조는 많은 파벌 싸움에 말려들게 되고 이것은 결국 로마 제국의 개입을 자초하게 된다. 주전 63년 로마 제국의 군대가 예루살렘에 입성함으로 하스모니아 왕조의 통치는 끝이 난다.

이때부터 유다는 로마 제국의 통치 아래 들어가게 되고 유대인들은 로마로부터의 해방을 꿈꾸며 메시아를 기다리게 된다. 하나님이 보내실 메시아에 의해 해방이 실현될 것으로 믿고 있던 유대인들에게 세례 요한은 메시아의 길을 준비하기 위해 하나님께 보냄을 받은 또 하나의 선지자였다. 구약의 기록이 끝이 난 후 400년의 시간이 그렇게 지나갔던 것이다.

요한이
요단 강 부근 각처에 와서
죄 사함을 받게 하는 회개의 세례를 전파하니 선지자
이사야의 책에 쓴 바
광야에서 외치는 자의 소리가 있어 이르되
너희는 주의 길을 준비하라
그의 오실 길을 곧게 하라
모든 골짜기가 메워지고
모든 산과 작은 산이 낮아지고
굽은 것이 곧아지고
험한 길이 평탄하여질 것이요
모든 육체가 하나님의 구원하심을 보리라
함과 같으니라
(눅3:3~6)

◆ 참고한 문헌들

◆ Anderson, Bernhard W. Contours of Old Testament Theology, Minneapolis: Fortress Press, 1999.

◆ Barth, Christoph. God with Us: A Theological introduction to the Old Testament, Grand Rapids: Eerdmans, 1991.

◆ Brueggemann, W. Theology of the Old Testament: Testimony, Dispute, Advocacy. Minneapolis: Fortress, 1997.

◆ Bullock, C. Hassell. An Introduction to the Old Testament Prophetic books, Chicago: Moody Press, 1986.

◆ Eichrodt, W. Theology of the Old Testament. 2 vols. OTL. Philadelphia: Westerminster, 1961, 1967.

◆ Leclerc, Thomas, L. Yahweh is exalted in justice: Solidarity and conflict in Isaiah. Minneapolis: Fortress Press, 2001.

◆ Levenson, Jon D. Creation and the persistence of evil, New Jersey: Princeton University, 1988.

◆ Walton, J. H., Hill, A. E. Old Testament Today: A journey from original meaning to contemporary significance, Grand Rapids: Zondervan, 2004.

◆ 마틴 헹엘. 신구약 중간사. 임진수 옮김. 서울: 살림. 2004.

◆ 박경철. 한권으로 읽는 구약성서: 삶의 자리에서 책의 자리. 오산: 한신대학출판부. 2010.

◆ 왕대일/이성민 공저. 구약설교 패러다임: 구약학자의 설교이해, 설교학자의 구약해석. 서울: 감신대성서학연구소, 2003.

◆ 왕대일. 구약신학. 서울: 감신대성서학연구소. 2002.

◆ 부르지만 외 공저. 구약신학과의 만남. 차준희 옮김. 서울:프리칭 아카데미.

◆ 브레바드 S. 차일즈. 구약신학. 박문재 옮김. 서울: 크리스챤 다이제스트, 1992.

◆ 도널드 E. 고웬. 구약 예언서 신학. 차준희 옮김. 서울: 대한기독교서회,2004.

◆ 롤프 렌토르프. 구약정경신학. 하경택 옮김. 서울: 새물결플러스, 2009

◆ 엘머 에이 말텐스. 하나님의 계획: 새로운 구약신학. 김의원 역. 서울: 아가페문화사, 1990.

◆ 알프레드. J. 허트. 고고학과 구약성경. 강대홍 역. 서울: 미스바, 2003.

◆ 클라우스 베스터만. 구약성서의 맥. 김윤옥/손태규 공역. 서울: 한국신학연구소, 1983.